广东社科系列文集

纪念广东改革开放40周年优秀调研报告文集

王晓 ◎ 主编

中国社会科学出版社

图书在版编目（CIP）数据

纪念广东改革开放40周年优秀调研报告文集/王晓主编.—北京：中国社会科学出版社，2018.12

（广东社科系列文集）

ISBN 978-7-5203-3881-3

Ⅰ.①纪… Ⅱ.①王… Ⅲ.①区域经济发展—研究报告—广东—文集 ②社会发展—研究报告—广东—文集 Ⅳ.①F127.65-53

中国版本图书馆 CIP 数据核字（2018）第 302209 号

出 版 人	赵剑英
责任编辑	王 茵 马 明
责任校对	任晓晓
责任印制	王 超

出　　版	中国社会科学出版社
社　　址	北京鼓楼西大街甲158号
邮　　编	100720
网　　址	http://www.csspw.cn
发 行 部	010-84083685
门 市 部	010-84029450
经　　销	新华书店及其他书店
印　　刷	北京明恒达印务有限公司
装　　订	廊坊市广阳区广增装订厂
版　　次	2018年12月第1版
印　　次	2018年12月第1次印刷
开　　本	710×1000　1/16
印　　张	20
插　　页	2
字　　数	308千字
定　　价	85.00元

凡购买中国社会科学出版社图书，如有质量问题请与本社营销中心联系调换
电话：010-84083683

版权所有　侵权必究

《纪念广东改革开放40周年优秀调研报告文集》编委会

主　　编：王　晓
副 主 编：叶金宝　李翰敏　郑红军
编辑部主任：唐志勇

目 录

广东省供给侧结构性改革降成本的调研报告 ……………………… (1)
广东混合所有制改革的路径研究 ………………………………… (10)
启动"南海战略",建设"深蓝广东"
　　——广东省海洋经济发展战略研究 ………………………… (17)
"双转移":转变经济发展方式的创新实践
　　——东莞(韶关)产业转移工业园调研报告 ……………… (25)
南沙自贸片区营商环境的短板与增创新优势的抓手调研报告 …… (33)
广东省外来务工人员入户留城意愿调研报告 …………………… (39)
广东省战略性新兴产业发展专项资金LED与新能源汽车项目绩效
　　第三方评价报告 …………………………………………… (48)
增城区增江街"微改造"对广州市城乡改造的启示 ……………… (56)
广东对外开放新格局:挑战与应对 ………………………………… (65)
法治化国际化营商环境的国际比较研究 ………………………… (74)
加强与印度尼西亚的经济文化合作　广东在"一带一路"建设中
　　大有可为 …………………………………………………… (82)
广东现代服务业发展研究 ………………………………………… (88)
国内外互联网集聚区发展趋势及对广州的启示(压缩本) ……… (95)
广东自贸区保险业创新发展研究
　　——基于香港与内地人寿保险业比较 ……………………… (103)
广东省企业投资管理体制改革绩效评估报告 …………………… (114)
以绿色发展战略助推广州城市转型升级的对策建议 …………… (124)

广州市出租车行业面临的问题及对策建议 …………………………（132）
深化街道管理体制改革，强化以基层党建引领
　　基层社会治理功能 ………………………………………………（140）
深圳市非常规水源价格形成机制分析 ………………………………（149）
规范政府购买服务研究 ………………………………………………（156）
深圳建设"人才活力之都"基本思路与对策
　　——深圳市"十一五"人才发展规划研究报告 ………………（163）
中山市全民参与社会治理模式研究 …………………………………（180）
基于建设幸福广东背景下广东省扶贫开发"双到"工作
　　实施情况的调查报告
　　——以江门帮扶韶关为例 ………………………………………（190）
乡村振兴战略在广东的推进路径分析 ………………………………（198）
广东共享经济发展调研报告 …………………………………………（206）
推进"一带一路"建设亟须补齐物流产业短板 ……………………（213）
在莞香港人对地方政府公共服务满意度及社会融入度
　　调查报告 …………………………………………………………（220）
石湾镇街道创新社会管理的经验与启示 ……………………………（229）
广东省本科学校结构、布局与区域经济社会发展的关系研究 ……（236）
关于广东"十三五"国企改革着力点的建议报告 …………………（248）
新常态下广东民营企业发展深度调研报告 …………………………（259）
"政经分离"：南海推进农村体制综合改革的情况与经验 ………（269）
加快广州（琶洲）互联网创新集聚区建设 …………………………（280）
改革开放30年十大"广州经验" ……………………………………（286）
全球区块链技术在支付结算领域发展对中国的启示 ………………（295）
天河区推进学前教育供给侧改革试点研究报告
　　——以珠江新城区域为例 ………………………………………（305）

广东省供给侧结构性改革降成本的调研报告

赵 祥 陈鸿宇 曹佳斌[*]

一 当前我省企业成本的变化趋势

改革开放以来,随着市场化改革的逐步推进,我省经济实现了连续30多年的高速增长,使我省连续30多年蝉联全国第一经济大省的地位。但是,在实现经济规模总量扩张的同时,我省经济发展所面临的内外环境也发生了巨大的变化,我省的产业发展面临着巨大的成本和需求压力,特别是以劳动力和土地为主的生产要素价格快速上涨,导致成本上升成为我省产业发展的"新常态"。首先,自2005年开始出现的"民工荒"以及2008年实施的新《劳动法》以来,我省企业劳动力成本迅速上升。2008年我省城镇单位职工平均工资为33110元,到2014年上升为59827元,年均增长10.4%,劳动力工资的快速上升已经明显缩小了我省企业人工成本与世界其他新兴经济体的差距,对我省传统产业竞争优势造成了较大的冲击。其次,我省企业另一项重要生产要素土地的价格近年来也迅速上升。与环渤海、长三角地区相比,我省珠三角地价水平相对较高。根据最

---

[*] 作者简介:赵祥,中共广东省委党校管理学部主任、教授;陈鸿宇,中共广东省委党校原副校长、广东省政府参事、教授;曹佳斌,广东省社会科学院宏观经济研究所助理研究员。

新的 2016 年第二季度数据,珠三角地区综合地价为 6299 元/平方米,分别比长三角和环渤海地区高出 922 元/平方米和 3308 元/平方米。除了直接导致企业的用地成本偏高以外,地价水平偏高还会引发房价上涨,导致劳动力的生活成本上升,从而提高了劳动力的市场工资水平预期,这又会进一步提高企业的用工成本。最后,我省企业的税负成本也比较重。与全国类似,近年来我省工业企业的税负也总体上呈上升趋势。2005—2010 年,我省工业企业产值利税率从 8.01% 上升为 10.97%,2010 年以来这一指标呈逐年轻微下降的态势,但总体上仍处于较高水平。2014 年我省工业企业产值利税率为 9.74%,比 2005 年仍高出 1.73 个百分点。在产值利润率较低且变化不大的情况下,产值利税率较高可能意味着工业企业的税负增加较快。

二 我省供给侧改革降成本的进展与存在问题

(一) 我省供给侧改革降成本的进展

截至 2016 年 6 月底,在我省出台的降成本行动计划 7 方面 35 项政策措施中,全省在妥善推进部分国家规定涉企行政事业性收费省级及以下收入减免工作、加快实施省定涉企行政事业性收费"零收费"、清理规范行政审批中介服务项目、合理调节最低工资标准增长、加强公共就业服务、提升企业劳动力技能水平、落实失业保障支持企业稳定岗位政策、推进营业税改征增值税全面扩围、落实小微企业一揽子税收优惠政策、适当降低社会保险费率、运用地方政府置换债券减轻企业债务成本、调整销售电价 12 项政策措施已经取得阶段性成效,其余 23 项政策措施正积极推进。

据初步统计,2016 年 1—6 月广东全省落实降成本行动计划直接为企业减负超过 448 亿元(具体见图 1)。由于降成本行动计划 3 月初才正式印发,4 月才在全省全面铺开,且部分政策措施如营改增全面扩围 5 月才开始实施、实现省定涉企行政事业性收费"零收费"非珠三角地区到 10 月才正式实施,政策效果显现还需要一定时间,预计随着工作推进,减负效果将进一步显现,预计全年可顺利实现 1940 亿元减负目标。

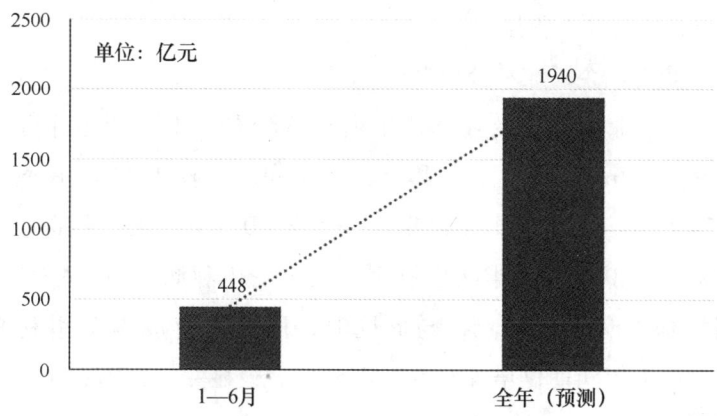

图1　2016年广东全年企业减负总额

（二）我省供给侧改革降成本存在的问题

1. 降成本成效不显著

根据省财政厅组织的对全省企业生产经营情况的摸底调查分析，广东省内企业经营成本比较高，行政性事业收费项目和中介服务收费比较多。尽管省政府也比较重视清理收费，行政性事业收费项目已经从2011年的150项下降到85项，年收费额从原来的500亿元减少到346亿元，但是目前审定的收费项目还有11项，仍然比周边其他省份要高；企业的宏观税负还是比较高，达到23.38%，高于山东14.02%、浙江21.35%、江苏18.45%，也比全国平均水平20.36%要高。企业的融资、用电、用地成本等在全国来说都处于比较高的水平。

2016年全年已过半，虽然目前已有12项政策措施取得阶段性进展，但其他23项政策措施仍有待进一步推进。尤其是个别事项已超出完成任务的时限要求，如推进取消普通公路年票制收费工作，省政府要求实施年票制的18个市4月底前要上报具体实施方案，但目前仅7市上报了方案。从企业减负的直接金额来看，2016年上半年全省为企业减负超过448亿元，但仅仅完成了全年1940亿元减负目标的23%，尽管部分降成本行动计划实施受客观因素制约，但要在下半年完成全年77%的年度目标，难度颇大。总体而言，广东实施的降成本行动计划至少在半年内，对于企业主体而言，感知并不明显。

2. 国企与民企降成本分化严重

从全省工业企业主营业务成本增长情况看，2016年上半年，国有企业总成本为6217.22亿元，累计比上年同期下降2.9%，民营企业为23528.77亿元，累计比上年同期反而上升10.9%。从工业企业成本费用利润率看，2016年上半年国有企业成本费用利润率为9.93%，比上年同期增加1.9个百分点，与此同时，民营企业成本费用利润率为7.02%，比上年同期仅增加0.6个百分点。很显然，在国有企业与民营企业利润增长率相似的前提下，民营企业的成本费用下降幅度小于国有企业。

3. "营改增"的成效尚未完全显现

"营改增"对于扩围行业税负的影响，主要是通过税率设计、税收优惠设计、财政政策等相关措施来达到的，因此，税率设计就成为此次"营改增"对于扩围行业税负影响的最主要因素。虽然计税的基础不同，但这些扩围行业适用增值税税率高于营业税税率时仍有可能会产生一定的增税效应。同时，进项抵扣不足也是增税效应产生的重要原因。比如，对于交通运输业企业来说，公路运输管理费、过路过桥费占企业成本比重较高，但这些费用均未纳入进项税额抵扣范围。对于现代服务业来说，人力成本、房屋租金、物业管理费等都不能作为进项抵扣；特别是一些中间投入相对较少的知识密集型行业如研发和技术服务、信息技术服务、文化创意服务、物流辅助服务、鉴证咨询业等现代服务业，其可以抵扣的进项税额就更少。

4. 改革措施落实不到位

由于受到体制机制的制约，部分政策措施落地存在实际困难，例如，省编办反映，对列入清理范围的中介服务项目较难把握；省交通运输厅反映，高速公路周边土地综合开发受到国家的土地管理、城市规划管理等政策规定制约。一些政策措施尚未制定相应的配套办法，地方执行上存在困难，如制定电力市场建设方案、调整销售电价、完善煤电价格联动机制等属省级权限，相关政策需待省出台有关规定后，地方才能执行实施。此外，伴随各项正税清费政策的不断出台和落地，降成本行动计划在为企业带来实惠、降低企业成本的同时也给地方财政造成了很大压力。部分地市反映取消年票制后剩余债务偿还压力较重，虽然可通过发行的地方政府置换债券减轻负担，但还本付息压力仍然较大。

三 我省供给侧改革降成本的对策建议

（一）进一步降低生产要素成本

1. 用地成本

企业用地成本与房地产价格快速上涨有关，而房地产价格的快速上涨又与土地资本化驱动发展模式高度相关，为此，要想在长期内降低企业的用地成本，今后必须要在以下几方面推进综合配套改革，切实推进发展方式的转变：第一，建立以提高人民群众真实福利水平为导向的地方政府绩效考评体系，促使各级政府从重视经济的增长转向人的生活质量提升，扭转地方政府基于财政利益和GDP目标而形成的"经营城市和经营土地"的冲动。第二，进一步完善多级财政分权体制，省、市、县（区、市）各级政府应分别有税基稳定的税种作为其主要财政来源，并通过转移支付体系，确保地方政府的财力与支出责任处于均衡状态。第三，逐步建立城乡统一的建设用地市场，让农民直接参与一级市场谈判，限制地方政府征地的权力范围，重新制定征地补偿标准，改变土地出让金一次性收取以及使用的方法，削弱地方政府进行土地交易的经济激励。第四，推进和完善我国地方发展规划立法工作，以法治化手段强化地方发展规划的严肃性，严格限定地方发展规划更改的条件，防止出现"一届政府一个规划"的现象。第五，积极探索多样化的土地供应模式，包括推进工业用地长期租赁、先租后让、租让结合、分期缴纳土地出让金等。

2. 原材料、能源电力成本

降低企业原材料、能源电力成本的关键路径有二：一是在国家层面努力争取国际大宗商品的定价权,要努力改变我国在原材料贸易过程中长期被动的局面,积极参与推动完善国际大宗商品市场价格形成机制,规避各种国际大宗商品价格波动对能源电力价格造成的冲击。二是加快推进电力、石油、天然气等领域市场化改革,完善光伏、风电等新能源发电并网机制;加快实施输配电价改革试点,开展电力直接交易,有序缩减发用电计划。合理调整一般工商业企业用电价格,简化企业用户电力增容、减容、暂停、变更等办理手续。

3. 用工成本

企业用工成本的高低取决于企业支付给工人的工资、所承担的社会保障和住房公积金支出,因此,我们要从这三方面入手来降低企业用工成本。一要统筹兼顾企业承受能力和保障劳动者最低劳动报酬权益,合理确定最低工资标准调整幅度和调整频率。二要积极落实国务院《关于印发降低实体经济企业成本工作方案的通知》的精神,降低企业职工基本养老保险单位缴费比例和失业保险总费率。同时,综合采取实施渐进式延迟退休年龄、开展基金投资运营和划转部分国有资本充实社会保障基金,以及通过拍卖、出租政府公共资源资产等方式筹集社保资金。三要完善住房公积金制度,规范和阶段性适当降低企业住房公积金缴存比例。

4. 融资成本

在间接融资方面,要做好三方面工作:一要努力降低企业融资中间环节费用,加大融资担保力度。完善信贷资金向实体经济融通机制,引导金融机构针对不同企业合理定价。督促银行业金融机构依法合规收费,制止不规范收费行为。鼓励各地设立政府性担保基金,探索运用资本注入、再担保、风险补偿等措施,提高融资担保机构为战略性新兴产业、小微企业、"三农"服务积极性。二要大力发展新金融组织。积极推进村镇银行、小额贷款公司、信用担保公司、农村资金互助社、金融租赁公司、融资租赁公司等新型金融机构的发展,进一步完善城镇金融服务体系。三要鼓励金融机构开发符合我省特色产业、优势产业和传统产业升级需求的多样化信贷产品,引导和带动金融机构将更多信贷资金投向实体经济部门。

在直接融资方面，要大力发展股权融资，加快发展具有广东特色的多层次资本市场，规范发展区域性股权市场和私募股权投资基金，鼓励场外股权交易市场发展，积极为中小企业、非公企业和创新型企业提供直接融资服务。同时，改革完善公司信用类债券发行管理制度，合理扩大债券市场规模，加快债券产品创新，发展股债结合品种。

（二）进一步降低交易成本

1. 深化政府经济治理改革

我省要在深化政府经济治理改革方面继续先行先试，为企业创造更好的营商环境，具体要做好三方面工作：一要推进行政审批制度和监管制度改革。重点围绕生产经营领域取消和下放行政审批事项，合并整合具有相同或相似管理对象、管理事项的证照资质，实行联合审批。大幅压减各类行政审批前置中介服务事项。进一步优化企业投资项目相关审批程序。二要保障各类市场主体在投资核准、政府扶持、参与政府投资项目等方面享受同等待遇。对民间投资进入自然资源开发、环境保护、能源、交通、市政公用事业等领域，除法律法规有明确规定的外，取消最低注册资本、股东结构、股份比例等限制。三要简化外商投资企业设立程序，研究探索对符合条件且不需要新增建设用地的技术改造项目实行承诺备案管理。

2. 加快社会信用体系建设

良好的社会信用体系可以提高契约的自我实施水平，降低市场体系运转的成本，为此，下一步我省要下大力气建设完善的社会信用体系，提高社会整体信用水平。一要充分利用全国信用信息共享平台及企业信用信息公示系统，加强信用信息归集、共享、公开和使用力度。二要开展守信联合激励和失信联合惩戒，在行政管理、公共服务、市场交易和投融资等领域对守信企业实施优惠便利措施，对失信企业依法严格限制和约束。三要将注册登记、行政审批、行业主管部门作出的行政许可和行政处罚等信息归集到相应企业名下，依法予以公示，强化对失信企业的市场声誉约束。

四要加强知识产权保护，强化对专利、注册商标、商业秘密等方面知识产权侵权假冒行为的执法力度，降低企业维权成本。

3. 提升贸易便利化水平

全面推广国际贸易"单一窗口"管理，推进口岸管理相关部门信息互换、监管互认、执法互助，对信用记录良好的企业降低出口商品查验率，降低企业货物的通关成本。整合建立统一的公共资源交易平台体系，依法确定收费范围，规范服务收费行为，合理降低服务收费标准。推动行业协会商会与行政机关脱钩，合理界定行业协会商会与行政机关职能边界，清理行业协会商会违法违规强制企业付费参加考核评比、表彰、赞助捐赠等项目。

（三）进一步降低企业物流成本

企业物流成本受物流行业发展水平、行业监管和基础设施条件三方面因素的影响，因此，未来要从这三方面着手以进一步降低我省企业物流成本：一要改善物流业发展环境，大力发展运输新业态。完善城市物流配送体系，优化资源配置，提高物流效率。推广多式联运，鼓励企业间运力资源共享，提高运输车辆实载率。大力发展多式联运甩挂、企业联盟甩挂、干线运输和城市配送衔接甩挂等运输模式。推动无车承运人业务加快发展。二要规范行业监管和收费行为。合理确定公路运输收费标准，规范公路收费管理和监督执法，逐步有序取消政府还贷二级公路收费；坚决查处高速公路车辆救援服务中的各种乱收费行为，规范车辆超限处罚标准，减少各类执法中的自由裁量权，坚决杜绝乱罚款、"以罚代管"等行为；全面清理机场、铁路、港口码头经营性收费项目，除法规规章规定的项目外，禁止指定经营、强制服务、强行收费行为，清理强制对进出港（场）企业收取的不合理费用和地方政府设立的涉及铁路的不合理收费。三要继续加大对我省东西北地区的基础设施投资建设力度，特别是港口、铁路等枢纽型物流基础设施建设，适当提高物流业用地建设容积率。

(四) 合理降低企业税费负担

在税收征缴方面,全面落实国家营改增试点改革举措,确保所有行业税负只减不增。将营改增试点范围扩大到建筑业、房地产业、金融业、生活服务业,并将所有企业新增不动产所含增值税纳入抵扣范围;同时认真研究落实好研发费用加计扣除政策。

在行政事业性收费方面,扩大免征范围,清理规范涉企收费。全面实施涉企收费目录清单管理,将涉企行政事业性收费、政府性基金、政府定价或指导价经营服务性收费和行政审批前置中介服务收费等项目清单,在各地政府网站进行常态化公示。进一步清理各类电子政务平台的服务收费,严禁依托电子政务平台捆绑服务并收费。查处和清理各种与行政职能挂钩且无法定依据的中介服务收费。

取消减免一批政府性基金,扩大小微企业免征范围。落实好已明确的减免政府性基金等政策,将新菜地开发建设基金、育林基金征收标准降为零,停征价格调节基金,整合归并水库移民扶持基金等7项政府性基金;扩大教育费附加、地方教育附加、水利建设基金免征范围。

(2016年12月)

广东混合所有制改革的路径研究

广东省社会科学院宏观经济研究所课题组*

十八届三中全会以后，全面深化改革成为时代的主旋律。《中共中央关于全面深化改革若干重大问题的决定》明确提出发展混合所有制经济，并将此作为全面深化改革的一个重大突破口。广东如何发展混合所有制经济？顶层设计、路径选择、实施方案等一系列问题亟待研究解决。

一 广东混合所有制改革的现状及主要问题

2012年我省国有企业法人单位数有64844家、产业单位数有115235家，省国资监管企业资产总额40729.69亿元。全省155户年营业收入超100亿元的企业中，国有企业89家，占57.4%；国资主要集中在重要的基础产业领域、大交通领域、重要民生领域，是仅次于上海和天津的全国第三大国资系统。据初步统计，广东国资系统和省属企业实现混合所有制户数比重分别为30.96%和45.19%。

---

* 课题督导：王珺，广东省社会科学院党组副书记、副院长、教授；温宪元，广东省社会科学院副院长、研究员。课题组长：刘品安，广东省社会科学院宏观经济研究所所长、研究员。课题组成员：陈再齐，广东省社会科学院宏观经济研究所副所长、副研究员；杨志云，广东省社会科学院宏观经济研究所副研究员；李震，广东省社会科学院宏观经济研究所助理研究员；孙辉，广东省社会科学院宏观经济研究所研究生；李杰，广东省社会科学院宏观经济研究所研究生；张丽丽，广东省社会科学院宏观经济研究所研究生。主要执笔：刘品安。

广东国资系统上市公司88家，总市值5779.5亿元，占全省上市公司总市值的28%；省上市国企营业收入前20强行业分布主要涉及资源能源、交运旅游、工程商贸等领域。

较之广东上市国企相关数据，广东上市民企中，农林牧渔、医药生物、交通运输、化工行业分布较为均衡，并没有局限在传统行业，且分量较重，这也凸显出广东民营经济的活力。

目前，广东混合所有制改革还存在着诸多的问题和障碍，主要表现在以下几个方面：

第一，不愿改、不想改。由于目前界定的国有企业的使命比较空泛，具体到现有的每家国有大型企业集团公司，都会找到理由以承担国家使命为名保持国有独资进而寻求政策支持或者垄断保护，这构成在国有大企业集团层面推进混合所有制改革的一个重要障碍。

第二，利益固化。按照现行的国有企业领导人管理制度，所有国有企业领导人都有一定的行政级别，保留国有企业领导人员与国家党政干部可以交流任职的通道，同时又享受到市场化的工资水平。这种既"当官"又"挣钱"，或者可以"当官"也可以"挣钱"的双重角色，在社会上造成极大不公平，这不仅引起一般公众非议，即使是党政干部，也会对国有企业领导人市场化高收入有很大抱怨。不仅如此，这种具有行政级别的国有企业领导人管理制度还使得国有企业领导人无法成为职业经理人，从而也难以建立规范的现代企业制度和公司治理结构，进而影响国有企业向混合所有制方向改革。

第三，民营企业自身问题。总体上看广东民营企业发展还存在三方面问题，一是资本规模还较小，大型民营企业集团数量还较少，绝大多数民营企业还不具备参与国有企业股权多元化改革的实力，更难以与国外大型跨国公司抗衡；二是民营企业治理结构还不规范，公司治理的规范水平也有待提升，这不利于混合所有制企业的形成；三是民营企业家族式管理问题严重，企业管理现代化水平低。这使得民营企业难以在公司管理方面与国有企业融合。

二 广东混合所有制改革的顶层设计、路径选择和实施方案

(一) 顶层设计:"一个核心""两根支柱""六个原则"

"一个核心":混合所有制的核心是公平市场,这既包括营造公平的市场环境,也包括建立无差别的产权保障。各类所有制面临的市场是公平的,无论是在监管、产业政策、信贷政策还是产权保护等方面,都是无差别的;各类所有制经济,无论是国有、集体还是民间资本,都得到同样强度的产权保护。

"两根支柱":第一根支柱是对非公经济的对内开放,激发社会资本活力。第二根支柱是以突出国有资本公益性为重点加快国有资本的战略性结构调整。

"六个原则":中国特色、积极发展、稳步推进、转换机制、谨慎操作、一企一策。

(二) 路径选择:"12345 构想"

广东混合所有制改革的基本路线图,可以概括为"12345 构想",即实现一个目标,涵盖两个方面,引入三种资本,采取四种方式,打破五种界限。

"1"即实现一个目标:使混合所有制经济成为基本经济制度的重要实现形式。

"2"即涵盖两个方面:存量与增量的产权多元化。

存量产权多元化:

——国有独资:少数涉及国家安全的企业;

——国有绝对控股:关系国民经济命脉的重要行业和关键领域;

——国有相对控股:部分支柱产业和高新技术产业;

——国有参股或退出:国家不需要控股的企业。

增量产权多元化：

——新设企业允许非公有制经济参股；

——新投资项目允许非公有制经济参股。

在增量产权多元化的新设混合所有制中，国有资本是否控股、参股或不参与，也参照上面存量多元化的考虑原则。

"3"即引入三种资本：非公资本、自然人资本及员工持股。

一是引入民营资本或外国资本。民营企业或外资企业等非公企业可按照自愿、平等、互利的原则，通过多种渠道和方式，参与现有国有企业的改制重组或国有企业新投资的项目。

二是国内外自然人资本。公开上市的二级市场上，购买股票的多数是自然人。此外，与企业产业链价值链密切相关外部自然人，如供应商、销售商等外部骨干人物，可投入资本参与国有改制重组或新投资项目。

三是内部员工持股。分为企业高管持股、业务骨干持股和全员持股。通过员工持股，使企业员工的命运与企业的命运捆绑联系在一起。

"4"即采取四种方式：改制、上市、交易及引进投资。

一是股份制改造。国有企业进行股份制改造，主要是允许非公有资本参股，把国有独资企业改造为混合所有制企业。

二是企业上市。通过股票市场来实现，企业可以整体上市，也可以分业务板块上市，根据企业的具体情况而定。

三是产权交易。国有企业产权的出售、国有股权的退出，通过产权市场公开交易，这是一种比较规范、透明、公平的方式。

四是引进战略投资者。主要有两类：一类是产业型战略投资者，这类投资者所从事的业务一般与企业生产经营有较密切的关系，也较关注投资企业的生产经营，投入后一般没有退出的打算。另一类是股权投资基金等财务型战略投资者，主要关注资本运作，通常企业上市后便逐步退出。

"5"即打破五种界限：所有制、层级、系统、产业及国界限制。

一是公与非公的界限。要打破所有制界限，使公有制经济与非公有制经济很好地融合。

二是中央与地方的界限。目前，我国国有资产管理体制是国家统一所有、各级政府分级管理。发展混合所有制，就要打破层级界限，使中央企业与地方企业很好地结合起来。

三是系统内与系统外界限。当前，工业、能源、通信、除铁路外的运输业等行业属于国资委系统监管，金融、铁路、烟草、文化、教育等行业仍然隶属于有关部门。目前，中央企业资产占全部国有资产的比重不到三分之一，因此，要积极发展混合所有制经济，就必须打破国资委监管系统界限，形成一盘棋格局。

四是产业与金融的界限。金融资产不仅数量大，布局广泛，而且产融结合是现代市场经济发展的一种重要趋势。因此，发展混合所有制经济必须打破产业界限，发挥实业和金融业的各自优势，使实业与金融业有机地结合起来。

五是国内与国际界限。国有企业引入外国资本发展混合所有制经济，不仅可以拓宽融资渠道，转换经营机制，还可以利用国外先进技术、管理经验，促进国际市场开拓，达到以开放促改革促发展之目的。

（三）实施方案："国、民、外、内，四线联动"的产权开放和"攻坚破垄"的产业开放

1. 瞄准现有国有企业，吸引民、外、内资本与国有资本融合，深化国企产权改革

第一，瞄准中央企业及其子企业中尚未形成混合所有制企业的"半壁江山"，吸引民、外、内资本进入，形成混合所有制。

第二，除少数涉及国民经济命脉和重要行业的国有企业保持国有绝对控股外，多数国有企业不宜采取"绝对控股"。如确实需要控股的，可以采取优势控股（51%以上），或有效控股（51%以下）方式。

第三，对于大多数不需要国有资本控股而可以由社会资本控股的国有企业，可以采取国有参股的形式，即由民营资本控股，或者是国有资本全部退出，由民资经营。

第四，实行企业员工对国有企业持股。

第五，国资委所属系统之外，尚有大量国有资产，如铁路系统、金融系统、烟草系统、教育系统、文化产业系统等，其隶属于国家有关部门。这些系统的国有企业也应改造为混合所有制企业。

2. 立足于现有民营企业，让国、外、内资本与民营资本融合

一是立足于现有外资企业，让国、民、内资本与外商资本融合；二是立足于企业员工，实行员工持股。

推进产业开放，重点是以"攻坚破垄"为主攻方向，促进民营资本以多种方式进入垄断性行业。

3. "三不破、三破"的改革方略

"三不破"是指：（1）真正的自然垄断性环节"不破"，但要实行一定范围争夺市场的竞争方式；（2）真正的法令性垄断（比如"烟草"）不破；（3）在竞争基础上形成的产业集中不破。

重点在"三破"：（1）过时的、假冒的，或本来就是垄断性行业中的"竞争环节"，要坚决"破垄"；（2）对不合理的行政垄断，要坚决"破垄"；（3）对阻碍和限制竞争的经济性垄断，如价格操纵、厂商串谋、垂直约束、纵向一体化、掠夺性定价和搭配销售等，要坚决"破垄"。

三 相关建议

（一）成立广东省混合所有制改革指导小组

由省相关部门、行业协会组织和专家组成。指导小组主要是探索和制定三方面规则。一是界定不同国有企业功能，将国有企业分为公共政策性、特定功能性和一般商业性三类，建立不同法律法规，进而设计不同的混合所有制改革实施细则；二是完善公司治理结构，明确混合所有制改革下国有企业董事会的运行规则，建立有效的高层管理人员选拔和激励约束机制；三是完善和修订相关法律法规及文件，重新制定诸如"非国有资本参与国有企业投资项目办法"等新制度。

（二）建立广东省国有资本流动平台，加快进行国有资本结构性调整，统一管理、分类监管

"统一管理"就是强化国有资本的统一集中管理、统一平台公开运作。国资流动平台将对部分上市公司和非上市公司的股权等进行统筹管理和市场化运作，但并不参与企业内部管理，也不干预企业生产运营。结构性调整，需要超越集团公司层面来进行，要在众多国资集团之间进行整合、划转。争取在未来3年至5年内，将我省国有资本的80%以上集中在战略产业、基础设施、民生改善领域。

（三）积极推进国有企业领导人管理体制由"集中统一管理"转向"分层分类管理"，扫除国有企业向混合所有制企业改革的"身份障碍"

具体而言，应该在逐步将国有资本集中于"公共政策性"和"特定功能性"企业的基础上，对于中央国有企业领导人员，划分为两类角色，一类是"党政官员"角色，中央企业集团公司的董事长及董事会主要成员、党组织领导班子成员，整体上市公司的党组织领导班子成员、派出董事和内设监事会主席等，应该界定为这类角色，这些人员由上级党组织和国有资产监管部门管理。在选用方面，采用上级组织部门选拔任命的方式，他们有相应行政级别，选用、晋升和交流都可以按照行政方法和渠道；在激励约束方面，应该和党政官员基本类似，但考核以企业整体经营发展和功能实现程度为标准，激励主要以行政级别晋升为主，报酬可以略高于同级别的党政官员，但不能够完全采用市场化的激励机制，不能享受过高年薪和股权激励。另一类是"企业家"角色，中央企业中大量的经理人员都属于这类角色。这类人员是职业经理人员，由董事会进行管理的，需要按照市场化的办法选用和激励约束。这些经理人员原则上不能够再享有相应级别的行政待遇，也没有机会交流到相应的党政机关任职，他们是真正的职业经理人。

（2014年5月）

启动"南海战略",建设"深蓝广东"

——广东省海洋经济发展战略研究

广东省社会科学院产业经济研究所课题组[*]

一 "深蓝广东"的战略构想

建设"深蓝广东",实现"蓝色崛起",要以南海战略、产业支撑战略、科技兴海战略、港城一体化战略和"和谐海洋"战略等为指引,提升海洋经济在广东国民经济中的比重,优化海洋经济结构和产业布局,推进广东由海洋资源大省向海洋经济强省转变。

(一)战略思路

以科学发展观统领广东海洋经济发展,以建设海洋经济强省为目标,以"宽视野""大时空""高目标"的海洋战略意识,以"南海战略"为核心,以"产业支撑"为基础,以"科技兴海"为引领,以"港城一体

---

[*] 课题组成员名单:顾问:梁桂全,广东省社会科学院院长、研究员。组长:向晓梅,广东省社会科学院产业所所长、研究员。参与人:吴伟萍,广东省社会科学院产业所所长助理、研究员;邓江年,广东省社会科学院产业所,助理研究员;燕雨林,广东省社会科学院产业所,副研究员;张拴虎,广东省社会科学院产业所,副研究员;杨娟,广东省社会科学院产业所,助理研究员;陈小红,广东省社会科学院产业所,助理研究员。主要撰稿人:向晓梅,吴伟萍,邓江年。

化"为突破口,以"和谐海洋"为方向,向海洋要资源、要空间、要财富,要发展,要"气"势,沿着"河湾—海湾—海岸—海岛—远洋"的发展路径,引领广东从"陆地"走向"海洋",从"珠江时代"迈向"海洋时代",不断提高海洋经济的综合竞争力和可持续发展能力,构建广东发展的蓝色引擎,实现"蓝色崛起"。

1. 核心战略:"南海战略"

抓住东盟"10+1"自由贸易协定生效的历史机遇,加强与东盟各国的经贸往来,构建东盟"10+1"合作的海上通道,力促东盟"10+1"合作的重心由陆地转向海洋,制定南海航运指数,把南海建成东盟"10+1"合作的"经济内海"。

全方位准备对接好国家南海开放战略,为承担国家南海开发战略任务做各方面的储备工作,把广东建成国家南海开发的物资供应和补给基地、研发和后勤保障基地、资源综合利用和加工基地,产品的推广运销基地,资金筹措和技术人才储备基地,即南海开发的后方总基地。

2. 四大支撑战略

"产业支撑"战略。围绕着为"南海战略"提供产业配套和支撑,把海洋产业作为广东省的战略性新兴产业进行培育和重点发展,优化海洋产业结构,构建广东现代海洋产业体系。建设近海海洋产业链系统和终端商品生产加工产业链系统,使海洋产业链体系的资源优势在广东本地快速转化为产品优势,以南海为中心构筑全球化的海洋运输网络体系。突出各个时期的广东海洋产业开发重点和开发时序,促进产业集群化。依托"南海开发"和广东港口、航道、市场优势,把广东建成我国重要的油气资源战略储备基地之一。

"科技兴海"战略。世界海洋经济发展进入全面依靠科技创新时代。广东要紧紧围绕"南海开发",以增加海洋财富、保护海洋健康、提高海洋服务能力、推动科学发展的目的,实行高技术先导战略,形成高技术、关键技术、基础性工作相结合的海洋科技战略。积极推进海洋信息化建设,推进"数字海洋"建设,为"南海开发"和海洋安全、经济、科研、网格、综合、虚拟的应用提供服务。要坚持"加快转化、引导产业、支撑经济、协调发展"的指导方针，紧紧抓住科技成果转化和产业化的主线，尽快将海洋科技成果转化为现实生产力。

"港城一体化"战略。港城一体化，即港口与城市功能的"无缝对接"。依托大型港湾，加快港口建设，壮大临港产业集群，推动以港兴市，促进港口与港口城市紧密相连、互动发展，实现城以港兴、港以城荣。目前国务院已先后批准上海外高桥保税区、青岛、宁波、大连、张家港、厦门象屿、深圳盐田港、天津保税区与其邻近港区开展联动试点，港区联动极大地拉动了当地港区经济的发展。广东的港口城市建设必须解决"港区分离"问题，走港城联动之路。

"和谐海洋"战略。对海洋的开发与保护同步是广东"南海开发"和海洋经济发展的重要原则之一。广东的海洋经济发展将与环境、民生等连接起来，探索建立海洋监督管理机制，建立健全海岸带管理、污染物排放控制、海洋灾害防范防治和统一联合执法监督机制，以及海岸带经济发展和海洋环境资源信息管理系统，有效保护并逐步改善海洋环境，维护良好生态系统，建设海洋民生工程，不断提高海洋生态环境服务功能，完善广东省海洋主体功能区划，努力恢复近海海洋生态功能，实现经济、社会、环境的可持续和谐发展。

（二）愿景定位

在海洋经济发展中，广东需要以"南海战略"为中心，把"深蓝广东"发展目标定位于：南海开发支持基地；东盟"10＋1"自由贸易合作的通道与枢纽；广东未来重要的经济引擎和"第二增长极"；我国南方海洋科技研发中心和现代海洋产业发展基地。

（三）空间引导

广东要优化全省海洋生产力布局，结合海洋经济的分布态势，依照主体功能区的要求，形成不同特色的蓝色产业集聚功能区，在总体上形成"一带六湾区、三区、四岛群、六中心"的空间布局。

"一带六湾区"即是指从湛江到汕头的整个广东沿海的蓝色经济带。广东沿海各城市通过"一带"即蓝色经济带的串联作用，以点带轴、沿线突破（珠三角带动，东西突破）、沿线成带，在空间上形成有序格局的沿海蓝色经济走廊。沿海大致又可分为环珠江口湾区、大亚湾、汕头湾、大红海湾、大海陵湾、大湛江湾六大湾区。

"三区"即珠三角海洋产业集聚区、粤东海洋产业集聚区和粤西海洋产业集聚区。珠三角以广州、深圳、珠海为重点，加强与中国港澳地区、东南亚的产业合作，重点发展临海重工业和现代海洋综合服务业。粤东以汕头为中心抱团融入海峡西岸经济区，加强与福建、台湾的产业对接，重点发展海洋能源业、临港重化工业、水产品深加工业。粤西以湛江为中心抱团融入北部湾经济区，加强与环北部湾城市和东盟的产业分工与合作，重点发展临海重化工业、外向型渔业、滨海旅游业。

"四岛群"即东海岛—海陵岛海域岛群、珠江口岛群、南澳岛群、上下川岛群。规划选取这四大岛群为岛屿开发重点，以临海重化工业和滨海旅游业等大项目拉动自主开发，打造区域海洋产业的发展中心。

"六中心"即广州、深圳、珠海、惠州、汕头、湛江。以这六个城市作为其所在海洋经济区的中心增长点，发挥其作为区域中心的辐射和带动功能，推动广东海洋产业整体发展。

二 围绕"南海战略"构建广东现代海洋产业体系

（一）以海洋高技术的超前部署引领海洋新兴产业发展

海洋生物资源开发技术。主要包括渔业资源调查技术、机械激光探鱼技术，声、光集鱼技术；捕捞技术，渔船将向高效、节能和安全方向发展，捕鱼、加工、冷藏将全部自动化；海洋农牧化将转化为集约化高效型产业；海洋药物开发技术，将形成一种新型的海洋产业群；海洋发展基因重组，细胞工程技术，建立高新技术的密集型育苗中心，研究和培养海洋生物优良新品种。

海洋油气开发技术。主要包括海洋油气勘探技术在各方面达到国际先进水平；钻井水深将达到1000米，钻井井深达7000米，钻探能力大于5000米；在开采技术方面，水下多相流油气自动开采技术投入使用，石油产量将达到3000万吨/年以上。

深海采矿技术。主要包括勘探技术：深地层剖面仪、深浅器将投入使用；深海矿藏开发技术：自动采矿系统将投入使用；冶炼技术：将采用低温湿式冶炼法、高温干式冶炼法等较先进的冶炼技术。

海水资源开发技术。海水淡化技术：将跻身于世界先进行列，并有广泛的国内外市场。海水化学资源提取技术：海水提盐技术水平达到年产海盐1亿吨的能力，海水提溴的总产量将达到15万—20万吨/年的水平。海水提溴技术达到世界先进水平，实现大规模工业生产，产量达30万吨/年。海水提溴技术达到工业化生产水平。

海洋能源利用技术。主要包括潮汐发电，预计将建几座百万千瓦级的大型潮汐电站，总装机容量达100万—300万千瓦；波能发电，将建5—10座1000千瓦级岸式波能发电站，总装机容量达30万千瓦；海（潮）流能发电，完成几座1000千瓦级潮流发电站的建设，总装机容量达5万千瓦；盐差能发电，建成投产1000千瓦级的盐差能发电站。

（二）打造海洋主导产业群

1. 海洋农牧化，建设"蓝色基地"

广东渔业要从"黄水"走向"蓝水"，建设"蓝色基地"。加强渔港建设，提升渔港的配套功能和建港水平，并与渔区水城镇建设结合起来，把渔港建设成渔船安全避风、渔货集散、生产整休、加工贸易、质量安全监督、生产补给、滨海旅游和休闲渔业为一体的产业基地。水产品加工贸易方面，要从简单的生产加工向综合加工利用的方向转变，加强水产品加工基地建设。

2. 临港石化及海洋油气产业

以炼化一体化项目为龙头，实施以上游带动下游，以中下游促进上游发展的双向推进战略，不断延伸产业链，带动石油化工、合成材料、有机化工、精细化工、化学建材等快速发展。茂名石化工业基地以成品油、聚烯烃、芳烃、有机化工等石化中上游原料为重点。惠州和揭阳石化基地以重石脑油为原料的芳烃系列有机化工为重点，延伸产业链，提高产品集中度和产业配套能力，形成具有较强区域竞争优势的石化产业集群。发展港口型能源工业，争取国家批准在广东建设新一代能源储备中转基地。加快沿海负荷中心电源建设，优化电源点布局，按照能源多元化、清洁化、优质化的要求，引进国外液化气资源。利用广东沿海深水港条件建设煤炭中转储备基地，争取国家在广东布点建设大型石油储备基地和规划建设沿海输气（天然气）、输油（成品油）管道，建立能源储备体系，增强能源储备保障能力。

3. 海洋装备制造业

重点发展高附加值、高技术含量的出口船舶、游艇和各种大中型船舶建造修造产业。延伸拓展船舶工业产业链，以造船带动钢结构、船舶分段、舱口盖制作及船用机电设备配套四大产业链的发展。引进国外技术，开发生产船用电缆、电机、电控设备、通信导航、配电盘、开关等配套产品，开发本土化船舶机械设备。以造船骨干企业为依托，建立和健全研发中心，联合专业设计院，在提高生产设计水平的基础上，实现基本设计、详细设计、生产设计一体化。建立船舶物流配送中心、涂装和劳务培训中心。积极发展与海上石油勘探行业相配套的装备设施，增进产业链条向海洋工程领域的拓展，快速构建海洋装备基地的产业体系。

4. 海洋生物制药业

协调整合在广东的有关海洋院所机构研究力量，摸清广东周围海域的海洋生物资源情况，建立海洋生物资源库、海洋生物样品库和科技信息服务网络；以优惠的政策引进国内外著名的带头人、企业和医药研究机构到广东建立海洋重点实验室，有计划地选送从事海洋开发的人才到国内外著名的海洋研究院所进行培训，与国内外著名的海洋研究院所建立广泛的技术交流和合作，引进高水平的科研人才。

5. 港口物流业和海洋运输业

按照规模化、大型化、集装箱化和信息化的要求，加快建设沿海港口群，培育和发展现代港口物流园区，积极参与全国大型港口运输、中转的布局分工，推行水、陆、空多式联运，促进港口集疏运体系向多元化、立体化方向发展，构建与现代物流相配套的中转货运网络。加快整合现有物流资源，推行"就近报关、口岸验放"和"铁海联运"的通关模式，加快建设适应进口货物属地验放的快速转关通道，实现进出口货物的快速流转。

6. 蓝色旅游和海洋娱乐业

整合旅游资源，全方位、多层次地开发蓝色旅游项目，着力打造几项具有广东特色的海洋旅游精品，实现由观光型向度假、观光复合型的转变，形成集生态、观光、休闲度假、商务会议、体育健身等为一体的现代综合海洋旅游经济，把我省建成我国重要的滨海旅游目的地和具有鲜明地方特色的蓝色滨海旅游带。

7. 海洋商务服务业

坚持政府主导、统筹规划、统一标准、联合建设、互联互通、资源共享的发展方针，整合利用全省海洋信息技术和资源，建设"数字海洋"，在数据基础平台上实现多功能、多用户、高精度、数字化的信息服务，依托海洋信息服务公共平台，努力实现海洋资源、环境、经济和管理信息化。以园区、产业基地、项目组团建设为载体，完善金融服务、科技研发、行业中介等公共服务平台建设，加快与海洋工程配套的现代服务业的集聚发展。

三　政策导向与措施

（一）尽快启动"南海战略"的准备工作

主动催发国家尽早启动南海开发战略。加快与东盟的产业和贸易合作。成立广东南海开发公司。组建广东"南海开发"投资基金。

组建政府牵头，民间参与的"南海开发"投资基金，不断拓宽广东省海洋经济建设和南海开发的资金来源。发展南海航运保险业，为广东省承担南海运输业务提供担保服务。全力推进银企合作，开辟海洋产业发展专项贷款，对海洋开发重点项目优先安排、重点扶持。对海域、港口岸线、无居民岛屿等资源的经营性开发实行使用权公开招标、拍卖，创新海域使用权抵押贷款制度，拓宽融资渠道。

（二）促进广东海洋经济发展的保障措施

1. 深化海洋管理体制与机制改革。
2. 加强规划和宣传，强化海洋意识。
3. 推进海洋科技创新和人才队伍建设。
4. 引进和建设海洋大项目。
5. 形成财政性投资的"蓝色"导向。
6. 健全海洋开发与生态保护平衡系统。

（2010 年 2 月）

"双转移"：转变经济发展方式的创新实践

——东莞（韶关）产业转移工业园调研报告

课题组*

"双转移"是广东省委省政府为破解科学发展难题，加快经济发展方式转变、产业转型升级、经济结构调整、区域协调发展，进而推动经济社会全面转型发展而做出的一项重大战略决策。它不仅是一项经济发展举措，而且是区域协调发展、和谐社会构建、生态文明建设以及文化软实力提升的重要推手，是对建设幸福广东，进一步开创我省当好推动科学发展、促进社会和谐排头兵的新局面具有全局意义的重大战略。

经过两年多的努力，广东"双转移"战略的实施及其对于经济社会发展的效应已经引起了全世界的关注。为总结"双转移"的经验，及时发现实践中存在的问题，为省委省政府进一步推进"双转移"工作健康

---

* 课题指导：田丰，省社科联主席、党组书记；杨兴锋，南方日报社社长、管委会主任。执笔人：吴超林，华南师范大学经管学院副院长、教授；赵细康，省社院社会学人口学所所长、研究员；刘志铭，华南师范大学研究生处副处长、教授；叶金宝，《学术研究》主编、研究员；翟丹然，南方日报高级记者。

发展提供决策参考，2010年10月上旬，省社科联和南方日报社组织了省内相关高校和研究机构专家组成的调研组赴韶关市进行调研。现将调研情况汇报如下。

一 韶关市"双转移"取得的成效

自2009年初东莞（韶关）产业转移工业园（下称莞韶产业园）批准成立以来，韶关市围绕建设"粤北经济强市、交通枢纽、区域中心、山水名城、和谐韶关"五大目标，紧紧抓住提高城市和产业集聚度、培训和配置人力资源"两个关键"，大力推进"双转移"进程，实现了经济持续平稳较快发展，各项经济指标特别是人均指标在全省山区市中名列前茅。在2009年度全省"双转移"目标责任考核中，韶关被评为产业转移承接地的第一名；莞韶产业园在15个省示范性产业转移工业园的目标责任考核中进入前三名，产业转移园区建设取得了显著的成效。

（一）促进了发展观念和思维的大转变

"双转移"是广东破解科学发展难题和加快经济发展方式转变的创新之举。这一战略举措不仅是简单的产业和劳动力转移，对于后发的粤北山区而言，同时也是先进发展思想和先进管理理念的转移。明晰了地方产业发展的思路；转变了对区位优势和区域发展定位的认识；振奋了全民创新创业的信心；创新了政府治理理念和机制。

（二）为地方经济发展注入了强大的内在驱动力

近年来，韶关把"双转移"工作作为加快经济建设、缩小与发达地区发展差距、推进城乡区域协调发展的战略举措，在遵循市场经济规律的同时充分发挥政府的引导作用，主动适应国际国内产业转移和发展大势，抢占发展先机。目前，韶关市建立了4个省级产业转移工业园区，以及多个市级园区。通过"双转移"形成的以机械制造、电子、玩具为主导产业的园区经济，逐渐成为韶关市经济发展的引擎和重要增长极，为地方经济发展注入了强大的内在驱动力。

(三) 加速了粤北山区的城市化进程

围绕建设粤北区域中心城市发展目标，通过推进"双转移"工作，韶关积极融入珠三角，着力在观念、交通、产业、市场、人才方面实现与珠三角"五大对接"，打造产业集聚中心、交通物流中心、职业技能培训中心、旅游休闲中心和医疗服务中心，形成"中心（珠三角）—腹地（粤北）"互动互补的区域均衡发展格局。从区位上看，随着武广铁路快线和韶赣铁路的建成，"高铁时代"的到来为韶关发挥连接珠三角、对接长三角、辐射长（沙）株（洲）（湘）潭经济圈的桥梁和枢纽作用创设了基础条件，由此形成的粤北区域产业集聚中心和交通物流中心将进一步推动韶关的城市化进程。

(四) 加快了要素集聚的广度和深度

为破解区域协调发展的难题，顺应产业发展规律而实施的"双转移"发展战略，为粤北山区的科学发展明晰了思路和方向，为韶关的发展提供了政策动力，形成了加快生产要素向后发优势地区集聚的新的发展模式。以莞韶产业园为例，根据生态发展区的定位，通过延伸主导产业链，培育产业集群，该园区形成了产业发展的整体协调效益。

通过整合原有产业基础优势；突出集聚要素的技术含量；加强产业配套能力建设，最大限度提高产业发展要素集聚的广度和深度；突出土地集约的要素集聚；突出环保、低碳的要素集聚。强化环保优先的理念，突出环境保护与经济发展的同步协调。

(五) 优化了产业布局和结构

"双转移"战略的实施，不仅形成了韶关众多的新兴产业，而且带动了传统产业的转型升级，优化了韶关的产业布局结构：三次产业结构由2006年的17.5∶42.5∶40.0演变为2009年的14.1∶40.9∶45。实现了由农业经济占主体向城市经济占主体的质的转变。轻重工业结构趋于合理化：轻重工业结构由2006年的23.5∶76.5调整为2009年的30.3∶69.7。高新技术产业有了重大发展。2010年，全市有高新技术企业17家，高新技术产品产值占全市工业总产值比重达到20%以上，高新技术产业增加值占全市工业增加值比重达到30%。国有经济与民营经济结构有了较大变化：民营经济固定资产投资占全社会固定资产投资额比重达33.5%，起到了三分天下有其一的作用。

（六）改善了劳动力素质和人力资源结构

作为广东省实施"双转移"战略的先行区，韶关将劳动力转移上升到人力资源培训和配置的高度，树立起人力资源是第一资源的理念，创新劳动力转移新机制。目前，韶关劳动力转移的基本路径有：一是通过劳动技能培训和有效的组织引导，有序向外地输送劳动力，使常年在外务工的劳动力达到50万人以上；二是通过加快本区域工业化和城镇化进程，加快农村人口向城市转移步伐，推动农村富余劳动力向二、三产业转移；三是构筑吸纳外地优秀人才的服务平台，积极引进高层次的技术和管理人才，扩充人才总量，优化人才结构，为韶关建设粤北区域中心城市和产业的集聚提供强大的人力支撑。

二 韶关市推进"双转移"的经验启示

在"双转移"战略实施过程中，韶关市委、市政府进一步处理好产业转入与粤北老工业基地振兴、"双转移"与城市化、"单极驱动"与"多极联动"、"双转移"与转变经济发展方式、转出地和转入地的合作互利五大关系，着力破解产业发展用地与土地容量有限、产业转移与绿色生态区建设、产业定位与招商引资、政府单一税收目标与产业转移短期化行为的冲突四对矛盾，承接产业转移工作不断推进，凸显了"双转移"在实现区域经济协调发展等多方面的重要意义。东莞（韶关）产业转移工业园建设取得的成效为全省"双转移"战略的推进积累了宝贵的经验，对全省其他产业转移园的建设具有普遍的借鉴意义和启示作用。

三　若干对策性建议

（一）赋予产业转移园新功能定位，实行适度差别化的扶持政策

目前，"双转移"战略已成为我省加快经济发展方式转变的重要抓手，对于加快区域协调发展、优化产业布局、促进结构调整和技术升级等发挥了重大作用。随着国际国内形势变化以及广东发展战略提升和发展空间的转向，如何迅速占领东盟和国内大市场，如何抢占低碳、环保、新能源等战略性新兴产业的制高点，这些都是"十二五"及未来一段时期摆在广东面前的重大机遇与挑战，需要我们对"双转移"战略赋予新的功能定位。在未来，土地、资源、环境、空间等要素对珠三角的发展约束会更加显著，单纯依靠一个中心来实现上述目标是不够的。从战略布局来看，广东需要构建"1+3"（珠三角为中心，湛江、韶关、汕头为副中心）的扇形经济格局，依托三个副中心来扩张经济腹地，打通面向东南沿海、内陆、中国台湾地区和东盟的战略通道。三个副中心的发展除依托现有的资源外，还应把整合周边地市纳入副中心的范畴，引导周边要素向副中心聚集，形成"中心—副中心—次中心"的递进圈层结构。基于上述思路，广东应重点对广州（湛江）产业转移工业园、东莞（韶关）产业转移工业园、汕头市产业转移工业园的定位进行扩充，同时对汕头市产业转移工业园和深圳（潮州）产业转移工业园进行错位布局和功能整合。对上述产业转移园应赋予重点吸引转移战略性新兴产业，重点吸引来自东南沿海、内陆、中国台湾地区和东盟等地转移产业以及产品主要销往上述地区的转移企业等新功能要求。同时，在新增土地指标分配、财政转移支付、科技重大项目扶持等方面给予倾斜，应要求上述地区将产业转移园发展规划与国土发展规划、城市建设规划、主体功能区规划、产业发展规划等进行有效衔接，按照新功能要求，允许适当调整原有规划。此外，在一些具体政策方面，比如存量建设用地置换、城乡建设用地增减挂钩、土地有偿使用费返还等，应给予优先考虑，以加快三个区域副中心的发展。

（二）严格土地绩效管理，禁止"圈地""违规用地"等现象发生

建议尽快构建科学合理的产业转移园用地绩效评价指标，制定用地绩效的激励与约束机制，提高土地绩效评估在产业转移园绩效评估中的权重，加大考评力度，切实提高土地利用绩效水平。同时，吸取佛山禅城（清新）产业转移工业园的教训，严格督查，对未批先建、批少占多、边报边建、以租代征、重批轻管、违规批地、非法卖地、乱占滥用耕地甚至破坏基本农田等行为加大处罚力度，坚决杜绝"圈地""违规用地"等现象发生。

（三）尽快提升转入地金融支持水平，增强转入企业的后续发展能力

建议从以下几个方面予以扶持：

一是尽快建立和完善园区金融服务的网络终端。鼓励并支持银行、保险、担保、产权交易所等机构在园区设立分支机构或服务网点，并在税收优惠、用地审批等方面给予倾斜，尽快提升园区的信贷融资、现金流管理、财务顾问、风险承担、产权交易等服务水平。

二是鼓励园区开展金融服务创新试点。鼓励园区和企业与银行、股权投资机构、创业投资机构的战略合作，开展"投贷联动"或"贷投联动"试点，建立资金链供应服务新模式。针对目前园区企业难以达到信用评级和担保要求的实际情况，在风险可控的前提下，鼓励转入地和园区的金融机构对转移企业开展应收账款、知识产权（专利权、商标权）、仓单、股权、货权、林权等抵押担保方式和循环额度贷款、最高额抵押贷款、节能减排贷款、小企业联合保证贷款、动产质押贷款、并购贷款、融资租赁等新型金融服务。

三是鼓励金融机构制定差别化的金融支持政策。鼓励银行加大对园区内低碳环保、新能源、先进重大装备、生物医药、电子信息制造、新能源汽车、海洋工程装备、新材料、软件和信息服务业等重点领域的信贷支持力度。

四是优先支持转移企业上市融资、增发新股和配股，核准其发行债券,在银行间市场发行中期票据,鼓励和支持以发行资产支持证券等方式筹集资金,通过股权转让、并购重组等方式迅速做大做强。

(四)完善绩效考核指标体系,加快信息、物流、技术、检测平台、教育、人才等承接载体的建设进程

建议尽快补充和完善产业转移园的绩效考核内容,把交通、金融、物流、检测平台、孵化基地、创新基地、培训基地、交易市场、技术市场、行业协会、酒店、住房等承接载体建设作为基础设施建设考核的重要内容,并适当提高考核权重,加大考核力度。

建议由省经贸委牵头,组织发改、交通、金融、质监、科技、教育、劳动等省直相关部门对全省产业园承接载体建设情况进行一次专门调研,及时总结好的做法,分类收集问题,责成转移地和相关部门拿出具体推进措施,尽快改善产业转移园承接载体的建设。

(五)以高端项目的引入加速推动本地产业结构的升级

高端装备制造、生物医药、绿色环保、新材料、新能源等战略性新兴产业已成为后金融危机和低碳经济时代新的经济增长点和制高点,扩大内需和国内产业布局大调整的新形势为后发地区引入高端产业、实现跨越式发展提供了难得的历史机遇。建议各地及时调整招商引资的战略定位,动态把握国际国内产业转移的新趋势,要充分利用后发地区历史包袱轻、区位新格局、要素价格相对低廉、资源丰富、环境优美等优势,集中力量花大力气瞄准一些与本地产业关联度较高、潜在市场空间大、产业集聚能力和示范效应强、代表未来产业发展方向的大企业和大项目,尤其是对于那些产业链条的高端环节,如研发中心、现代生产性高端配套服务等,要勇于尝试,要善于借助外脑外力,充分利用各种社会资源和网络,推动这类高端项目的引入,以加速本地产业结构的升级步伐。

(六)细化污染转移管理措施,严把污染转移关

建议省环保和经贸部门对第一次全国污染源普查的数据进行开发,依照《国民经济行业分类与代码》（GB/T 4754—2002）的产业分类标准，摸清现有技术水平下细分至四位代码的产业污染状况，制定《广东污染产业细分名录》，作为指导产业转移的配套性文件，并严格执行。应进一步完善产业转移园污染防治设施运营监管的政策措施，通过上级督察、政府监管、社会监督等途径，强化产业转移园污染设施运营状况的监察工作，严格禁止项目环评"先上车，后补票"、设施运营"检查开机，人走停机"等现象发生，对园内企业违反规定的情况严格查处，绝不姑息。

（2011 年 1 月）

南沙自贸片区营商环境的短板与增创新优势的抓手调研报告

史欣向 郑 蕴[*]

一 研究背景和研究意义

建设市场化、法治化、国际化营商环境，是中国（广东）自由贸易试验区总体方案（以下简称总体方案）中明确提出的主要任务。目前，国际经济局势呈现出碎片化态势，国家、地区之间的政策不确定性及经济竞争日益加剧。因而，打造国际化、市场化、法治化营商环境，对内是树立自贸试验区改革创新"标杆"的重要抓手，对外是提升抗风险能力的重要举措。

建设市场化法治化国际化营商环境是一项复杂系统工程，市场化、法治化及国际化之间的内在联系和逻辑关系是营商环境建设实践的理论基础，营商环境各部分又成为一个独立的子系统，同样存在着复杂的运行机制。因而，研究市场化法治化国际化营商环境的"抓手"极富价值和意义。抓手就是营商环境中的主要矛盾，起提纲挈领的作用，通过它可以实现事半功倍的效果。同时，抓手也是窥探营商环境子系统运行机制的

---

[*] 作者简介：史欣向，中山大学自贸区综合研究院院长助理、副研究员；郑蕴，中山大学自贸区综合研究院，副研究员。

"钥匙"。整体上,厘清市场化、法治化及国际化之间的内在联系和逻辑关系又会有助于"抓手"的确认。因此,不论是整体上研究三者之间的关系,还是研究各部分抓手的功能效用,均会对营商环境方面的研究产生较为重要的学术启发和影响。

营造法治化、国际化、便利化的营商环境,既是培育南沙自贸片区经济发展软实力的重要体现,也是打造具有可持续竞争优势的内在要求。经济全球化进程的不断深入,从制度创新与规制合作方面展开了新一轮的国际竞争。自贸试验区建设作为新形势下的重大战略机遇,将极大利好南沙营商环境的优化与国际化,并将加速形成南沙全方位对外开放的新格局。

二 营商环境的内涵与要素

营商环境,是指围绕市场主体开展经济、社会活动所进行的各项制度设计与运行机制的总称,通常包括社会要素、经济要素、政治要素和法治要素等维度,其作用的对象主要是服务企业和个人,旨在高效、便利地开展各类社会活动。

结合南沙的实际,营商环境从实践层面上可以解构为,一是要坚持宏观制度与微观措施相结合。营商环境首先是针对社会、经济、法治等全方位的制度设计;其次是围绕企业全生命周期,反映企业经营过程中"环境诉求"的机制设计。二是要坚持国际经验与本地市场建设实际相结合。在借鉴主要国际先进经验的同时,尊重南沙片区的制度实际、发展实际,并重点参考总体方案的要求来打造优质营商环境。

根据总体方案的要求,自贸区的营商环境应包含三个方面的基本要素。其一,以市场化为指导。制度创新要符合市场规律,商业规则的重点明确、力度适中,既能掌握有效信息,抑制不端行为;又不会使市场主体为满足合规要求付出不成比例的时间、财务成本。其二,以法治化为基础。各项措施在形式上应当经过公布、保持稳定、立法程序合法、执法环节严明公平;在实质内容上符合公平、正义等原则。其三,以国际化为目标。在合适的改革领域对接国际通行标准;保障规则制度的高效精简,将给市场主体带来的成本降到该领域中先进国家的水平。

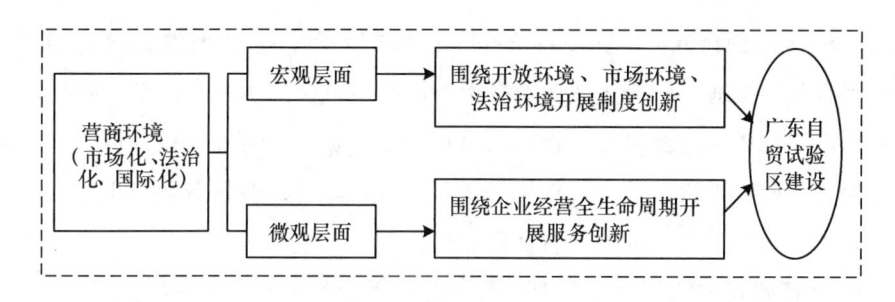

营商环境的系统解构

三 南沙自贸片区营商环境存在的短板与不足

通过对比2016年南沙自贸片区与其他自贸试验区（片区）优化营商环境的主要措施发现，总体而言，南沙自贸片区在贸易、投资便利化，金融创新，行政管理创新等领域的制度框架已经初步搭建，但各领域制度还需进一步深入细化，法治环境建设尚显不足。具体而言：

1. 贸易便利化方面，南沙自贸片区的贸易管理制度体系稍显单薄，粤港澳贸易合作仍需加强。南沙片区已经实施"单一窗口""互联网＋易通关""电子税务局"等基本管理措施，并发展跨境电子商务等新业态。然而，南沙片区仍需细化贸易管理制度的层级，进一步加强货物分类、分状态监管、"先进区、后报关""电子围网"等措施的改革创新。此外，南沙片区仍需深化粤港澳检测业务互认等业务的改革试点。

2. 投资便利化方面，南沙自贸片区仍需健全以"负面清单管理"为核心的投资管理制度，且部门之间的职能协调不足。南沙片区完成了"一口受理"、"十三证三章"联办等基本制度，但仍需要进一步优化管理部门职能，深入推进"审批联办"转变为"多证合一"。为了加快南沙经济发展，仍需探索更有针对性的招商措施，完善招商机构或中介职能。在降低市场准入门槛的同时，还需要加强公平竞争审查、国家安全审查等事中事后监管措施，防控风险。

3. 金融创新方面，南沙自贸片区取得了良好开端，"南沙金融15条"中已有8项落地，融资租赁产业在南沙取得了较快的发展。但是，南沙片区仍需推动更多的金融改革创新项目在南沙自贸片区落地，如外资进入商业保理、股权投资、证券、期货等创新业务。同时，在打造融资租赁产业链和粤港澳金融合作创新等方面仍需加强。

4. 行政管理体制改革方面，南沙自贸片区对后置审批事项进行梳理，进行"证照分离"试点，建设政府监管与公共信用信息平台等系列工作取得进展。然而，南沙片区在制度创新的集成化、模块化方面还有所欠缺。南沙片区应继续发扬改革创新的勇气，在行政管理体制改革方面起到更多的引领作用。

四 创新营商环境优势的主要抓手和措施

根据总体方案的要求，借鉴其他自贸区和兄弟片区的经验，南沙建设国际化、市场化、法治化营商环境，应当以"贸易便利化""投资便利化""金融创新""行政管理体制改革""法治化建设"作为行动纲领，结合南沙的特色，快速稳步推进。

（一）结合南沙自贸片区优势，加快推动进一步对外开放

第一，参照香港标准建设跨境合作园区推动制度创新。全过程引入港澳台园区合作标准、管理规范等港澳元素，以合作园区的形式推动粤港澳在服务贸易、科技创新产业、新型材料、机器人产业等先进制造业的深度合作。在合作园区建设的过程中，同时实现建设者和规划者的国际化，将招商和建设紧密结合，在建设和规划过程中引入定制元素，实现建设规划与招商发展的同步，由建设者和规划者提出政策需求。

第二，建设国际化双语社区、引入国际化家政服务等国际化生活配套。配建适应国际化发展战略的国际化双语社区和学校，以社区为单位，

建立社区外国人服务站，专门为外籍居民提供服务。引入港澳地区的国际化家政服务，大力发展跨境电商业务，满足国际化人才生活需要。引入国际医疗服务机构，在增强自贸区医疗产业跨国合作的同时，服务国际化人才的高端医疗需求。

第三，制定港澳及外籍高层次人才认定办法，为高层次人才入出境、在华就业居留提供便利。探索建立南沙自贸片区海外人才离岸创新创业基地，支持海外人才从事离岸研发、贸易、金融等业务。以"高精尖缺"为导向，着重引进海外高端紧缺人才。通过负面清单先行先试，推进粤港澳服务行业管理标准和规则的衔接以及从业人员的资格互认。

（二）发挥毗邻香港国际金融中心的地缘优势，带动南沙自贸片区金融创新

第一，制订南沙金融创新行动计划，对接香港国际金融中心。推进跨境金融创新，打通本外币、境内外、在岸离岸市场的对接合作路径；提升跨境金融服务水平，持续拓宽跨境资金融通渠道，完善跨境资产交易机制，开展跨境财富管理中心建设。

第二，对标香港标准，大力推动南沙金融基础设施建设。通过基础设施建设，实现南沙—香港金融业标准的对接，促进粤港两地资本市场、黄金及有关大宗商品交易市场等金融市场的互联互通；推进南沙特色金融小镇建设，将南沙建设成为国际知名的金融功能城区。探索金融综合监管模式，建设南沙金融风险防控体系，保障南沙金融开放创新的稳定性和安全性。

（三）围绕市场机制，建设高效、精准的服务型政府

第一，建立以社会信用体系为核心的市场监管体制。按照"政府引导＋市场化运作"的模式，大力推动南沙自贸片区的社会信用体系建设，借鉴香港经验先试先行营商信用体系与黑名单制度。健全联合激励和惩戒机制，推行信用主体分类监管模式，在行政管理、市场交易及社会监督等领域实施守信激励和失信惩戒制度，形成"守信者一路畅行、失信者寸

步难行"的社会氛围。

第二，开拓发展中小企业营商服务体系。制定优惠政策，提高奖励力度，大力推动金融业、软件业和科技服务业等资本密集型和技术密集型服务业在南沙形成集聚。改变以引进央企、国字号大企业"快推快上"的思路，扎实做好中小企业营商服务体系，着力培育上述类型的中小企业发展，促进该类创新创业企业在南沙孵化。

第三，加强城市精细化管理，打造"智慧南沙"。细化城市管理空间，推行网格化城市管理模式，解决边界不清，互相推诿的问题。建立数字城市管理信息系统，建立统一的城市管理数据库，形成链接区级、街道、居委会的网络信息平台，集数据管理、动态监控、行动指挥、信息发布、投诉受理、便民服务于一体，做到城市管理的精细定位、快速反应和处置。

（四）对接国际标准，提挡加速南沙的法治化进程

第一，利用临近港澳的区位优势，深入开展与香港的法治合作。开展粤港联营律师事务所试点，推出港籍陪审机制；聘请香港知名人士担任仲裁员，打造粤港澳合作共建的商事仲裁合作平台；联合开展粤港澳三地专业调解员联合培训，推动资格互认。

第二，对接国际标准，发展国际商事仲裁和商事调解机制。研究国际通用的仲裁程序规则，建立具有多元法律背景的仲裁员名单，不断完善诉讼与非诉讼商事纠纷解决制度间的衔接，建立符合国际标准的仲裁庭。

第三，发挥南沙知识产权审判庭的创新优势，建立知识产权快速维权机制。依托南沙知识产权审判庭，推进知识产权案件快速受理和审理，提高处理效率，增强经济活力。打造集知识产权申请、纠纷调解、行政执法、司法诉讼于一体的知识产权纠纷快速解决平台，为企业提供知识产权的申请、授权、维权的绿色通道。

(2017年11月)

广东省外来务工人员入户留城意愿调研报告

丘海雄　黄嘉文[*]

  吸纳优秀外来务工人员入户留城是提升珠三角整体实力、促进区域协调发展的系统工程。为了科学地制定和完善优秀外来务工人员入户留城政策，课题组于 2009 年 11 月—2010 年 1 月在广州、东莞和佛山三地对 1050 名外来务工人员进行问卷调查，对包括胡小燕在内的 20 多个典型案件进行深入访谈，了解外来务工人员的入户留城需求，探索户籍政策及相关福利措施对其入户留城意愿的影响，并结合广东产业集群经验提出政策建议。调研报告获中共广东省委政策研究室采纳，并报省委、省政府负责同志，省人大、省政协主要负责同志，中央政策研究室综合局；发送省委办公厅、省人大常委会办公厅、省政府办公厅、省政协办公厅、省委组织部、省委宣传部、省发改委、省经信委、省教育厅、省人力资源和社会保障厅、省卫生厅。获省委书记汪洋批示。在调研报告基础上，课题组形成系列学术成果，并发表在高水平刊物上，获得学术同行的一致好评。

---

[*] 作者简介：丘海雄，男，1954 年出生，香港中文大学社会学博士，现任珠三角改革发展研究院副院长、中山大学社会发展研究所所长、创新驱动发展研究中心主任、社会学与人类学学院社会学系教授兼博导、联合国教科文组织科学与技术政策教席承担者；黄嘉文，女，1986 年出生，中山大学社会学博士，华南理工大学公共管理学院讲师。

一 外来务工人员入户留城意愿的现状

（一）留城意愿

高达97%的被访者打算留在广东继续工作和生活，其中78.2%的被访者愿意留在广东5年以上。愿意长期留在当前城市的已婚者居多。69%被访者的亲属与其一起到当前城市工作和生活。可见大多数外来务工人员都已经或希望全家在广东扎根落户。当问及"吸引你到广东工作的原因"时，90.5%的被访者表示收入较高的工作、良好的发展前景是吸引他们的主要原因。

（二）入户意愿

希望入户到当前工作城市的占55.8%，58%的被访者认为如果拥有本地户口，生活就会便利得多。访谈发现，外来务工人员普遍认为户口不仅是界定居民身份的凭证，同时是一种利益分配的手段。入户的实质是能够享有各种与户口捆绑的居民福利，诸如社保、教育、就业方面。虽然大部分外来务工人员有入户意愿，但面对选择时，部分被访者表示忧虑，原因包括入户后无法享受家乡的土地分红政策、配偶子女随迁困难、两地社保标准不同等。

二 影响外来务工人员入户留城的因素分析

SWOT分析为各类政策的制定、完善和实施的轻重缓急、先后顺序提供了实证依据。具体而言，该方法让被访者对每一个因素的重要程度和满意程度在1—5分的范围内打分，根据每个因素在重要程度和满意程度的平均得分的高低将各因素归为四类：

A. 重点优势因素：重要程度高/满意程度高；
B. 保持优势因素：重要程度低/满意程度高；
C. 有待改善因素：重要程度低/满意程度低；

D. 亟待改善因素：重要程度高/满意程度低。

以下我们从客观条件和主观感受两个层面阐述影响外来务工人员留城的因素：

外来务工人员留城与入户需求的 SWOT 分析

政策	重要程度	满意程度	SWOT 分析结果			
			重点优势	保持优势	有待改善	亟待改善
1. 小孩能上公办学校的权利	4.52	2.44				★
2. 小孩能上公办学校且不交借读费的权利	4.46	2.33				★
3. 民办学校的教学质量	3.92	2.43			★	
4. 享受入住当地廉租房的权利	4.18	2.33			★	
5. 享受购买当地经济适用房的权利	4.06	2.33			★	
6. 有贷款等优惠措施适用购买商品房、经济适用房	4.13	2.43			★	
7. 工伤费用报销	4.58	3.25	★			
8. 门诊费用报销	4.40	2.80	★			
9. 住院费用报销	4.52	2.89	★			
10. 医疗保险异地转移	4.53	2.65	★			
11. 社会保险异地转移	4.44	2.55				★
12. 政府提供免费职业技能培训	4.18	2.56			★	
13. 政府提供法律援助	4.34	2.54				★
14. 政府提供就业信息	4.09	2.47			★	
15. 取消歧视性岗位应聘限制，保证就业公平	4.27	2.62	★			

（一）客观因素：享有与城市居民同等的住房和子女教育机会

1. 住房问题

70%的被访者表示现在没有能力在现工作所在地买房，86.6%的被访者表示4000元/平方米已经是他们能够承受的极限房价。SWOT分析显示，入住当地廉租房、购买经济适用房和优惠购房措施均属于有待改善范畴。社会福利保障制度完善的发达国家低收入阶层有机会租住或购买廉租房或经济适用房。而我们相反，收入低的外来务工人员反而因没有城市户口失去入住或购买廉租房或经济适用房的资格。

2. 子女教育问题

在发达地区打工的经验使外来务工人员意识到教育的不公会再造社会的不公，因此，他们将子女教育看得很重。SWOT分析也显示它是重要程度高、满意程度低的亟待改善的因素。被访者普遍认为珠三角的民办学校收费高、质量低。公办学校一个学期的费用不到200元，民办学校则要2000元。到了高中阶段，即使有经济能力进入民办学校或交高额的赞助费入读公办学校的外来务工子女也只能回老家读，因为在异地读高中无法考大学。

（二）主观因素：对工作城市的认同感较弱，对入户政策的认知度较低

1. 认同感较弱

对工作地城市的认同感是影响外来务工人员入户留城的重要主观因素，44.8%的被访者表示"我属于这里（目前工作城市）"，46.6%的人"愿意与本地人打交道"，34.5%的人觉得"受本地人排斥"，21%的人感到自己"低人一等"，43.2%的人"有不公平的感觉"。在访谈中，我们发现虽然诸多外来务工人员在广东已工作多年，但仍被本地人称为"打工仔""打工妹"，有被歧视的感觉。

2. 认知度较低

广东省各市纷纷出台吸纳外来务工人员入户的相关政策，但落实的

成效都不太显著。2009年中山市政府为外来务工人员入户城市提供了1万多张"准入券",但正式申请"落户"的却只有100人。我们发现问题的关键在于很多外来务工人员并不知晓相关的入户政策。仅有48%的被访者知道工作所在城市的入户条件。超过半数(50.2%)的被访者并不清楚自己是否符合入户条件。当问及"了解入户政策的哪些方面?"时,71.8%的被访者知道买房可以入户,其次是工作和居住年限(65.6%);分别有25.6%和28%的被访者知道获得职业证书和技术职称也是入户需要符合的重要条件。对政策认知程度低,不清楚自己是否符合入户条件,是造成外来务工人员不积极申请入户,政策遇冷的另一主观原因。

三 政策建议

(一)根据各地产业发展和人口容纳能力,合理引导外来务工人员分流落户到产业聚集地,推进城镇化发展

一方面,我省的一线大城市人口密集、规模庞大,过分拥挤会引发"大城市病",影响社会和谐稳定。另一方面,我省产业发展的重要特征是传统产业以集群方式分布在以镇为单位的聚集地。因此,应根据各地产业发展需要,鼓励外来务工人员分流落户到容纳能力强、产业人口需求大的产业聚集地。具体措施为:

1. 在镇级层面上制定入户政策的职业与岗位准入目录。产业聚集地很多以镇为单位,而各镇的产业类别差异大,如果只是在地级市层面考虑入户的职业与岗位门槛,可能不符合各镇的实际需要。各地级市政府应该下放权力,由各镇政府根据实际需要自行制定职业与岗位准入目录,引进符合各镇产业结构优化升级需要的技能人才。

2. 以镇级为单位合理推算可容纳的产业人口规模。各地产业性质、规模和教育、基础设施的发展水平的差别决定了可容纳外来务工人员入户的人口规模。各地级市入户人口总量由省政府统筹控制,而各地级市应该以镇级为单位,根据当地的产业性质和规模,教育和基础设施的发展水平等因素，合理推算可容纳的外来务工人员入户的规模。

（二）扩公办、助民办两条腿走路，切实解决外来务工人员子女的教育问题

本次调研结果表明，子女教育是外来务工人员留城面临的主要问题。目前各级政府解决该问题的思路大多数都是围绕如何增加公办学校学位，提高外来务工人员入读公办学校的比例。但是目前公办学校的学位有限，不能在短期内切实解决问题。我们还需要通过提高民办学校的管理水平和教育质量，让没有机会进入公办学校的外来务工人员子女有机会在质量较高、费用较低的民办学校接受教育。具体措施：

1. 提高民办学校的教育质量与管理水平

（1）利用公办学校资源，通过"一帮一""兄弟学校"等长期性帮扶活动，组织公办学校与民办学校的师生定期互动交流，鼓励优秀的公办退休教师到民办学校任教和培训师资，安排民办教师到公办学校短期旁听、实习。

（2）扶持建立民间慈善教育基金。结合实际，参考扶持落后地区教育的"阳光工程"模式，以政府启动、民间主导，建立民间专项教育基金，将基金作为扶持城市中以吸引外来务工人员子女为主的民办学校发展的政策工具。

2. 降低民办学校的收费，减轻外来务工人员的经济负担

（1）对民办学校实行财务检查和审计监控，严格控制学校的开支项目，监管收费标准，防止乱收费。在确保学校正常投入的同时，也保证办学者有一定的合理回报。

（2）为民办学校提供必要的政策支持，切实解决场地与水电问题，给予税收等财政优惠，降低办学成本。

（3）对符合条件接受当地义务教育，但由于资源不足暂不能入读公办学校的外来工子女，提供相应的经费补助。

（三）探索解决外来务工人员住房问题的新途径

在众多与户籍相关的重要资源中，廉租房和经济适用房是唯一完全与户籍挂钩的资源，申请的前提条件是拥有当地户籍。对于希望长期留城发展但又没有能力买商品房的外来工而言，能否解决住房问题是他们决定留城与否的重要因素。为了缓解安居难的困境，建议：

1. 对于单位有提供住房公积金、经济条件较好的外来务工人员，可以鼓励他们申请公积金贷款，买能够负担得起的商品房。

2. 目前外来务工人员租住的地方治安条件和生活设施一般都不太好，当地政府可以采取措施，改善他们的居住环境和出行条件，如改造城中村等外来务工人员聚居的地方。

3. 参考中山市积分入学政策，将租住廉租房、购买经济适用房与积分挂钩。

（四）根据各地产业发展需要，为外来务工人员提供免费短期职业培训和技能资格考核培训

SWOT 分析结果显示，政府提供免费职业技能培训对于外来务工人员很重要，但他们对这方面的政策不甚满意。由政府牵头为外来务工人员安排职业培训，能够让他们有一技之长，顺利找到工作，既让他们有留城的条件，也能在一定程度上解决用工荒问题。

1. 免费短期职业培训。由镇、区（县）级政府出面牵头，当地产业集群的行业协会/商会和创新中心/生产力促进中心，了解各个企业的用工需求和岗位要求，组织企业共同参与，为有志加入该产业的外来务工人员提供免费短期职业培训。培训前企业可与外来务工人员签订用工协议，培训合格之后安排就业。

2. 技能资格考核培训。政府可以制定相关政策，为需要一技之长的外来务工人员提供技工和技师的技能资格考核培训，鼓励他们参加考核，考取技工或技师资格证书。

3. 建立职业教育实习平台。参照肇庆市发展职业教育的经验，建立

与企业、产业密切联系的多校共享的职业教育实习平台。

（五）深入了解外来务工人员的需求，广泛宣传相关的政策、措施

本次调研发现，相当部分外来务工人员并不了解政府制定的入户政策，不清楚自己是否达到入户要求，更不知道如何申请。因此应建立政府与外来工双向沟通的桥梁，通过各种渠道了解外来工对政策与信息的实际需求，并进行政策宣传：

1. 各级政府设立外来务工人员办公室，定期调研了解他们的需求和流动状况，开设外来工求助热线，协同各个部门解决他们遇到的疑问和困难。

2. 完善外来务工人员信息管理系统，通过正式渠道收集其通信方式，建立信息化平台，通过短信、电子邮件、信函等多种方式向其发布重要的政策和信息。

3. 由外来务工人员聚居的暂住地、居住地的街道、居委、社区负责，通过板报、广播、宣传单张等手段宣传各级政府的相关政策和信息。

四 关于外来务工人员入户留城政策的思考

目前政策的侧重点在于加速优秀外来务工人员入户。调查发现入户不等于留城，留城不等于入户。97%的被访者希望留城，55.8%的被访者希望入户。两者相差40多个百分点。可见相当一部分人希望留城但是不希望入户。原因是入户要付出失去责任田、受城市较严的计划生育政策约束等代价。为什么有不少人希望入户？因为留城要以解决与户籍挂钩的子女教育等问题为前提条件。如果能解决这些问题，他们宁可留城而不入户。确实有一些外来务工人员能够凭自己的能力解决子女教育等问题，已在城市扎根而不入户。因此对外来务工人员来说，入户是手段，留城是目标。如果不必使用此手段达到目标则是两全其美的。中山市积分制规定积分达到一定标准，不入户子女也可入读公办学校便是解决问题的一种方法。放松教育等问题的户籍约束等于跨越篱笆。

比较彻底的解决办法是将造成本地人与外来务工人员权利差异，影响他们留城的附着在户籍上的因素逐步剥离。去除户籍约束，以身份证代替户籍享受与本地人同等的公民权及福利待遇等于拆篱笆。附着在户籍上的权利大致可以分为两大类：一类是受资源约束小、对本地人利益影响不大，但与外来务工人员生活息息相关的权利，如办理护照、港澳通行证和摩托车牌照等；另一类是受资源约束、关系到本地人切身利益的权利，如教育、住房等。对于第一类权利，应该马上将其与户籍剥离，以身份证取而代之，使外来务工人员在当地城市的生活更加便利。对于第二类权利，尽管受到资源限制，但也应该通过各种手段逐步向外来务工人员开放。

（2010年7月）

广东省战略性新兴产业发展专项资金 LED 与新能源汽车项目绩效第三方评价报告

郑方辉　卢扬帆　廖逸儿[*]

一　评价说明

财政专项资金绩效评价是政府绩效评价的重要组成部分和全面实施绩效管理的基础内容。评价主体决定评价的公信力，指标体系决定评价的科学性。与财务稽查、绩效审计不同，本项评价重点关注：一是宏观层面上专项资金立项决策及管理办法设定目标的科学性与可行性；二是中观层面上地方政府及主管部门对资金监管的有效性；三是微观层面上用款单位使用财政资金的合规性。同时，评价试图厘清在现行财政管理体制下，财政专项资金绩效评价中，资金过程控制与结果导向的关系，使用绩效与管理绩效的关系。

LED 与新能源汽车产业都是经省委省政府确定的广东省率先突破的三大战略性新兴产业之一。自"十二五"初起，省财政设立支持该行业发展的专项资金，累计投入超过 200 亿元。本项评价针对第二、第三批下

---

[*] 作者简介：郑方辉，华南理工大学教授、博士生导师；卢扬帆，华南理工大学博士后，助理研究员；廖逸儿，华南理工大学博士研究生。

达的省级财政资金两类项目,合计14.261亿元,涉及108个子项目,覆盖全省19个地市与若干省直单位。其中：资助LED项目涵盖芯片技术、封装工艺、驱动电源、生产设备、显示与背光源技术、产业标准体系研究、公共服务平台建设及绿色照明示范等类别；资助新能源汽车项目涵盖整车生产、动力电池、驱动电机、关键材料、公共检测及服务平台、产业标准体系建设与示范应用等类别。

评价基于结果导向和公众满意度导向,运用科学方法、规范流程、相对统一的指标及标准,对资金支出的效果进行综合性测量与分析。具体而言,遵循"评估水平、识别问题、方便操作、驱动进步"的原则,依据既定指标体系,基于预定绩效目标,系统评判全省战略性新兴产业发展专项资金LED与新能源汽车项目实施的经济性、效率性、有效性和公平性,量化整体绩效水平,发现存在问题,提出绩效改善与优化支出结构的对策建议。有关技术方案如图1所示。

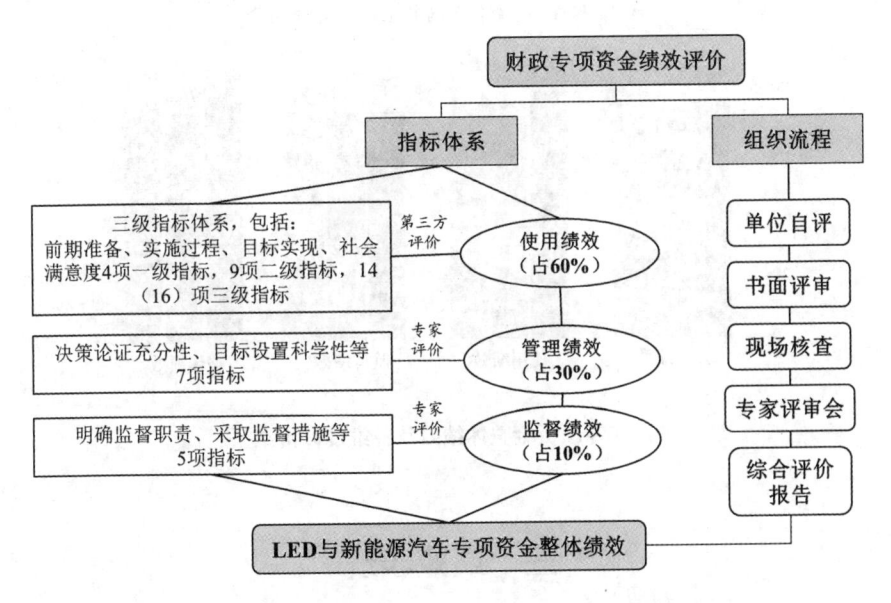

图1 LED与新能源汽车项目绩效第三方评价技术方案

二 评价结果

针对 LED 专项资金。整体绩效评分均值为 80.3，等级为良。其中：资金管理绩效评分为 78.1，使用绩效评分为 80.7，监督绩效评分为 74.8。总体上，主管部门省科技厅在该项资金的管理上采取了必要措施，取得一定效果，但存在问题明显；财政部门在专项资金监督上履行了必要职责，但改进空间较大。

针对新能源汽车专项资金。整体绩效评分均值为 74.3，等级为中。其中：资金管理绩效评分为 63.1，使用绩效评分为 77.9，监督绩效评分为 74.8。如图 2 所示。总体上，项目资金使用相对规范，但有关绩效目标实现程度、项目完成进度与社会经济效益发挥跟预期存在较大差距。

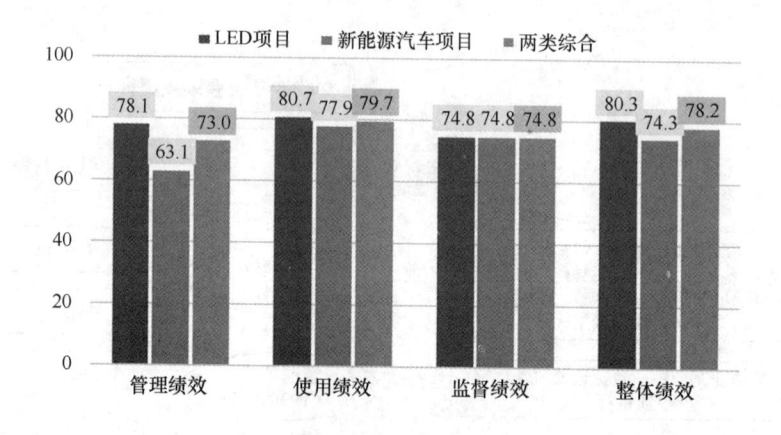

图 2　专项资金整体绩效及各维度评价结果

三 绩效表现

（一）主要成绩

1. LED 项目所取得的主要成绩

一是产业规模迅速扩大，行业集聚优势初步显现。广东省 LED 产业到 2013 年实现 2810 亿元产值（比上年增长 29.52%），近 5 年产生了两次千亿级跨越，产值连续 3 年位居全国第一。二是核心技术研发取得一定进展，关键设备与工艺国产化程度有所提高。比如在国产高性能 MOCVD 设备的研制、LED 外延与芯片技术开发及应用等方面，突现了一批具有较强技术创新能力的龙头企业。三是公共照明示范应用已达较大规模，节能减排效果显著。全省累计推广应用 LED 路灯近 150 万盏，室内 LED 照明产品超过 400 万盏，示范路段超过 3 万公里，总体节能 55%。四是行业标准体系建设进展较快，企业营商环境整体改善。包括建立了"广东省 LED 照明标准技术联盟"，建成了"广东省 LED 照明产品评价标杆体系"，搭建了 LED 照明产业标准化公共平台等。五是创新科技项目融资管理模式。包括股权投资、产业基金和风险基金等，试点并积累有益经验。六是部分项目优质完成，技术成果数量与社会经济效益较为可观。截至 2014 年 6 月 30 日，全省 LED 相关领域专利授权量累计达 62540 件，占全国授权量的 28.96%。（见图 3）

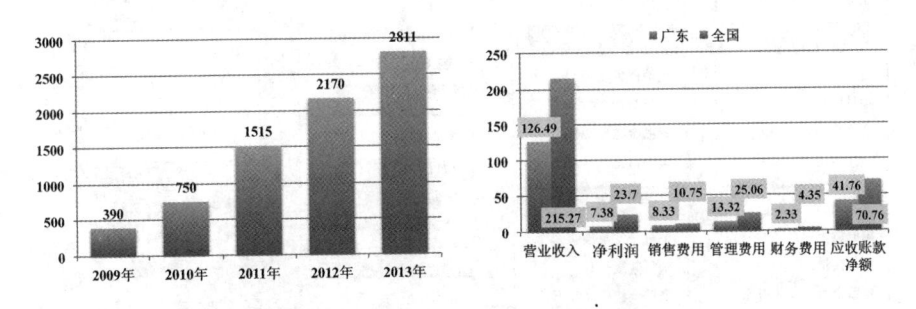

图 3　广东省 LED 行业产值及其上市公司主要财务指标（亿元）

2. 新能源汽车项目取得的主要成绩

一是兼收并蓄的全产业链孵化，项目带动产业投资效果明显，项目计划总投资 41.5 亿元，实际完成投资 36.5 亿元，投资完成率为 88.0%；二是动力电池技术取得一定进展，为市场化推广打下良好开局。以比亚迪电池和大洋电机等为代表的一批企业已在核心技术及生产工艺方面取得一定进展；三是新能源汽车产能已形成规模，省内新能源汽车在动力电池、电解液、电池材料、高效电机及整车制造等主要环节产能提升，生产工艺及自动化水平大幅提高；四是公交汽车和出租车领域已探索出较可行的商业化运作模式，尤其是深圳市已形成较好示范应用样板，提供可借鉴经验；五是新能源汽车产业标准体系初步建立，广东电动汽车地方标准立项工作居全国前列，公共平台对产业发展作用初显；六是经济效益和环保效益初步体现，社会效益逐渐显现，其中示范应用累计节约燃油超过 8 万吨，累计减少 CO_2 排放量超 25 万吨。（见图 4）

氢燃料电池部件
项目数量：1
资助金额：2000万元
金额占比：4.09%

标准检测平台
项目数量：2
资助金额：3000万元
金额占比：6.13%

电池正极材料
项目数量：3
资助金额：6900万元
金额占比：14.11%

电池控制系统
项目数量：1
资助金额：600万元
金额占比：1.23%

公共服务平台
项目数量：1
资助金额：1000万元
金额占比：2.04%

示范应用项目
项目数量：10
资助金额：12500万元
金额占比：25.56%

电池电解液
项目数量：2
资助金额：2400万元
金额占比：4.91%

电池研发及控制
项目数量：4
资助金额：7200万元
金额占比：14.72%

充电基础设施
项目数量：1
资助金额：1000万元
金额占比：2.04%

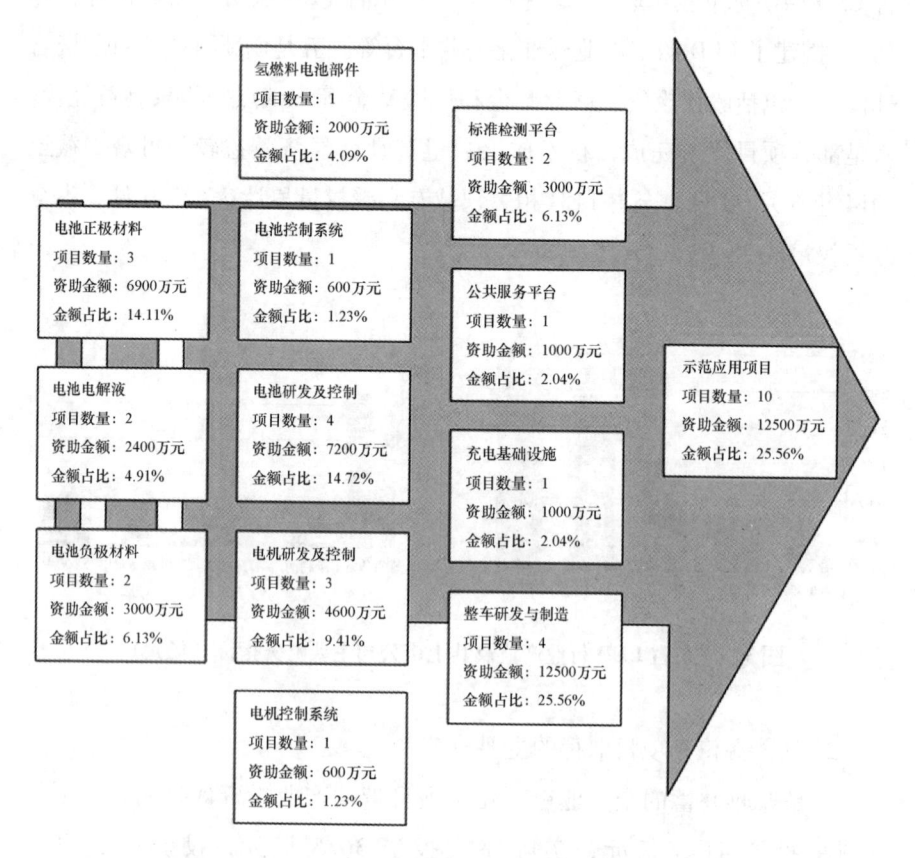

电池负极材料
项目数量：2
资助金额：3000万元
金额占比：6.13%

电机研发及控制
项目数量：3
资助金额：4600万元
金额占比：9.41%

整车研发与制造
项目数量：4
资助金额：12500万元
金额占比：25.56%

电机控制系统
项目数量：1
资助金额：600万元
金额占比：1.23%

图 4　第二、第三批新能源汽车项目资金项目分布情况

（二）存在问题

1. LED 项目存在的主要问题

一是在资金设立与立项审批环节，未就专项资助所应达成的绩效目标做出明确设计和科学论证，资助标准确定缺少清晰透明的规则，资助方式与资助重点跟产业发展迫切需要存在距离。二是在资金管理环节，管理办法、实施方案与申报指南等对具体项目实施要求不明，包括事业单位或政府部门承担的项目自筹资金如何解决、示范应用项目实施方式如何选择及验收付款等未有定论，导致各地在使用资金时难以适从，资金支出率不高；对合同能源管理（EMC）模式实施的节能服务公司选定要求在一定程度上脱离各地实际，给项目实施及后期维护带来麻烦；项目申报时对"自筹资金占比"及验收付款时对"标杆产品"的要求致使获得省财政资助的单位集中于若干行内大型企业，不利于公平竞争。三是在资金监督环节，财政部门与主管部门职责界定不清，且未形成相应的监督机制；财政部门与主管部门对使用省财政资金是否需要招投标以及具体项目的资金筹集、管理模式、验收付款条件等未做明确要求，导致部分项目不能按进度实施或未完成预期绩效目标。四是在资金使用环节，部分项目未将省财政资金与单位自筹资金分账核算、资金超范围支出、财务原始凭证不完整或欠规范；部分企业专项资金支出流程未按企业相关管理制度执行。五是在产业扶持方面，企业对股权投资、产业基金等新的政府扶持方式存有顾虑，目前大力推广运用的条件尚不成熟；产品质量评价"标杆体系"不能完全适应行业发展现实，而完整的产业标准体系尚未真正建立起来；培养力度与政策环境不佳，缺少支撑产业升级发展的高端人才，先进技术转化为生产力的效率有待提高。

2. 新能源汽车项目存在的主要问题

对新能源汽车项目而言，一是动力电池技术仍未取得根本性突破，关键性原材料及部件可靠性不足，充电基础设施规划建设不足及标准不统一，导致当前阶段要实现新能源汽车产业化及大规模推广还略显仓促，特别是面向私家车领域。二是受资助企业由于研发创新能力有限、研发技术人才缺乏或在核心技术创新方面投入不足，多数是中下游生产性技术改进及产能扩张，导致大多数专利属于实用新型专利，发明专利比较少。三是与之相应，目前专项资金资助项目类型及方向仍值得商榷，当前资助项目虽然主要是"研发与产业化"项目，但因该类项目内涵难以清晰界定，实质上资金主要投向厂房建设、设备采购和日常运营等产能扩张上面，这种"研发与产业化"方向资助模式在某种程度上"不合理"，值得进一步改进。四是专项资金资助方式、资助金额和资助对象的选择还需优化，目前资助方式基本采取无偿直接一次性拨付，且未规定明确验收付款条件，资金使用绩效激励约束性明显不足，资助金额限定为1000万—5000万元，不利于一些具有技术创新能力的中小企业或研发联合体申报。五是对于专项资金管理办法，财政部门与主管部门在资金及项目实施监管中职责界定不清，且无相应的考评机制，资金使用未建立预算绩效管理，导致资金使用范围不清晰，在分账管理、招标采购和验收条件等方面制度不完善，导致与实际情况冲突或可操作性不强。

四 对策建议

总体上判断，广东省LED产业已导入快速增长期，但核心技术仍受制于国外；新能源汽车技术是革新性的，但整个产业还处于"导入"期，各种电池技术路线、车辆动力和商业创新等模式纷繁复杂。为此，对两类产业应采用差异化的发展思路和政府扶持方式。针对发现问题，借鉴境外经验，报告建议：

针对LED项目。一是要完善资金管理办法，厘清部门职责与建立问责机制。包括：明确资金管理办法的功能定位，界定财政部门与主管部门的责任边界，同时加强部门之间的相互沟通、业务协同与信息共享，建立有关问责机制；二是明确产业发展定位，优化资金分配方式。包括：调整和优化现有财政资助模式，重点投向行业基础性原材料与关键技术设备研发；挖掘市场需求，创造条件支持先进技术成果的产业化应用；加快公共服务平台与产业配套体系建设，改善企业整体营商环境；三是考虑基层条件因地制宜，明确各类项目具体规则，提高用款单位自主权。包括：发挥政府引导与企业自主运营相结合，合理设定各类项目具体实施规则，加强立项监督与绩效评价，避免对科技研发类补贴资金"管得过细"；四是理顺"标杆"与"标准"关系，加快行业标准体系建设。包括加快产品和技术标准研制，强化政府对产业标准化引导，以建设"半导体照明综合标准化示范区"为契机，促进产业持续健康有序发展；五是梳理项目申报、资金使用与结题验收等环节管理要求，修正其中矛盾及加强落实执行；六是加强企业财务合规、管理规范与项目实施进度监督，针对违规情况及时处理；七是根据项目特点选择资助模式，对标弱势指标着力提高资金绩效。

针对新能源汽车项目。一是加强资金管理办法的科学论证，规范办法制定流程与格式范本，建立项目预算绩效管理制度，加强部门之间的相互沟通、业务协同与信息共享；二是优化研发与产业化项目类型，资助方式应适当采用分期或分阶段拨付方式，或者引入以奖代补、贴息贷款等资助方式，强化以企业为主体市场化风险共担的自主创新机制；三是完善科研人才培养及引进环境，优化政产学研合作机制，诸如信息共享平台及高速宽带、补贴科研人员及相关培训教育、优化人才生活条件等，形成以政策为引导、以企业为主体、以技术攻关为核心协同创新；四是加快充电设施建设，优化电动汽车使用环境，完善电动汽车相关配套服务；五是示范推广项目要因地制宜，公共领域可主推纯电动汽车，私人领域推插电式混合电动汽车，重点加大珠三角城市推广，使其形成规模效应；六是推动新能源汽车标准体系建立，加快完善地方标准体系，积极参与国内外标准化制定，依靠社会组织推动行业内部标准认证体系和产业联盟发展；七是完善分账管理及采购招标制度，加强企业资金使用合规性，强化日常监管工作，提高企业绩效管理意识。

（2015年1月）

增城区增江街"微改造"对广州市城乡改造的启示

张 玉 郑浩生[*]

近年来,广州市增城区增江街"微改造"打破城市传统"三旧"改造模式,通过加强前期总体规划、实施基础设施建设、扶持引导产业发展和促进当地就业和民生发展,根据改造对象的不同特点,悉心策划,探索出以"大埔围村美丽乡村建设"为代表的"旧村落"改造模式、以"东湖公园及商业街"为代表的"旧城镇"改造模式、以"1978文化创意园"为代表的"旧厂房"改造模式,在城乡"三旧"改造实践中取得了较好成效,实现城市发展从"数量型规模扩张"向"质量型结构调整"根本转变。

本调研报告总结了广州市增城区增江街"微改造"的实践经验及其对全市城乡改造的启示。此调研报告于2017年3月以《广州社科成果要报》形式提交广州市委、市政府并得到三位领导同志(广州市委副书记欧阳卫民、广州市人大常委会主任陈建华和广州市副市长马文田)的肯定和批示,报告中的相关调研发现及政策建议也先后得到了广州市建委、

---

[*] 作者简介:张玉,法学博士,华南农业大学公共管理学院院长、教授,主要研究方向:基层治理;郑浩生,管理学博士,华南农业大学公共管理学院讲师,硕士生导师,主要研究方向:城市治理、公共财政。

市更新局等政府部门的认可和政策采纳，对城市可持续发展产生了积极的社会影响。

一 增城区增江街城乡"微改造"的实践与经验

（一）增江街大埔围村"微改造"的实践与经验

增城增江街大埔围村在"美丽乡村"建设实践上，为广州市城乡改造提供了鲜活的经验。

1. 坚持科学理念引导"美丽乡村"规划。在规划上，"美丽乡村"建设要面对如何坚持"低碳、人文、集约"的规划理念，体现新型城镇化、农业现代化、农村社区化的要求，同时充分考虑农民的生产、生活和生态需求，结合当地特色和文化传承，因地制宜、因村施策进行统筹规划，防止"千村一面"的问题。因此，推进"美丽乡村"建设应改变以往的"自上而下"的项目推动，转变为村民需求和基层需要的行为逻辑，疏通"自下而上"信息路径，在各项相关政策实施前进行充分调研和论证，了解村民真正需要什么，基层真正需要什么，并在此基础上根据不同乡村的特色及社会经济发展状况，设计不同乡村的特色发展模式。

2. 以乡村产业支撑"美丽乡村"可持续发展。"美丽乡村"建设不仅是要实现乡村环境的美，更为重要的是要打牢乡村"经济根基"，为农村整体经济发展与农民创收提供更为直观的契机。乡村的可持续发展离不开产业的支撑，需要对传统模式下单一、零散的产业结构进行升级改造。因此，一方面要树立"无产业无支撑、无产业无持久"的乡村发展理念，要因地制宜地发展乡村主导产业，比如大埔围村把原来分散的82家养猪场进行集中经营，引进现代化养猪场——德盛公司；另一方面，发展乡村特色产业是关键，大埔围村通过重点发展生态循环农业/休闲农业（盆栽）、休闲旅游业（花海），从而促进了乡村产业的可持续发展。

3. 构建以"村民为主体"的参与决策机制。如何构建以"村民为主体"的参与机制是"美丽乡村"建设需要面对的突出问题。因此，出路在于要把基层建设的主动权交给村民，确保其在整个建设过程中真正享有知情权、参与权和监督权。同时，还要充分调动广大群众、企业和社会热心人士的积极性和主动性，形成强大合力和多元参与机制，共同推动"美丽乡村"建设。

4. 发挥村干部作用助推"美丽乡村"建设。有没有一支好的基层领导队伍，是推动"美丽乡村"建设的关键。因此，在"美丽乡村"建设的过程中，要注重发挥基层领导干部的"领头羊"作用，加强村领导班子和党员干部的教育培训工作，提高他们的生态文明素养和建设美丽乡村的能力。

5. 推进乡村"软件"与"硬件"建设齐头并进。如何提升乡村软件建设是推进"美丽乡村"建设的深层问题。大埔围村已初步完成村容村貌、基础设施、乡村公共服务等"硬件"建设，下一步需要加强创新农村管理和服务功能、农村公共服务购买和运行机制、农村产权交易流转机制等方面的"软性"配套建设。同时，加强对村民的文化知识、公民素质及创业创新等方面的教育，努力培育有文化、懂技术、会经营的新型农民。

（二）增江街东湖社区"微改造"的实践与思考

1. 推进社区公共文化建设。建设以东湖公园为中心的社区文化，提升地方文化内涵和特色，是增江"旧城镇"公共文化可持续发展的要求。但也面临如何坚守文化阵地、保持社区发展生命力的问题。因此，应逐步建立覆盖辖区的文化特色品牌，开展社区特色工作建设，以东湖公园为中心建立文化根据地、宣传地、延伸地，坚持通过重大活动、特色项目、文化精品、民生工程"四个带动"来组织公共文化产品，并辅之以完善基础设施建设，如图书阅览室、棋牌娱乐室、书画室、多媒体教室等公共文化场所，精心培育并打造"东湖社区文化圈"，推动文化精品化、精品文化群众化，让更多社区居民享受到公共文化服务。

2. 构建社区多元参与机制。实现多元主体参与社区管理是东湖公园及其周边"微改造"后需要面对的现实问题。当地居民、学校对改造工作的支持推进了项目的顺利开展，但绝大部分公众参与还是在非制度化层面进行，而在体制内的参与程度相对较低，即还未形成"参与的制度化"。因此，政府应树立多元参与理念，开放多元参与渠道，让最大多数社会主体参与社会管理，以此改善和优化政府与公众的关系。要用具体的制度规范多元参与的内容、程序、方式，加大公众对政府事务参与的力度，搭建多元参与的社会管理机制。

3. 加强社区环境整治。虽然东湖公园及周边的"微改造"解决了原有的"脏、乱、差"问题，但能否构建环境长期保护机制仍需要努力。地方政府需要进一步整治东湖公园及其周边的环境，加强农村环境卫生奖惩考核，严格街、村、社三级巡查责任制，塑造环境整洁、秩序井然的城乡环境；加强对于当地环境的保护意识，共同营造整洁的家园环境。

4. 完善社区商业配套和管理。东湖周边商业步行街通过"微改造"后，需要面对的是如何完善商业街管理制度的问题。商业街管理质量的高低，直接关系到步行街改造后的长远发展和经济社会效益。因此，需要引入市场管理机制，让有现代管理经验的公司负责商业街的建设运营，以提高商业街管理水平；政府要完善市场监管机制，打击假冒伪劣商品，维护消费者的权益；要进一步加强在档次定位、功能布局、业态构成、经营特色等涉及商业街区发展繁荣的重大问题的规范、引导和管理；对于商业街创业的扶持政策要规范化和制度化，使商户和创业者的经营能及时有效地得到保障；积极倡导公众参与管理，倡导和鼓励周边居民参与商业步行街的建设和管理。

（三）增江街 1978 文化创意园"微改造"的实践与经验

1978 文化创意园的建立与发展，代表着创意产业集聚与城市改造转型相结合的良好状态和愿景。但目前该园区发展仍处在初级阶段，亟待转型升级，还有不少问题需要进一步思考：

1. 科学定位园区功能，优化园区产业结构。真正把握住当地的文化资源以及目标市场的需求特点，把 1978 文化创意园打造成珠三角最具规模的综合性文化创意主题园是园区发展的突破口。因此，为避免过度竞争和效益损失，作为文化产业园区规划的倡导者和监管者，当地政府部门应从本地的文化资源、设施资源、园区资源、政策支持措施等现状出发，进一步完善规划方案，根据创意文化产业的发展特性和当地具备的优势条件做实园区的特色产业，实现错位发展。

2. 树立高效服务理念，健全园区公共服务平台。融资难是困扰创意企业发展的大问题。创意企业大多靠的是"智力+创意"，因为缺乏有效的实物抵押，而无法与金融机构合作并得到后者有效扶持。因此，应建立1978文化创意园完备的公共服务平台，包括咨询服务、中介服务、投融资服务、知识产权保护服务、培训服务、交流展示服务等。当地政府应牢固树立"转变职能、简化程序、提高效率、服务到位"的办园理念，进一步理顺园区管理体制，大力优化园区政策、体制、服务和人文环境。

3. 围绕特色文化，培育园区产业链。缺乏清晰的产业链是1978文化创意园打造集聚竞争优势，发挥规模效应的瓶颈。与传统的产业链结构相比，文化创意产业链并不是简单的上下游关系，而是以市场为导向，以创意为核心的价值创造链。因此，1978文化创意园应明确自身的发展定位和主导业务内容，在园区企业引进中，推动园区内各企业的分工、合作，避免无谓内耗和无序竞争。通过引进政策、扶持政策等明确园区的主导企业或企业群，以其为核心形成产品内容上、产品档次上、产业衔接上的完善产业链。

4. 完善人才激励机制，吸收高端人才入园。文化创意产业是"头脑产业"，源自个人创意、技巧及才华。高端人才是文化创意产业发展的前提和基础。为避免1978文化创意园产业链断裂和人才供需失衡，一方面，地方政府应深化分配制度改革，完善人才激励机制，探索建立以知识产权、无形资产和技术要素等参与分配的新路径，善于利用优惠政策吸引国内外优秀文化人才特别是高科技、复合型领军人物；另一方面，通过建立在职人员培训机制，引导本地高等院校加快建设文化产业重点专业和学科，引导各类培训机构、实验基地与文化企业进行合作，有针对性地培养专门文化人才，才能为文化产业实现可持续发展提供强大的智力支持。

二 增城区增江街城乡"微改造"实践经验对全市城乡改造的启示

(一)树立"包容性发展"目标,坚持走"城市"与"人"共生发展城乡改造道路

以往旧区改造往往是一种"排斥性发展"改造,一些地方政府把旧区改造作为拉动房地产、商业发展、赚取足额土地收益的"功利化"经济行为,而当地居民在拆迁改造后异地安居,面临失业或再就业的困境,甚至出现政府与民众的矛盾冲突。城乡改造绝不应该异化为"后土地财政时代"新的增值手段,而是改变传统的以经济利益为核心的行为逻辑,由侧重"经济硬件建设"向注重"社会民生改善"转变,由"排斥性发展"改造向"包容性发展"转变。

在新型城镇化背景下,城乡改造理念应更多关注居民福利的提高、生存状况的改善以及整个城市文明的发展,在"三旧"改造时坚持在继承原建筑文化的基础上,满足城市发展对新功能的需求,实现"城市"与"人"之间的动态平衡、相互促进。增城区增江街"三旧"改造推行以来,避免了"唯利"的做法,坚持"因地制宜、因难见巧、因势利导"的发展理念,弱化以经济利益为改造的核心,而更多地关注人的发展和社会与环境的可承载力,通过"微改造"创建多元化公共服务供给模式,提升当地居民的生活质量。公众不再是被动地接受政府主导,而是成为社会微改造的主体,积极地围绕城市与人之间的动态、复杂关系,通过基层参与,发挥人作为城市主体的能动性,促使城市机能的更新,激活城乡活力,实现渐进有机更新。

随着城乡改造理念的深入贯彻,跳出"经济增量"怪圈,明确城市是需要"给"还是"取",理性评估空间需求,同时融合社会综合治理的目标,关注空间公平、包容和绿色发展,将城乡改造目标提升为"社会包容性发展",探索除拆建以外的改善、维护、提升型改造方式:第一,应避免"大拆大建",要保留传统建筑风貌,进行局部"微改造";第二,保留地方特色产业，并发展现代社会服务性产业，将传统产业与现代商业模式相融合，通过产业的调整升级带动地方就业和经济发展，实现该区域的社会共同富裕；第三，通过公共基础设施的建设、人文生态环境的改善和公共服务体系供给方式的多元化，为社会公众之间交流互动提供场地和活动支撑，增强公众对于社会新环境的维持与保护意识，推进政府与民众之间互动关系与和谐社会、文明社会的建设；第四，走一条社会包容性、活力型的改造之路，即在改造进程中充分尊重民意，保存原有的社会关系，维护长久的社会情感。

（二）善用"拆改留"手段，以"微改造"方式推进城乡改造

在巨大经济利益驱动下，我国诸多城市依赖"断裂式"的改造路径，以大拆大建为特征进行"粗放式"旧城改造，在改造中忽视对于地区特色与传统文化的保留和挖掘，弱化了地方社会的文化认同感和社区关系，从而激化了社会矛盾。增江街在实践中充分认识到"三旧"改造所面临的复杂性和整体性，摒弃了传统的"粗放式"的大规模城镇改造方法，采用渐进式的"拆改留"手段，根据不同的标准和需要，确定哪些需要拆除、哪些需要改建、哪些需要保留。在协调"延续旧城的文脉、机理"与"满足城市发展对新功能需求"基础上，保留具有历史文化价值和建筑特色的街区，通过"微改造"而调整传统的城镇功能结构，逐步恢复城镇应有的社会文化格局，实施节约、可持续、人文发展的"文明式"改造模式，与现代文化和消费需求相结合，完善具有文明城市特征的社会功能。

（三）坚持"因地制宜、科学有序"策略，推进城乡改造的"内涵式"发展

城乡改造要立足于内涵式发展的深度与全局性发展的广度，根据改造对象的不同特色制定具体而有侧重点的建设策略："旧城镇"改造是以保护历史文化遗产为基础前提，以提升城镇服务功能和改善人居环境为首要目标；"旧厂房"改造是以提升土地使用效率、促进产业调整和转型升

级、完善城镇服务功能为主要目标；"旧村落"改造是以改善人居环境和土地使用效率为主要改造方向。

同时，遵守"综合整体开发，实施以均衡、有序、积极的方式解决城市问题"的原则，充分发挥政府部门在规划、土地、交通、生态、公共建筑、文化产业、技术创新等领域的优势。坚持以内涵提升为重点的存量型规划，除了继续关注传统的物质空间规划外，还应兼顾城镇社会空间规划，利益相关者合理诉求，以及土地、财税等配套政策的制度设计。

（四）根据不同阶段及目标精准定位城乡改造中的政府角色职能

城乡改造的过程与结果要关注经济成效，其中过程阶段要明确经济的主导权，防止角色错位，在结果导向中要权衡和约束成本与收益。在城乡改造的三方利益博弈中，政府本身带有"经济人"的属性，这是内生性的客观存在。为充实地方财政等原因，政府可以选择成为主导改造和土地收储的强势政府，形成政府与市场进行利益博弈的模式，导致市场投资环境中成本门槛提高，抑制市场投资热情。例如，广州后期的"政府主导"模式，强调市场管制、土地控制，这确实使改造行为得到有效的约束，但过缓的推进速度，不利于优化城市目标的实现。相反，经济主导权更应该交予市场，市场能够更好地、有效率地汇聚和分配资源，使城乡改造在一定程度上适应市场经济发展的规律。

在结果层面平衡经济成本与收益，政府需要根据城市竞争实力、经济发展态势、开发基础投入与社会需求等大的形势背景判定推进市场参与的力度和强度。例如，佛山作为极具发展潜力的工业大市，地方政府财力较强，其改造政策找到了土地改造与产业发展的结合点，以土地作为"补贴"形式，有效地刺激企业入驻，扩大了城市税基。而深圳模式则减少了对市场行为的干预，以立法的形式对改造过程予以约束，然而房屋价格的显著上涨也反映出地方城市生活成本的迅速提高，这是弱约束力控制下房地产市场发展的结果。

(五)坚守"城市公共利益",注重城乡改造政策的效果与风险

城乡改造的出发点和落脚点要以人为本,政府既是公共利益的维护者,也是公共服务的供给者,政府要协调多元利益,保证城市总体利益不受损害。比如,广州最新出台了关于城乡改造的"1+3"文件,强调对市场的管制、对土地的控制,使改造行为得到有效的约束,减少投机行为;深圳为改造的保障房配建、基本公共服务设施供给专门制定了条文规定;广佛两地针对存在历史保护的问题,为历史风貌地区制定了差异化的保护、改善等改造政策。

同时,在改造过程中要谨慎权衡多方联盟(权力关系内部依附)带来的不公平或者规制机制失效。可在制度设计中考虑设置较为中立的第三方机构,如我国香港、台湾均通过发展非营利组织或者建立社区规划师制度来促进"市场—政府—社会"的利益方沟通,提高社区活力。

(2017 年 5 月)

广东对外开放新格局：挑战与应对

隋广军　申明浩　肖鹞飞　等[*]

中国前 35 年的经济社会发展的实践证明：对外开放和对内改革是推动中国经济高速发展和中华民族全面崛起的两大法宝，对外开放是对内改革的强大动力。广东前 35 年的对外开放格局独具特色，成效卓著。广东敢为人先，改革体制机制，创新管理，充分利用政策优势、区位优势和国际分工调整、产业转移的机遇，形成要素集聚洼地。广东经济社会发展取得举世瞩目的成就，成为改革开放的先行者和排头兵，全国经济社会发展的领跑者，传统制造业的引领者；成为"世界工厂"、全球产业价值链的重要环节。

2008 年国际金融危机以后，国际国内经济环境发生了巨大变化，广东外向型经济发展面临前所未有的严峻困难和巨大风险。

金融危机后欧美发达国家市场需求疲弱不利于广东维持出口的高速增长，欧美再工业化战略与国内劳动力等要素成本上升可能诱发全球劳动密集型产业重新布局，互联网时代的工业生产方式变革对广东过去赖以发展的大规模批量化生产模式产生冲击，而内生的原始创新能力的缺乏严重阻碍了广东在新一轮科技革命和全球价值链重构中获取有利位置。

---

[*] 作者简介：隋广军，广东外语外贸大学党委书记、校长、教授；申明浩，广东外语外贸大学教授；肖鹞飞，广东外语外贸大学教授。

一 广东经济可持续发展的困境和危机：面临"四化"风险

（一）从世界范围来看，受欧美"再工业化"以及东南亚国家劳动力密集型产业崛起的影响，广东产业面临夹心化的风险

1. 欧美国家"再工业化"的意图不仅在于引导海外制造业回归，更在于培育和发展本土先进制造业。2009年以来，发达国家陆续发布了与"再工业化"密切相关的产业政策，包括美国的《美国复苏和再投资法案》、欧盟的2020战略、德国工业4.0计划、日本的《制造业竞争策略》等。依托互联网、大数据等现代信息技术，以协同共享和万物互联为宗旨、智能化和信息化为特征的新工业革命正在发达国家兴起。

2. 在发达国家"再工业化"战略的推动下，结合新工业革命的智能化、数字化发展趋势，全球产业价值链的布局正在重构。以技术创新为核心的高端制造业将会进一步在欧美发展壮大，使发达经济体得以在价值链的高端环节抢占先机。同时，基于分布式制造的新型D2C（设计者—消费者）商业模式将对传统的B2C（生产者—消费者）商业模式产生显著的替代效应，给广东现有的依托大规模制造、以量取胜的传统生产模式带来冲击和破坏。

3. 传统优势的消失与新兴优势的缺位是广东制造业发展亟待解决的问题，否则，广东会陷入高端市场打不进、低端市场被抢占的夹心化困境。近年来广东各类生产要素特别是劳动力成本快速提高（近10年上涨4倍多），传统产业的竞争优势和市场份额逐步被印度、越南、泰国等劳动力成本更低的南亚和东南亚国家替代。在高端制造业领域，发达经济体实施"再工业化"战略。广东制造业面临较强的两端挤压效应。

（二）从全国范围来看，国家战略的调整和进一步全面扩大开放的态势已经形成，使依靠原有开放格局做大的广东面临被边缘化的风险

1. 近期出台的《京津冀协同发展规划》《长江经济带规划》《"一带

一路"愿景与行动》等规划反映出国家战略调整的新动向,在国家新一轮全方位开放格局构建过程中区域竞争日趋激烈。扩大自贸区试点范围、打造面向全球的高标准自贸区网络、实施"一带一路"发展战略、扩大内陆和沿边地区开放等具体举措,都体现了我国全方位、多元化、多向度、高层次新型开放格局正在逐步形成,原有开放格局中广东在全国举足轻重的战略地位面临巨大竞争挑战。

2. 广东作为制造业大省,长期存在着"重全球价值链融入、轻国内价值链引领"的问题,而国内产业价值链和生产服务网络体系的完善是下一步扩大内需发展的必由之路。在国际经济格局调整的背景下,广东以加工贸易为主要方式嵌入全球价值链的原有开放格局的弊端逐步凸显。广东外向型经济过度集中于珠三角地区,与泛珠三角地区之间的产业关联度很低。广东在融入全球价值链的同时,忽视了发挥对国内价值链的引领作用。这一"重外轻内"的状况使得广东经济发展的风险抵御能力偏低,会对广东产业转型升级的速度和效果造成不利影响,难以全面分享我国扩大内需发展的收益。

(三)从原有开放格局来看,因过度依赖我国港澳地区间接引资而与欧美等发达国家对接不够,使广东面临与国际高端产业和技术发展趋势脱节化的风险

1. 在新一轮全球化浪潮中,智能制造产业与战略性新兴产业蓬勃发展,对高端生产要素形成了较强的集聚效应。技术积累、专利保护、商业环境等方面具有更强竞争优势的国家和地区,对于高端产业和高端要素具有更强的吸引力。

2. 经济全球化要求以更直接、更快捷、更有效的方式融入全球市场。当前经济全球化表现出了开放驱动、创新驱动、消费驱动的特征,生产要素流动的自由化是其重要表现。新技术、新业态、新模式不断涌现,全球技术转移和商业模式创新的速度也不断加快。开放程度更高、产业基础更强、投资环境更好、创新氛围更佳的地区将会直接受益,得到更多高端产业资本的青睐。

3. 过度依赖港澳的现有开放格局使得广东面临着与全球产业技术前沿脱节的风险。广东长期过度依赖香港和澳门进行间接引资，很多技术都是经过港澳吸收融合后再引进的，在技术扩散的辐射圈中处于边缘地带，导致广东可能会难以捕捉新一轮全球技术转移和科技创新的先机；同时，港澳自身还存在着产业空心化和创新不足等问题。因此，如何通过构建更高层次的对外开放格局，与来自欧美发达国家的高端产业以及先进技术实现直接对接，已经成为广东打造对外开放新格局须优先考虑的问题。

（四）广东对外开放的竞争力、驱动力和协同性面临被赶超的风险，改革的魄力和锐气有所减弱，存在着自身改革动能和经济活力衰退化的风险

1. 在"引进来"层面，我国沿海地区间的竞争已经从产能竞争上升为要素竞争，特别是对资本、技术、人才等高端要素的竞争越发激烈。江苏已经超过广东成为利用外资规模最大的省份，而且广东与其差距逐年扩大。另外，2014年广东每百万人研发人员数量为4765人，远远低于江苏8663人的水平，广东全年每百万人的专利授权量为1678件，低于上海2081件的水平。

2. 在"走出去"层面，广东虽然暂时仍是对外投资第一大省，但是企业对外投资模式相对单一、融资担保渠道少、信息支撑能力弱、行业布局和市场布局分散、企业间协同效应差等问题逐步凸显。相比较而言，山东和浙江等地企业对外投资呈现出了组团式、平台式、园区式、全产业链式、产融结合式等特点，立体化程度更高，也更有利于充分挖掘对外投资的增长潜力。

3. 广东外贸的增长动力、市场多元化以及企业全球资源的配置能力面临被浙江、江苏等地赶超的风险，对外开放的竞争优势趋于下降。广东大部分企业仍是较为被动地嵌入全球价值链低端环节，主动构建价值链体系的积极性落后于浙江和江苏等省份。广东企业的自有品牌意识、自主创新意识以及资源整合意识都相对较弱。

4. 在原有格局形成和发展套路锁定的同时，广东改革开放的魄力和锐气有所减弱，前35年广东举世瞩目的经济活力出现了衰退迹象。广东经济已经到了关键的转折点，但是，管理思维和理念却未能及时变革，存在的守成思想、不想作为、不愿改革、害怕担当的心态在一定程度上阻碍了广东经济的转型升级。

二 广东对外开放新格局的构建：战略、路径和保障

应对上述问题与挑战，必须前瞻谋划，做好新一轮对外开放的总体设计，明确培育对外开放新优势的实现路径和保障措施。

（一）战略定位和目标

我们急需在更高层次、更大范围和更深领域实施开放，把广东打造成新一轮改革开放的先行者，国家重大对外开放战略的践行者，有为政府的建设者，产业转型升级的引领者，制造业强国的探路者，本土优秀跨国公司的培育者。

广东对外开放的总体战略目标在于：构建多元开放和创新驱动的对外开放新格局。其中，多元开放是扩大对欧美、海丝沿线国家、非洲以及南太国家的开放，深化粤港澳台的合作，实现同目标市场、投资、技术、产业的直接对接；创新驱动包括先进技术驱动广东智造、体制创新激发改革活力、模式变革促进商贸升级等方面。

根据上述总体定位和战略目标的要求，需要通过以下"六个转变、六个形成"来实现对外开放的新格局。转变以加工贸易为主的出口导向型战略，形成进出口贸易平衡发展的包容性贸易投资增长战略；转变重规模轻质量的招商引资思路，形成以自贸区为突破口、提升营商环境为重点的引资新思路；转变重引进来轻走出去的投资开放模式，形成引进来与走出去相结合的投资开放新模式；转变资源高度集中于珠三角的区域发展布局，形成珠三角、粤东西北与泛珠区域有机结合的区域发展新布局；转变过度依赖我国港澳地区的对外开放格局，形成既发挥毗邻港澳的优势，又

加强与欧美直接联系、同时开拓与新兴市场国家合作的全方位开放新格局；转变管理体制僵化的经济管理思维，形成以准入前国民待遇和负面清单管理模式为主的经济管理新体制。

（二）未来方向

1. 从产业发展的角度来看，大力培育先进制造业和战略性新兴产业，加快实现加工贸易上游产业的进口替代，破解夹心化风险。重点培育发展一批具备产业基础和增长潜力的先进制造业和战略性新兴产业，提高本土企业全球资源的配置能力，实现价值链引领，通过竞争优势的新旧替代来保持产业的竞争活力。

2. 从模式方法的角度来看，依托自贸区建设、"一带一路"建设、粤港澳一体化等战略支撑点加快对外开放进程，破解边缘化的风险。广东自贸区是创新对外开放管理体制的重要突破口，对于探索负面清单管理模式、促进贸易、投资便利化以及国际化营商环境的建设有着重要意义。依托"一带一路"建设在国家对外开放格局中发挥关键作用。重视粤港澳一体化对于金融、商贸等服务贸易行业的促进作用，实现粤港澳的协同发展。

3. 从空间布局的角度来看，实现外部市场多元化发展与内部区域均衡化发展，强化对先进技术的直接引入与吸收创新，破解脱节化的风险。加强与欧美技术的直接对接，建立直接合作，捕捉新一轮全球技术转移和技术创新的发展机遇，缩小与发达国家高端产业及核心技术发展差距。

4. 从体制机制的角度来看，坚持敢为人先的改革精神和魄力，加强经济管理体制的创新力度，释放改革创新的活力，破解衰退化的风险。进一步深化改革和扩大开放是培育广东竞争新优势的基础，也是释放改革红利的重要途径。需要摒弃瞻前顾后、畏缩不前、不敢作为的守成心态，通过负面清单模式、减少审批事项、消除寻租空间等手段，推升市场活力。充分调动社会和企业的创新积极性，激发全社会创业热情，实现新的经济跃迁和产业升级。

（三）实施路径

破解危机，实现战略目标，离不开"有为政府"。通过"有为政府"的建设，制定积极政策，推动各项措施的有效实施。

1. 抓紧落实《广东工业转型升级攻坚战三年行动计划（2015—2017）》，发展新型的高端化、自主化生产模式。

（1）引导加工贸易企业通过智能化、信息化、品牌化改造，加快加工贸易上游产业的进口替代，实现转型升级和自主发展。

（2）鼓励企业应用智能制造、柔性定制、D2C（设计者—消费者）等高端生产模式和新兴商业模式，实现从以量取胜到以质取胜的转变。

2. 尽快推出《广东先进制造2020计划》，借助"互联网+"发展战略性新兴产业以及对传统产业进行信息化改造，实现劳动密集型生产流程的智能化变革。

（1）确立工业4.0为广东制造业的转型方向，实施"盯住4.0，普及3.0，巩固2.0"的工业化提升战略。

（2）通过推进"互联网+"行动计划和"机器换人"改造计划，实现从"广东制造"到"广东智造"的转变。

3. 出台《"十三五"广东产业技术创新规划》，提升产业的全球资源配置能力，实现本土企业从被动嵌入价值链到主动构建价值体系的转变。

（1）充分利用外部的科技、知识、人才等高端创新资源，提升广东产业的全球资源配置能力。实现从被动嵌入价值链到主动构建价值体系的转变。

（2）发挥广东自贸区在整合全球资源配置中的先导作用，提升"广东智造"和"广东服务"在全球产业价值体系中的地位。

（3）在提升全球资源配置能力的基础上，深化广东与国内产业价值链的融合互补。强化珠三角地区与粤东西北以及内陆地区的产业关联效应，重组区域价值链，实现区内价值链引领。

4. 制定《广东对外开放多元化行动纲要》，加强与德国、美国、日本和以色列等国的全方位直接经济合作与技术合作，改变当前过度依赖香港间接引资的状况。

（1）对德国、美国等国家的战略性新兴产业，实现招商引资、招商引智和招商引技的一体化。盯住世界上最高端的制造业设备和技术，加大直接对接和合作的力度。

（2）在德国、美国等发达国家和地区增设境外经贸代表处，加强与上述地区的经济技术合作。

5. 研究编制《广东对外投资"十三五"规划》，争取建立广东海上丝绸之路地方银行与合作基金，支持企业依托"一带一路"建设加快"走出去"步伐，解决广东产业产能及其企业的全新布局问题。

（1）加快推进境外投资管理体制改革，减少对企业走出去的核准，逐步过渡到以备案为主、核准为辅的新阶段。

（2）积极争取设立广东海上丝绸之路地方银行，加快广东海上丝绸之路合作基金的建立，利用产融结合方式推动广东企业走出去。

（3）加快落实在"一带一路一洲（非洲）"建立境外工业园区，积极引导和推动本土企业"走出去"开展国际产能合作。

（4）积极参与21世纪海上丝绸之路建设，形成区域大通道、便利大通关、合作大平台、产业大集群。

（四）保障措施

制度建设层面：以广东自贸区建设为契机，打造国际高标准的营商环境新高地，构建立足周边、辐射"一带一路"的自由贸易战略机制新安排。

（1）加快自贸区建设，积极探索制定符合国际化、法治化要求的跨境投资、贸易规则新体系，推动贸易、投资、金融体制等在更高水平上与国际通行规则接轨。

（2）进一步推动开放模式由粗放型、审批式向效益型、监管式转型。打造"负面清单管理列表""政府服务、市场主导、商业运作"的新型开放模式。提供透明、公平以及国际化、法治化的营商环境。

（3）促进口岸互联互通，营造高效通关环境。推动在粤关检部门机构的整合、提升，研究探索新型的通关管理体制机制，包括推行"一口受理"的新模式，甚至与条件成熟的国家或地区探索采取两地一检或两国一检等模式。

（2015 年 5 月）

法治化国际化营商环境的国际比较研究

李 青　黄亮雄[*]

建设法治化国际化营商环境，将广东建设成为宜居、宜业、宜商的首选之地，是"加快转型升级，建设幸福广东"的重要举措。针对"广东应该如何建设法治化国际化的营商环境"问题，广东国际战略研究院成立了专题研究课题组，课题组由李青教授牵头负责、黄亮雄副教授等为主要课题组成员。课题组经过广泛调研、深入研究，形成了《法治化国际化营商环境的国际比较研究》决策咨询报告。报告于2012年9月提交到广东省委省政府，得到时任广东省委书记、现任国务院副总理汪洋同志批示，报告中的部分内容为《广东省建设法治化国际化营商环境五年行动计划》提供参考，为广东省委省政府关于营商环境指标体系构建的工作提供指引。该报告获得广东省哲学社会科学优秀成果奖报告类二等奖。

一　背景与意义

企业是市场经济的主体，是经济发展的基石。营商环境与企业的进

---

[*] 作者简介：李青，广东外语外贸大学教授，广东国际战略研究院秘书长；黄亮雄，广东国际战略研究院副教授。

入、生存与发展密不可分。良好的营商环境是企业选择进入的重要因素，也是企业发展壮大的重要平台。法治化国际化营商环境是良好的营商环境的集中体现。

世界发达国家和地区的发展经验表明，建设法治化国际化营商环境，有助于营造公平竞争的市场环境，降低企业生产经营成本和交易成本，增强对国内外投资者的吸引力。因而，建设法治化国际化营商环境对处于经济社会发展的转型期的广东省而言尤为重要。

本报告通过对世界主要发达国家和地区营商环境的分析与研究，系统地总结这些国家与地区的经验，并与广东本地实践相结合，做到标杆引领，规则对接，提出有助于广东建设法治化国际化营商环境的政策建议。

二 国别和地区营商环境分析、比较与借鉴

本部分首先结合世界银行的历年《全球营商环境报告》，重点对美德英法等欧美发达国家、日韩新港等亚洲发达国家和地区、印度等新兴国家的营商环境进行了国别和地区分析，总结了这些国家和地区构建营商环境的具体政策措施，并从政务环境、市场环境、社会环境、法治环境四大方面做国际比较，总结出各个国家和地区做法的共性，以期为广东省提供借鉴意义。

政务环境方面，主要做法包括：（1）通过"外包"与中介机构、简化与有效的审批制度、透明与监督等政策措施提高政府管理效率；（2）通过税收政策吸引投资、减轻企业负担。市场环境方面，主要做法包括：（1）鼓励贸易；（2）提供完善的金融支持。社会环境方面，主要做法包括：（1）培养人才；（2）促进社会和谐。法治环境方面，主要做法包括：（1）通过破产法律制度为企业提供退出途径；（2）通过产权保护制度保护投资者。

三 启示与建议

本部分在借鉴以上国家和地区经验做法的基础上，对广东建设法治化国际化营商环境提出以下建议。

（一）打造高效、稳定、透明的政务环境

第一，推进大部门体制改革。政府机构的精简是提高政府管理效率的重要途径，推进大部门体制改革是精简政府架构的有效方法。目前，很多发达国家都建立起大部门体制，推行"一站式"服务。例如，韩国推行的"大部制"值得广东重点学习。"大部制"的政府架构为企业投资管理带来了涉及部门少、审批环节少、部门间衔接顺畅等优点。同时，应最大限度避免政府部门职能交叉、多头管理，形成职责明晰、界限鲜明且有机一体的整体政府。

第二，鼓励建设中介服务机构。精简政府架构，提高行政效率，还可以通过"外包"与建立中介服务机构。无论是欧美国家，还是日韩新港等国家和地区，其中介服务机构都十分先进。从实践来看，政府通过整合资源，将非核心的工作采取合同外包的方式交给中介机构，政府"外包"部分职能不仅没有影响政府的信誉和形象，而且提高了运作效益，有效地杜绝了这些领域中腐败现象的产生。省政府应该把更多的精力投向"掌舵"，为"划桨"做好服务工作。政府应放权于社会和企业，把属于企业的职能还给企业，属于社会的职能还给社会，属于中介机构的职能还给中介机构，从而实现管理的高效。目前我国，甚至我省的中介机构发育明显不足，运作不规范、不成熟。政府要因势利导，积极扶植和培育行业协会、商会、环境保护组织、咨询机构、慈善团体等社会中介机构，规范其运作，发挥其在各个领域的重要作用。

第三，建立联合审批机构、推行并联审批制度与自动获准程序，缩短行政审批时限。日韩新港都采用并联审批制度，这样能缩短审批时间，降低企业成本。广东应摒弃以往的前置审批，各部门按职能各负其责，推行

并联审批，减少互相扯皮，缩短审批流程时间。把该由企业决定的事情交由企业自主决定、自己负责。与此同时，建立自动获准程序，限定政府要在某个时间段内完成审批，否则，企业就自动获准。这样，一方面，鞭笞政府提高行政效率；另一方面，也节省企业的时间，让企业知道其能在什么时间内完成某些工作，从而便于企业制订计划。

第四，建立有效的监管制度。美国是现代监管型国家的发源地，多元而有效的监管是美国良好营商环境的重要保证。在广东，政府管了许多管不了、管不好、不应管的事，而许多应该由政府管理的事项却没有加以监管。在政府之外，行业组织不够发达，其法制基础和行业规则尚未充分完善。因此，我们应该借鉴美国经验，加强规范的政府监管，建立独立机构来监管，在放松对行业组织规制的基础上完善行业组织的自律机制，构建一个适合广东实际，切实可行的高效的多元监管机制，促进市场的健全与完善，从而促进广东经济的繁荣与稳定。

第五，建立政务公开机制。包括两个方面，建立透明政府和建立行政咨询制度。建立透明政府，把政府变成"玻璃缸里的金鱼"，积极推行政务公开制度。打造"网上政府""电子政府"是政务公开的有效途径。香港通过"网上政府"完善各部门信息化建设及共享，使得各个部门的办理事项基本上都可以在网上办理。建立行政咨询制度，为企业无偿提供规划、政策、投资项目办理全过程等所需各项咨询服务。"网上政府"与"电子政府"的构建，有利于行政咨询制度的完善，我省可建立全省统一的电子政务平台，集网上办事、咨询于一体，实现企业登记注册、项目备案等一站式服务。

第六，选拔与培训行政人员，培养服务意识。广东省政府可以通过定期对相关的工作人员进行培训和发展，提高行政效率。广东省作为我国的人才大省，在公职人员的选拔上要实现择优录用，充分发挥各自的优势，提高政府的办事效率，让政府成为一个充满活力与竞争力的服务型政府，为企事业单位和人民提供最优质的服务，把广东省建设成最适合投资与生活的城市。为保证行政人员的廉洁与高效，可参考新加坡"高薪养廉"的做法，一方面，提高行政人员的待遇，吸引人才；另一方面，加强执法，严惩贪污腐败行为。

（二）打造规范、开放、竞争的市场环境

第一，维护市场的公平竞争。公平竞争的市场环境，能促进企业的健康发展。营商环境较好的国家无不重视市场公平环境的营造。比如，美国有着完善的反垄断、反不正当竞争的法律。广东省应打击欺行霸市、制假售假、商业贿赂，开展食品药品安全监管、反垄断、反不正当竞争执法行动，从而维护市场的公平竞争。

第二，政府监管，营造诚信市场。"小政府，大社会"，不代表政府无所作为。政府在市场准入监管、质量安全监管、市场竞争秩序监管等方面要严加控制，如有发现食品质量问题，要加重处理。这些监管要置于市场监管信息平台之下，实现监管信息可查询、可追溯、可运用的目标，提升市场监管效能。此外，通过政府的引导，社会的参与，营造诚信市场，从而优化营商环境。例如，大力开展诚信市场的宣传，使得营造诚信市场的理念深入民心。

第三，减轻企业负担。企业的活力反映着市场的活力。我国的税负痛苦指数位于全球前列，政府要减轻企业负担，尤其是中小微企业税费负担，制定税收优惠政策、奖励政策，支持企业发展。这种优惠政策可因地制宜，比如，印度是联邦制国家，法律赋予各地方可以根据当地实际制定相应的吸引外资政策。广东省在构建营商环境时，应该根据不同地区和不同产业的特点，注重倾向性和引导性，对欠发达区域营商环境的建设，给予特别的优惠政策和措施。除此之外，规范政府行为，严格整治乱收费行为，使收费透明、公开、合法，实现行政审批零收费。

第四，完善产业政策。日本和韩国的产业政策发展都经历了西方发达国家工业化发展的道路，在这一进程中，日本和韩国都突出了政府的作用，如拓宽了投融资渠道、注重本国金融体系的建设、支持技术引进和技术创新、加大产学研投入等。对此，广东省也应该遵循这一产业政策发展规律，利用产业政策对生产要素进行重新配置，在政策出台时有相应的具体目标，扶持其重点产业，加速形成广东省的产业集聚。同时，广东省政

府还应为企业的发展提供多样的投融资渠道，准备好充足的资金，还要建设好相应的监管机构，以便资金能够及时有效地得到利用。加快金融体制和监管体制的改革和创新，还要做到政策与监管的前瞻性，防患于未然。我们还应加快广东省科技创新的步伐，由粗放型经济向集约型经济发展，由劳动密集型向资本密集型转变进而向知识和技术密集型转变，以便实现广东省经济发展方式的转变和产业结构的转型升级。并且，广东应该结合本省的具体实践与学习国外的经验，走出具有广东特色的科技创新之路，让科技成为促进经济发展的原动力。广州作为一所开放与包容的城市，吸引着国内外无数精英的到来，而且还有我国最大的大学城，再加上政府的大力支持，一定会走在科技创新的前列。我省应充分注重人才的引进与培养，学习借鉴港澳的先进科技创新，实现科研单位、大学与企业的协调发展与合作，共同把广东省发展成充满创新活力的大省，营造良好的营商环境。

（三）打造和谐、稳定、健康的社会环境

第一，维持社会和谐。社会环境安定有序往往是吸引投资者入驻的基础性条件。美国零容忍警务制度和社区警务制度促成了社会环境稳定有序。同时，美国健全的法律机制为投资者提供了全面的保护和救济，进一步稳定了社会环境。稳定有序的社会环境是吸引大批外国投资者涌入美国的重要因素。广东地处改革开放前沿，经济发展迅速，工业化、城市化进程较快，流动人口多，社会治安情况比较复杂，群体性事件多，处置难度大。维护良好的社会治安秩序，是营造良好的法治化营商环境的重要内容。广东应该在社会治安综合治理的基础上，借鉴美国的零警务容忍制度，实现"头痛医头、脚痛医脚"的被动维稳向"标本兼治、综合治理"的主动创稳转变；"事后控制"的静态维稳向"源头治理"的动态维稳转变；"管控打压"为主的刚性维稳向"服务管理"为主的柔性维稳转变；"扬汤止沸"的运动式维稳向"釜底抽薪"的制度性维稳转变，促进广东的长治久安，为创建法治化国际化营商环境提供良好的社会环境。

第二，重视人才培养与引进。人才是第一生产要素，是经济发展的第

一资源。我们必须树立"人才强国"理念，重视智力投入，完善引进人才的体制机制，以人力资源开发提升行政效能。一要努力做到"用人唯贤"。要从传统的人事行政管理向重视人力资源管理转变，做到人尽其才，给人才以充分发展的空间。二要加大培育人才的力度。例如，全面提高高等教育质量，加快世界一流大学、高水平大学和重点学科建设，推进省内高校与港澳台及国际知名大学合作办学，提高高校对区域经济社会发展的服务能力，大力发展职业教育。三要引进外来智力资源。参考新加坡政府设立咨询委员会和经济检讨委员会的做法，我们也可聘请一些国内外知名学者专家担任咨询委员，听取他们对我省经济发展的意见，提高政府工作的国际化水平。

第三，培养粤商精神。先进国家在其经济发展过程中非常注重发展的可持续性和企业文化对经济的影响，对此广东省政府应注重培育出具有广东特色的企业发展模式和企业文化，注重品牌的形成与保护，让其成为企业发展壮大和走出去的一块招牌。在追求企业的快速发展时更要注意环境保护，走可持续发展的道路。同时注重企业文化的培养，形成"以人为本"的企业文化品牌核心，注重人才的培养和共同价值观的培育。广东省的粤商文化在国内很有影响力，粤商文化中有务实精神、平等意识、勇于尝新、兼容并包、灵活应变和精致巧用等特点。所以粤商要抓住机遇，完善自身发展，弘扬粤商文化，在企业的国际化竞争中占据领先位置，成为广东省企业发展和走出去的典范。

（四）打造公平、公正、公开的法治环境

第一，培养法治理念。美国成功的秘密就在于它的法治。美国拥有健全的市场法律体系和法律制度，是一个尊重法治、要求法律至上的国家。在我国，社会主义法律体系虽已基本建立，但有法不依、执法不严、违法不究仍然随时可见。当遇到法律与社会需求发生矛盾，有相当多的官员所采取的办法是让法律走开。于是，一个人有多大权力几乎就有多大调整法律的能力，在其管辖的地域内和事项上，一旦法律中的既定规则妨碍了具体工作目标的实现，用"权力之锤"在法律上敲打修理一番，直到把法

律调整得能够为其当下的行动和目标服务为止。[①] 这样的结果是，企业的目标和思维方式也越来越短期化，创业、奋斗的文化在企业界变得越来越"落伍"，从而对广东经济的长远发展构成根本性威胁。因此，广东要营造良好的营商环境必须确立法律至上的理念，坚持依法办事。这就需要法治的宣传，使得法治理念深入民心。

第二，构建完善的法律法规。营商环境良好的国家与地区都有清晰健全的法律法规，为企业投资提供了一个良好的法治化营商环境。目前越来越多的经济体将改善营商环境的重点放在加强法律制度上，比如破产制度，以及强化对投资者和产权的法律保护方面。广东省建设法治化国际化营商环境，应该从建立健全相关法律法规着手。广东省可以先健全有关投资管理的法律法规体系，对城市规划、土地开发使用等企业投资管理的各个环节、领域出台一系列法律法规，确保每一个管理事项都有法可依，政府部门严格依法办事。同时，对于产业政策的实施，例如，日韩两国都在产业政策的实施过程中突出强调了法律的规制作用，对此，广东省政府也应该制定产业政策的法律法规，保障产业政策的顺利实施。广东省作为我国走在改革开放前沿的大省，在国家法律法规允许的范围内，应不断创新，充分学习国内外的先进经验，并利用好毗邻港澳的区位优势与特殊政策，为我省营造出一个充满活力与公平竞争的营商环境，时刻走在全国改革创新的最前端。

（2012 年 9 月）

[①] 郑成良：《美国的法治经验及其启示》，《学习月刊》2004 年第 4 期。

加强与印度尼西亚的经济文化合作
广东在"一带一路"建设中大有可为[*]

何传添　胡文涛　李　青[**]

　　加强与印度尼西亚的经贸合作、人文交流，不但有助于促进广东经济发展，也有助于推进"一带一路"等国家重大战略的实施，但是，目前广东和印度尼西亚的经贸合作、人文交流尚存在一些不足之处。本研究报告在深入调研的基础上，针对这些不足之处，提出了七条具有可操作性的政策建议（其中涉及经贸合作的政策建议四大条，涉及人文交流的政策建议三大条）。

　　本调研报告于 2016 年 5 月 30 日报送，2016 年 6 月 2 日，时任广东省委书记胡春华同志批示"请忠友并建荣同志阅研"，2016 年 6 月 3 日，时任广东省副省长何忠友同志批示："请省商务厅研究，要加强对外交流合作的统筹、组织，创新合作方式及交流方式。"

　　在本研究报告基础上进一步拓展的相关研究成果也得到了教育部的认

---

[*] 本报告由广东国际战略研究院、21 世纪海上丝绸之路协同创新中心完成。课题组长：广东外语外贸大学、广东国际战略研究院何传添教授，国家社科重大项目"打造陆海内外联动、东西双向开放的全面开放新格局研究"首席专家。成员：胡文涛、李青、陈万灵、程永林、蔡金城、林创伟。本研究得到国家社科重大项目"打造陆海内外联动、东西双向开放的全面开放新格局研究"资助。

[**] 作者简介：何传添，广东外语外贸大学副校长、教授；胡文涛，广东外语外贸大学教授、宣传部长；李青，广东外语外贸大学教授，广东战略研究院秘书长。

可,形成的研究报告《抓住机遇 着力协同推进中印度尼西亚人文交流上新水平》为教育部采用,教育部发来《成果采纳证明》。相关研究成果已经发表在《教育部简报(高校智库专刊)》2016年第40期上。

本研究报告及其相关研究成果提出的政策建议已经转化成教育部、广东省委省政府的有关决策,有力地推进了我国、我省与印度尼西亚的经贸合作和人文交流。

鉴于广东在推进"21世纪海上丝绸之路"建设中需要扮演起排头兵和主力军的重要角色,以及广东省委省政府高度重视选择印度尼西亚作为我省推进与海丝沿线国家合作的重点对接国。近期以来,21世纪海上丝绸之路协同创新中心派员长期驻扎在印度尼西亚当地深入调研,并利用访问交流和举办智库论坛等机会,和印度尼西亚企业、高校、文化机构、华人社团等各界人士深入交流,重点针对两国,尤其是广东与印度尼西亚方面合作交流的现状和存在的问题进行了调研。

当前印度尼西亚国内出现了一股"中国热"。印度尼西亚各界,无论是官方,还是民间,热情都空前高涨。一些地方政府、企业、大学、学术机构、智库组织主动寻求与中国合作与交流。与前几年相比,应该说,无论是层次、广度还是影响力,两国当下的经贸合作和人文交流都处于最好的时期。与此同时,存在的问题也不少,特别是一些与我省有关联的问题,应引起重视和寻找相应的对策。

一 目前广东与印度尼西亚的合作交流统筹不够、项目单一

目前广东和印度尼西亚的合作交流虽然取得了不少成绩,但是也存在着一些问题。两地经贸合作、人文交流的潜力并没有得到全面的发挥。

(一)经贸合作方面

1. 广东和印度尼西亚的经贸合作较为散乱

近年来,广东和印度尼西亚的经贸合作交流频繁。2015年以来,广

东省商务厅和深圳、佛山、肇庆、湛江、汕头、梅州等各地市均由主要领导带队到印度尼西亚开展经贸合作交流，寻求"引进来"和"走出去"的机会。但总体而言，广东和印度尼西亚的经贸合作仍然存在着较为散乱、层次较低等问题，几乎还没有示范性的落地项目。部分地市甚至存在着互相竞争的情况。在这方面，兄弟省市的做法可以给我们提供有益的启示。例如，浙江省早在 2010 年就由商务厅统一牵头在印度尼西亚设立了中国浙江品牌（印度尼西亚）中心，统一协调浙江省和印度尼西亚开展的各类经贸活动。

2. 广东和印度尼西亚的经贸合作方式较为单一

广东和印度尼西亚的经贸合作虽然不乏一些亮点，如发挥邻近港澳的优势，和香港、澳门联合招商（2015 年，粤港澳三地就联合到印度尼西亚、马来西亚、新加坡举办推介大珠三角的交流活动）等。但总体上讲，广东和印度尼西亚的经贸合作方式仍然以传统的经贸交流会、洽谈会为主，合作方式单一、传统，效果不够显著。近年来，我国部分省市在对外经贸合作上多有创新，涌现出一些效果明显，值得借鉴的举措。例如，广西在和马来西亚等国家开展经贸合作时，创新合作模式，在中国和马来西亚创办"两国双园"姊妹园区，协同发展。

（二）人文交流方面

我们在看到广东与印度尼西亚人文交流中取得的令人欣喜的成绩同时，也要高度重视存在的问题。具体而言，表现在以下几个方面：

第一，缺乏统一规划和协调，参与者比较混乱，分散了观众的热情，效果不佳。例如，我们在印度尼西亚参与举办"印度尼西亚中国书画展"时就发现，在同一时间段，也有省内单位在举办中国书画展。第二，不少代表团缺乏对合作和交流的研究和长远打算，甚至出现短期行为和为了完成任务的表现。第三，合作和交流项目重复现象比较突出，而差异性和亮点突出的活动项目偏少。刘延东副总理在印度尼西亚大学发表演讲之后，省内就先后有几所大学到印度尼西亚大学进行主题类似的交流。第四，一些经贸合作和文化活动方没有很好地照顾到对方的实际需求。第五，存在较为严重的"不对称交流"现象。这主要体现在两个方面，一是中国（广东）到印度尼西亚的交流活动多，而印度尼西亚到中国（广东）的交流活动相对较少；二是印度尼西亚学生到中国（广东）留学的多，而中国（广东）到印度尼西亚留学的却非常少。不对称的交流显然不利于两国（两地）的全面了解和长期交流。

二 广东应发挥独特优势，在与印度尼西亚的合作交流中发挥先锋引领作用

广东和印度尼西亚可以合作交流的内容很多，我们建议，根据广东和印度尼西亚的实际情况，由省委省政府统筹协调推进几项有示范性、有影响力，可复制的重大合作项目，切实推进广东—印度尼西亚合作与交流。

（一）推动"两国双园"建设，加强广东和印度尼西亚经贸合作

1. 落实中国（广东）—印度尼西亚"两国双园"建设

中国—马来西亚钦州产业园区和马来西亚—中国关丹产业园区是国内首个"两国双园"园区。两个姊妹园区通过"联合招商""两国一检""货物直航"等方式，紧密协作，协同发展。我们认为，广东可借鉴广西的这一经验，在湛江双方奋勇共同推动建设"中国—印度尼西亚湛江产业园"，作为"两国双园"的中方园区，并由省商务厅统一协调，湛江市具体推进落实；考虑到深圳市具有的总体经济实力和企业国际影响力的优势，并且政府和企业"走进印度尼西亚"的意愿强烈（2015年10月，深圳在印度尼西亚雅加达举办了"走出去"项目对接洽谈会，2016年5月，省委副书记、深圳市委书记马兴瑞同志率代表团到访印度尼西亚），我们建议，"两国双园"的印度尼西亚方园区，由省里统一协调，由深圳市政府落实推进。另外，还可以利用南沙等自贸区优势，与印度尼西亚共同构建跨境电商的"两国双园"。

2. 重视印度尼西亚"苏加诺之家"项目建设

2015年10月12日，印度尼西亚"苏加诺之家"（印度尼西亚—中国

合作中心）落户深圳前海。按照印度尼西亚方面的规划，"苏加诺之家"定位为推进中国和印度尼西亚全面战略合作的示范区和桥头堡、整合资源对接两国发展战略的基地、印度尼西亚企业来华发展的服务基地、印度尼西亚文化的展示推广基地。印度尼西亚方面对这一项目高度重视，定位不可谓不高。广东应积极呼应印度尼西亚方面的计划，高度重视这一项目，商务厅、发改委等部门积极跟进，协助印度尼西亚方面推进该项目的建设。

3. 设立广东（印度尼西亚）服务中心

广东可以借鉴并创新浙江在印度尼西亚设立中国浙江品牌（印度尼西亚）中心的做法，由省政府主导，利用企业、商会、大学的力量，在印度尼西亚雅加达设立广东（印度尼西亚）服务中心。该中心不但要打造成两地贸易、投资的双向服务平台，也要打造成两地双向的文化交流平台。设立广东（印度尼西亚）服务中心，也是对印度尼西亚在广东设立"苏加诺之家"的回应。

4. 定期举办高规格的广东—印度尼西亚博览会

广东应由商务厅等职能部门主办，广东（印度尼西亚）服务中心联合"苏加诺之家"等印度尼西亚方对口机构具体承办，在广东和印度尼西亚每年各举办一场涵盖贸易、投资、科技、文化、教育等方面的综合性的"广东—印度尼西亚博览会"，以促进广东和印度尼西亚在各方面的交流合作。

（二）培养复合型人才，促进广东和印度尼西亚的人文交流

印度尼西亚有大量的华侨华人，其中大部分祖籍地为广东。广东应该充分发挥华侨华人的优势，大力促进广东和印度尼西亚的人文交流。

1. 设立交流基金，推进两地文化交流

建议广东与印度尼西亚方共同出资设立"中国（广东）印度尼西亚文化交流郑和基金"，专门用于开展两国人文交流。省文化厅可统筹规划，充分利用该基金的支持，推出"中国印度尼西亚古代海上丝绸之路文物考古与联展项目""中国印度尼西亚文化精品互译出版项目""岭南书画展""广东—印度尼西亚电影月"等文化交流活动。同时，还应重视加强和即将设立的国家级的印度尼西亚—中国文化中

心的联系，以切实推动广东和印度尼西亚的双向文化交流。

2. 创新教育机制，培养熟悉中—印度尼西亚的复合型人才

在高等教育方面，应加大力度，依托中大、暨大、广外等高校培养熟悉印度尼西亚政治、经济的高层次复合型人才。另外，印度尼西亚目前汉语教育的师资和教材都较为匮乏，可依托华师和广外等高校加快汉语教师的培养，并出台政策鼓励他们到印度尼西亚开展汉语教育。同时，还可以通过设立"中国（广东）—印度尼西亚留学访学奖学金项目"，鼓励两地学生学者交流学习。还可以依托广外等高校开展两地企业家、学者、青年领袖的培训与交流。

在基础教育方面，要大力支持印度尼西亚华侨集中的梅县区的梅县外国语学校以及印度尼西亚华商众多的深圳市的深圳外国语学校，从小学阶段开始开设印度尼西亚班，接受印度尼西亚华侨华人的子弟入学。另外，支持广州、深圳、梅州、湛江等地有条件的外国语学校在高中阶段开设印度尼西亚语课程，培养广东—印度尼西亚交流的后备人才。长远来说，可考虑在印度尼西亚湛江产业园等地，建立"印度尼西亚华商子弟学校"。

3. 加强智库交流，推动两国间的政策沟通与科研合作

通过设立"中国（广东）印度尼西亚高校校长对话""中国（广东）印度尼西亚智库论坛"等智库交流机制，发挥其公共外交作用，从而促进两国之间从官员到民众各阶层对双方政府的政策了解和准确把握以及增加两国公众彼此间的信任和好感。在两国良好的社会舆论氛围中，有效推动广东与印度尼西亚的海洋开发以及海上丝绸之路互联互通等方面的科研合作。

总之，中国的"一带一路"建设和印度尼西亚的"全球海洋支点"战略高度契合，全面深化和加强广东和印度尼西亚的合作，有助于广东落实国家重大战略，推进"海上丝绸之路"建设，真正担负起排头兵和主力军的重要使命。

(2016年6月)

广东现代服务业发展研究

黄晓凤　朱信贵　李　宏[*]

自 20 世纪中叶以来，世界经济发展的显著特征之一就是现代服务业的飞速发展。近年来，广东围绕全面建成小康社会的战略部署，抢抓机遇，深化改革，扩大开放，现代服务业发展水平不断提升。在广东向全面实现社会主义现代化目标迈进的关键时期，提高现代服务业发展质量，使现代服务业成为广东经济增长的新引擎和经济发展的新动力，既是建立现代经济体系过程中亟待解决的重大课题，也是推动广东经济持续健康发展的迫切任务。

一　广东现代服务业发展方向

未来一段时期，广东现代服务业发展将面临新环境，迎来新机遇，加快发展现代服务业，对优化产业结构、提高经济增长质量、促进广东经济社会持续健康发展具有重要意义。按照产业结构演进规律和现代经济发展趋势，广东现代服务业的发展将以科学发展为主题，以优化结构、提高质量、建设幸福广东为核心，通过开放创新，不断扩大现代服

---

[*] 作者简介：黄晓凤，博士，教授，广东财经大学经济学院院长兼国民经济研究中心主任；朱信贵，博士，教授，广东财经大学财政税务学院党委书记；李宏，博士，广东财经大学经济学院副教授。

务业规模、优化现代服务业结构、培育现代服务业新业态、构建高效优质的现代服务业体系，显著提升现代服务业对经济增长的贡献率，加快现代服务业高端化、精细化、信息化、智能化、国际化进程。力争经过10—20年努力，形成5—10个具有国际影响力的现代服务业集聚区，建设粤港澳大湾区国际现代服务业基地；打造世界一流的创意、物流、研发和会展品牌，建设国际航运物流、国际商贸和国际科技创新中心；到2020年，实现现代服务业占生产总值比重超过60%，推动"服务业大省"向"现代服务业强省"转变，全面建设现代经济体系，不断增强广东经济创新力和竞争力。

二 广东现代服务业发展重点任务

坚持现代服务业与先进制造业深入融合、互动发展的方针，充分发挥毗邻港澳的优势，按照全面发展与重点突破相结合的原则，选择基础条件好、增长潜力大、带动作用强的信息服务业实施重点突破；瞄准国际前沿，推动科技服务业和创意产业两大新兴产业实现跨越式发展；围绕消费升级，提升旅游业、餐饮业和房地产业三大生活性服务业的发展水平；紧跟市场需求，推进金融业、现代分销业、现代物流业和商务会展业四大优势产业快速壮大。即广东现代服务业发展的重点任务概括为：实施"一个重点"、实现"两个跨越"、提升"三大水平"、壮大"四个行业"，形成"一极突破、两翼提升、多点支撑"的现代服务业发展总体布局。

（一）选择信息服务业实施重点突破

选择信息服务业实施重点突破，要以引领新一代信息技术发展为目标，以融合创新、融合发展为动力，积极创造条件，壮大软件、网络增值服务、动漫与网络游戏三大潜力产业；大力发展大数据、信息资源增值服务、物联网、车联网、云计算五大新型信息服务产业；加强载体建设，支持广州、深圳、珠海和中山创建"中国网络名城"；实施"两化融合"深化工程和"三网融合"推进工程，推动"1+12"架构（即以珠三角为龙头,以其他 12 个市为主体的二元布局)的"两化融合"试验区建设,着力提高装备制造、化工、钢铁等传统行业信息技术改造的深度。

(二)推动科技服务业和创意产业两大新兴产业实现跨越式发展

把握世界科技前沿发展态势,以建立国际科技创新中心为目标,针对广东战略性新兴产业发展对科技创新的需求,围绕创新链完善服务链,推动科技服务业的全面发展。重点发展研究开发、成果转化、检验评估、创业孵化、知识产权运营交易、科技咨询等新业态,着力构建开放型区域创新服务体系,全面提升科技服务业的专业化、网络化、市场化、国际化发展水平。

以广州、深圳为龙头,推动广东进入全民创意新时代,加强创意文化软件、硬件、基础设施建设,重点发展数码娱乐业、工业和建筑设计业、影视传媒业三大主要行业;提升创意产业的原创能力,打造、打响"创意广东"品牌;支持广州打造"创意之城"、深圳建设"设计之都",依托广府文化、客家文化、潮汕文化等地方特色,推动粤东西北发展区域特色文化产业群;高质量建设粤港澳台创意产业园。

(三)提升旅游业、餐饮业和房地产业三大生活性服务业的发展水平

广东旅游业要在要素发展产业化、资源配置市场化、发展模式现代化等方面取得明显突破,倾力打造"丹霞山—开平碉楼"世界遗产游、穗深珠—港澳都市游、汕湛—阳惠滨海黄金海岸游、客家禅宗文化山水度假游等精品旅游线路,打造"岭南山水""千年商都""开放文化""美食天堂"四大旅游品牌。

做大做强"粤菜"品牌,引领中国饮食文化发展潮流,促进"粤菜"与"湘菜""川菜"、法国菜、日韩料理等国内外各类饮食文化互相融合,让"食在广州"的美誉响遍四海。

进一步提升城市品位,改善人居环境,推进房地产业优化升级,按照生态文明建设的要求,大力建设国家康居示范工程、国家 A 级住宅示范项目,树立若干个在全国领先的绿色示范项目典型。

（四）推进金融业、现代分销业、现代物流业和商务会展业四大优势产业快速壮大

以建设亚太金融中心和国内金融强省为目标，重点发展绿色安全、高效普惠、开放创新的现代金融服务业，大力推进融资租赁、涉海金融、商贸金融等特色金融创新，构建国内外投资者共同参与，国际化程度较高，交易、定价、信息功能齐备的多层次金融市场体系和多样化、比较完善的金融综合服务体系。

以搞活流通、扩大消费和满足人民群众对美好生活的向往为目标，树立大商业大市场大流通观念，发展离岸贸易、跨境电子商务等新业态，开展保税、国际中转、国际采购和分销等业务，进一步提高现代分销业发展的质量、层级和品位，打造国际商贸中心、国际分销中心，将广东建设成具有全球重要影响力的国际购物天堂。

以建设国际航运中心、国际物流中心为发展主线，实施海空港联动，创新现代航运物流体系，延伸航运物流产业链，加大航运物流市场的开放力度，分享高端物流价值链，积极拓展新的增值业务，建立和完善与"世界工厂"相配套的现代航运物流综合体系，打造世界一流的速度和效率。

以建设国内商务会展服务强省和国际商务会展中心为目标，以专业化、规模化和市场化为导向，大力发展营销策划、工程咨询、法律服务、会计审计、资产评估、规划设计等第三方专业商务服务机构，细化专业分工，进行产品创新，加快建设门类齐全、运作规范、与国际惯例接轨的现代商务会展服务体系。

（五）大力推进现代服务业区域协调发展

坚持开放协调发展，深化粤港澳台及国际合作，充分发挥珠三角地区的要素集聚和示范效应，实施粤东西北地区现代服务业振兴发展战略，以广州中新知识城、深港创新圈、珠海高栏港经济区等主要园区为载体，积极构建广东现代服务业核心集聚区和功能拓展区，着力形成"一极突破、两翼提升、多点支撑"的现代服务业发展新格局。

1. 一极突破

支持珠三角地区优先加快发展现代服务业，打造集信息、商贸、商务会展、航运物流、金融、研发、创意、旅游八位于一体的现代服务业集聚区，使珠三角成为世界一流的国际航运物流、商务会展和科技创新中心，成为广东现代服务业的重要增长极。

珠三角现代服务业布局，要发挥中心城市在产业集聚和功能提升中的核心作用，重点发展高端、高技术服务业。广州依托国家经济中心城市优势，大力发展航运物流、总部经济，着力打造国际商务会展中心与航运物流中心；深圳依托国家创新型城市优势，大力发展科研、设计、金融等生产性服务业，着力打造国际科技创新中心；珠海、佛山、东莞和中山依托制造业发展优势，推动研发设计、工业设计、信息系统服务等产业发展，着力打造国际工业设计和服务外包中心；惠州、江门和肇庆依托区位优势和自然资源优势，着力打造国际旅游度假中心。

2. 两翼提升

充分发挥粤东、粤西区位和产业优势，围绕推进产业结构优化升级和区域经济均衡协调发展，着力提升东西两翼两大现代服务业发展质量，推进广东现代服务业发展上水平。

坚持因地制宜、错位发展原则，全面提升粤东现代服务业发展质量。充分利用粤东沿海众多优良港湾优势，联合其他道路交通、航空港等条件，发展现代物流业；充分发挥侨乡优势，利用海外潮人广泛的社会关系和资金，开发粤东旅游资源，发展高端旅游业，打造粤东世界级旅游目的地；充分利用潮汕传统文化内涵丰富优势，深入发掘所蕴含的经济价值，融入现代技术，转化为文化创意产业；积极发挥中心城市在服务能力提升中的核心作用，培育汕头、潮州、揭阳、汕尾现代服务业集聚区。

依托深水大港、滨海生态等优势资源和石化、钢铁、船舶制造、能源等产业集群，打造粤西现代服务业增长带。积极发展为石化、船舶制造、能源服务的科技、金融、物流、信息服务等生产性服务业和运动休闲、旅游度假等生活性服务业；探索发展海洋服务产业，建设现代海洋服务产业集聚区。

3. 多点支撑

从各地实际出发，发展各具特色的现代服务业。提升韶关跨省区大型商贸中心和物流中心的地位，打造河源万绿湖生态健康养老产业园，塑造梅州"客家旅游胜地、生态休闲之都"的形象，云浮、清远等市重点发展以生态环保、农林产业、文化创意为依托的服务业。

三 广东现代服务业发展政策建议

围绕现代服务业发展方向和重点任务，各地各有关部门要准确把握稍纵即逝的机遇，科学规划，深化合作，突出重点，鼓励创新，推动现代服务业全面发展。

（一）科学规划合理布局，明晰功能定位

省经济和信息化委员会等部门牵头，高起点、高标准编制广东现代服务业中长期发展总体规划及信息服务业、科技服务业、现代物流业、创意业等专项规划。进一步明确发展目标和重点，对珠三角、粤东西北区域现代服务业发展进行清晰的功能定位，突出各区域特色，做到各有侧重、适度交叉，避免重复建设，保证各区域相互协同，功能互补。

（二）健全现代服务业法规和行业标准体系

着力营造法治化、国际化营商环境，省政府应通过制定《广东省现代服务业发展条例》《广东省现代服务业重大建设项目管理办法》等系列法规文件，规范和指导现代服务业健康有序地发展；积极引进现代服务业国际标准，大力推行国家标准，健全广东研发设计、咨询、房地产、电商等行业服务标准，提高服务规范化。

(三)建立健全自主创新体系

围绕提升现代服务业创新能力,研究制订支持科学研发、检验检测、信息服务、创意设计等现代服务企业自主创新的经济政策,政府优先采购自主创新产品和服务,建立自主创新激励机制;建设一批省重点实验室、省技术研究中心等各类公共服务平台,构建广覆盖、高水平的现代服务业创新服务体系;营造创新创业氛围,聚集全球各类创新要素;鼓励企业积极发展新业态,延伸服务内容,提高服务附加值。

(四)深化粤港澳合作,相互支持,错位发展

按照互利共赢、突出重点的原则,进一步打造粤港澳合作载体,深化粤港澳现代服务业合作,对接高标准国际服务贸易规则,推进粤港澳服务贸易自由化。建设以香港金融体系为龙头,澳门、深圳、珠海金融资源为支撑的深珠港澳金融创新区;共同推动建立航运物流业发展合作机制,建设大珠三角航运物流共同区,共同打造世界最具活力的国际航运物流中心;创新科研合作机制,建设深穗港澳科技创新共同区,共同打造世界最具竞争力的深穗港澳科研中心;建设粤港澳商务服务共同体,构建现代商务服务经济圈。以建设深珠港澳金融创新区、深穗港澳科技创新共同区、大珠三角航运物流共同区以及粤港澳商务服务业共同体("三区一体")为突破口,形成粤港澳服务贸易一体化发展新局面。

(2012 年 8 月)

国内外互联网集聚区发展趋势及对广州的启示（压缩本）

王先庆　彭雷清　等[*]

在互联网时代，互联网集聚区的数量、规模和发展水平，不仅代表着一个城市或区域的经济质量、现代化水平和产业发展潜力，而且更能反映出这座城市的创业创新活力以及增长动力水平，对于重塑城市发展新格局、重构城市发展新动力，都有着非同寻常的意义。

广州正在致力于国际科技创新枢纽城市建设，并以琶洲互联网总部集聚区为突破口，全面促进全市互联网集聚区建设。那么，互联网集聚区有哪些类型？它是如何形成的？如何推动它的形成和发展？有哪些模式和路径？国内外有哪些比较好的互联网集聚区？它们有哪些特点？有哪些经验教训对广州建设互联网集聚区有借鉴和启示作用？这里，我们通过专题研究，希望通过国内外主要城市或地区的经验，厘清它的发展趋势，并提炼出其经验教训以及对广东的启示。

一　互联网集聚区的形成机制与主要效应

互联网集聚区是指互联网企业及相关类型的一群企业在一定区域范围

---

[*] 作者简介：王先庆，广东财经大学流通经济研究所所长，广州市现代物流与电子商务发展研究基地主任；彭雷清，广东财经大学工商管理学院院长，教授。

内，相对比较集中在一起，依托交通枢纽和信息网络，共享商务楼宇、星级宾馆、商业设施以及相关的生产生活服务配套设施等资源，相互协作，相互竞争，形成一种以互联网产业为主且产业链与价值链相对完整、产业与城市发展紧密融合的经济功能区。

互联网集聚区能否形成的主要影响因素有哪些？根据集聚区形成的规律，一个区域内，能否真正形成互联网集聚区并能获得持续发展，受诸多因素制约和影响，包括城市地位、产业条件、人才、市场、交通、规划等，但主要取决于三个基本条件。一是大量互联网企业的集聚。一个互联网集聚区的等级与规模，取决于入驻互联网企业的数量和规模，而且这些互联网企业入驻或创业后，能在这里健康地发育成长。因此，能否吸引和留住这一类型的企业，是决定集聚区能否建成的基本条件。二是大量互联网专业人才的集聚。三是大量与互联网产业相关的服务企业和产业要素在区域内的集聚，形成一种共生共荣的"产业生态链"，类似于生物界的食物链，互为生存，互为依赖。互联网是一个产业关联度极高的产业，只有具备相关的条件之后，才能促进互联网企业的入驻和集聚。

二 国内外著名互联网集聚区及发展趋势

全球互联网的发源地是美国加利福尼亚州的硅谷地区，这里也是全球互联网企业规模最大、数量最多的集聚区，同时，与之相关的另一个集聚区，就是印度的班加罗尔。就国内而言，互联网集聚区发展得较好的，主要是北京、杭州、上海等城市。这里，我们重点介绍美国硅谷和我国浙江、杭州两个代表性的互联网集聚区的发展及特点。

（一）美国硅谷互联网集聚区的形成及主要特点

从 20 世纪 70 年开始，美国的科技创新与新兴产业的发展开始西移，并迅速向西部集聚。其中，最具代表性的就是"硅谷"。硅谷位于美国加利福尼亚中部圣弗朗西斯科以南的半岛上，是长 70 公里、宽 25 公里的条状地带。原是盛产水果的农业区，在 50 年代还被称为"美国的梅脯之都",70年代逐渐成为美国最主要的半导体制造基地,80年代后期,个人电脑的开发研制在该区占支配地位。随着新一轮创新公司衍生活动的发展,硅谷迅速成为世界互联网的中心。

目前,硅谷已有上万家互联网服务及相关产品制造高技术企业,其中3000多家是互联网设备与电子制造企业。电子和计算机两个部门在当地高技术制造业中占大约2/3,约有12万个就业岗位。硅谷互联网与电子产品销售额每年超过4000亿美元,占全美总销售额的40%左右。还有6万多个工作岗位集中在导弹、空间、通信设备和仪器三个国防产业。其中全球前100家的高科技公司,有20%在此落户,如英特尔公司、惠普公司、IBM公司、思科系统公司、3Com公司、太阳微系统公司、甲骨文公司、SGI公司、苹果公司,等等。

经过几十年的发展,硅谷已发展成为美国和世界最成功的高技术产业带,也是世界上最大的互联网集聚区,很多在世界上具有领先水平的互联网技术、高技术产业和产品来自这里。硅谷作为互联网革命的核心,不但引发了全球互联网和信息科技的革命,还创造了新科技、新财富、新的生活方式,成为美国最大的出口基地和经济发展的火车头。

(二)国内主要互联网集聚区及特点

从中国互联网协会等单位初步统计的数据看,全国各地目前有各类互联网集聚区1000多个,比较有影响力和较大规模的50多个,其中年经营额超过千亿级的互联网集聚区约8个[①]。

不同的城市,其互联网发展的基础条件不同,尤其是产业基础和技术背景差异较大,从而形成了不同的互联网集聚区的特点,例如,北京主要是全国各大门户网站的集聚地,尤其是新浪、人民网等;上海则是各类文化、娱乐类的互联网企业集聚地,包括盛大文学、携程网等;杭州则主要是电子商务类的互联网企业集聚地,如阿里巴巴;而深圳是社交类互联网企业所在地,如腾讯;广州则主要是批发和零售类的互联网企业,如唯品

---

① 含规划中预测或即将达到这一规模的集聚区。

会、环球市场等。

在国内各主要城市的互联网集聚区培育和形成的经验来看，浙江杭州尤其值得关注。杭州是中国最成功的互联网产业发展城市，也是中国目前为止唯一的"互联网城市"，可以说，互联网已经深入这个城市的每一个角落，融入这个城市的方方面面。其最大的特色，就是互联网电子商务，尤其是跨境电子商务，在国内国际都处于领先地位。

近5年来，杭州市以建设国家自主创新示范区、中国（杭州）跨境电子商务综合试验区为契机，推进互联网与经济社会各领域的全面融合与深化发展，致力打造具有全球影响力的"互联网+"创新创业中心，以及特色鲜明、全国领先的互联网强市。

杭州发展互联网经济的一大特色，就是在全市掀起了发展互联网的"群众运动"，尤其是找到了通过发展"互联网小镇"来带动全市互联网经济的发展模式。这些特色小镇，遍布全市各区。它们以云栖小镇、梦想小镇等"九镇三谷"为引领，实现产业发展从资源要素驱动向创新驱动转变。目前，杭州已经具有各类互联网特色小镇50多个，再加上其他特色互联网产业集聚区，目前全市互联网产业集聚区近百个。这些集聚区，以创业创新基地为载体，运用大数据、云计算等信息化手段，建设中小企业公共云服务平台，为小微企业提供"找得着、用得起、有保障"的服务，有效促进小微企业创业创新，促进了互联网产业的繁荣发展。在这些互联网集聚区中，西溪谷互联网金融集聚区最有影响力。目前，该集聚区已集聚了阿里巴巴支付宝浙江总部、网商银行、"网金所""芝麻信用"等重点项目，并正在加快产业集聚，不断推动互联网金融、电子商务、技术研发与服务等高新技术产业的发展。

（三）国内外互联网集聚区发展趋势

从近10年互联网集聚区的发展看，欧美等市场经济成熟的国家，一般由大型互联网企业自主创新发展，缺少政府主导的集聚发展基础条件，而新兴的发展中国家，由于起步晚，进而政府作用更加有效。总体而言，国内外发展互联网都各有特色，模式和路径各有差异。

从规律上看，国内外发展互联网集聚区，有一些共同的发展趋势，这些趋势可以用五个"融合"来概括：一是互联网集聚区与创业、创新和创客空间的融合发展；二是互联网集聚区与城市服务业转型升级、总部经济和CBD建设融合发展；三是互联网集聚区与智能终端、物联网等新技术新业态融合发展；四是利于互联网集聚区开发建设，促进互联网与传统优势产业深度融合；五是互联网集聚区与特色小镇融合发展。

三　国内外互联网集聚区发展对广州的启示

尽管广州的互联网集聚区实际上在全国处于领先地位，而且也为国内其他城市所借鉴和学习。但了解和分析国内外其他城市的互联网集聚区发展特点及趋势，对广州仍然有许多借鉴和启示意义。

（一）以规划编制为起点，合理布局，强化集聚效应，创建国际一流的互联网总部集聚区

互联网集聚区，在互联网发展相对滞后或薄弱的城市和地区，纯粹靠企业单一推进，很难获得合理布局和发展，因此，政府规划引导，有序推进，是重要的前提。

广州是国家中心城市和国际著名的商贸中心，在互联网和电子商务方面发展、起步较早，也具有自身特色和优势，但整体而言，互联网企业的集聚程度并不高，缺少在国内外有较大品牌影响力的互联网集聚区，因此，广州对标美国硅谷、杭州西溪谷、北京中关村等著名互联网集聚区，高起点规划，创建国际一流的互联网总部集聚区，对于提升广州形象和竞争力，十分必要。目前，广州正在高水平打造琶洲互联网创新集聚区，虽然起步有点晚，但仍然还处于"风口"之上。但现在的关键是，如何抓落实，走出一条有特色的互联网集聚区创新发展之路。

（二）以创业创新为动力，促进要素集聚，推动互联网集聚区创新发展

国内外互联网集聚区发展最大的经验，一定要促进本土互联网公司集

聚和成长，这才是根本。目前，广州已经有各类众创空间130多个，相当于半数左右，开设于各类集聚区内，正是顺应了这种趋势。为了推进互联网集聚区发展，要促进各类优势要素资源向集聚区汇集，即要实现人力资源、资金、技术、管理等要素资源充分集聚。要完善创业投融资机制，发挥创投引导基金的作用，壮大天使投资，探索发展区域性股权交易市场。

（三）以"互联网+"为契机，推进专业性互联网产业集聚发展，形成特色产业链，领跑行业发展

广州已经在互联网创新领域，形成了一批有自身特色和优势的领域，从而更有利于促进互联网集聚区的创新与发展。其中，最主要有微信、互动娱乐等，这些创新大多在移动互联网和智能终端领域，因此，更有利于形成特色的互联网产业链。在这方面，一方面，应该尽快弄清这些特色互联网产业的集聚情况和发展动向；另一方面，应出台一些相应的措施，推动它们形成持续优势，继续领跑全国，产生更大的集聚效应。

（四）以国际商贸中心建设为特色，大力培育互联网新业态，创新互联网集聚区生态链

广州是华南制造业的总部基地、国际商贸中心和现代服务业中心，因此，有一批优势的传统产业，如专业批发市场、会展业、旅游业、传媒产业、文化产业等。这些产业与互联网的融合，可以形成一批具有竞争优势的互联网集聚区，如电子商务与互联网集聚区、文化创意与互联网产业集聚区、专业市场与互联网产业集聚区。这些集聚区，不仅加速对传统产业的改造，更利于结合互联网进行创新。

（五）以价值链为导向，促进互联网企业并购整合与资本上市，提升互联网集聚区创富效应

目前，广州有8家国家电子商务示范企业，32家省电子商务示范企业，有黄埔、荔湾2个国家电子商务示范基地。同时，广州在全球主要资本市场挂牌交易上市的互联网企业共有9家。同时，广州涌现出多家市值超过10亿元的企业，如网易、唯品会、欢聚时代、UC、星辉天拓、中国手游集团、太平洋网络、百奥家庭互动、云游控股等。但从单项冠军和市场影响力方面看，广州没有阿里巴巴、京东、腾讯这样的领军企业，单体规模普遍不大，因此，借助集聚区的集聚效应，推动广州本土的互联网企业通过纵向和横向的合并重组等方式并购整合和资本上市，进而有利于增强集聚区的吸引力和创富效应，也有利于发挥龙头带动作用。

（六）以市场为导向，多模式并举，促进互联网集聚区有序布局和健康发展

目前，广州有三种互联网集聚区开发和管理模式，分别是琶洲互联网集聚区模式、广州大道南电子商务与互联网集聚区模式、黄埔电子商务与互联网集聚区模式。这三种模式各有特点，第一种模式是广州市政府主导，海珠区招商引资和运作管理；第二种模式是海珠区政府与广州五行电子商务集团联合管理；第三种模式是企业自主开发与管理。由于它们的定位和功能有差异，因此，都有自身的优势和特点，需要扬长避短，合理选择。

（七）以品牌宣传为抓手，促进产学研协同，增强互联网集聚区在国内外的知名度、影响力和凝聚力

从实际情况看，相比于杭州、深圳等城市的互联网而言，广州的互联网公司其实有共同的特征，就是营销能力欠缺，虽懂得低调赚钱，不做赔钱的买卖，但局限性也很明显，就是做不出品牌高度与广度。同时，广州基于互联网创业的培训、宣传、融资等产业链条缺失，也是广州创业氛围未成气候的重要原因。因此，无论是企业，还是政府，都应该充分重视战略规划和咨询管理的重要性，以品牌宣传为抓手，促进产学研协同发展，以提升广州互联网产业和集聚区的知名度和影响力。

（八）以吸引人力资本为重点，完善互联网集聚区发展营商环境，促进互联网人才集聚

互联网集聚区在创建初期，政府的规划和支持格外重要，甚至成为能

否集聚更多企业的关键因素,比如政府的税收优惠政策、进驻企业解决高管户口降低房租政策、举办人才交流会及企业论坛等。这些都是营商环境的重要组成部分。至于如何吸引人才、优化环境,目前政策上已经有相关规定,关键是在落实。

(2017 年 3 月)

广东自贸区保险业创新发展研究

——基于香港与内地人寿保险业比较

罗向明　江正发　陈宇靖　易　沛*

一　人寿保险产品粤港通的重要意义/必要性

（一）香港保险业发展概况

香港保险业自 1841 年至今经过 170 多年的发展，逐步形成了多元化、国际化、监管规范、制度完善的保险市场体系，逐步发展成为亚洲区一个重要的国际保险中心和全球最开放的保险中心之一。

2014 年底，香港获授权经营的保险公司 158 家，其中，经营长期保险业务的公司 44 家，经营一般保险业务的公司 95 家，经营综合保险业务的公司 19 家；获授权保险经纪人为 632 人，获委任保险代理人为 43760 人。2014 年度，香港保险业务保费收入为 3297 亿港元，其中，长期保险业务保单保费收入为 2858 亿港元，一般保险业务毛保费收入为 439 亿港元；保险密度为 45527 港元/人，其中，长期保险业务保险密度为 39465 港元/人，一般保险业务保险密度为 6062 港元/人；保险深度为 14.68%，

---

* 作者简介：罗向明，广东金融学院保险学院教授；江正发，广东金融学院保险学院副教授；陈宇靖，广东金融学院保险学院讲师；易沛，广东金融学院保险学院讲师。

其中，长期保险业务保险深度为12.72%，一般保险业务保险深度为1.96%。香港近年来长期保险业务保费收入情况见表1。

表1　　　　　　　香港长期保险业务保费收入情况表　　　（单位：亿元，%）

年度	长期业务保费		新单保费		个人人寿及年金（非投连）		个人人寿及年金（投资相连）		内地新单保费	
	金额	增长	金额	增长	金额	增长	金额	增长	金额	增长
2003	772	0.178	241	0.378	460	0.22	145	0.341		
2004	1000	0.284	386	0.538	566	0.23	250	0.724		
2005	1169	0.169	458	0.189	664	0.173	301	0.206	18.2	
2006	1346	0.151	534	0.164	696	0.048	430	0.427	28	0.230
2007	1760	0.307	807	0.512	751	0.079	743	0.727	52	0.871
2008	1660	-0.057	606	-0.249	818	0.09	565	-0.24	32.6	-0.373
2009	1571	-0.054	465	-0.233	912	0.113	377	-0.334	30	-0.079
2010	1758	0.119	590	0.269	1059	0.162	445	0.183	44	0.466
2011	1911	0.087	705	0.195	1261	0.191	486	0.092	63	0.432
2012	2159	0.130	778	0.104	1464	0.161	499	0.028	99	0.571
2013	2486	0.152	926	0.189	1733	0.184	547	0.095	149	0.505
2014	2858	0.149	1140	0.232	2138	0.234	488	-0.107	244	0.637
2015	1610	0.154	687	0.252	1251	0.202	229	-0.073	139	0.376

资料来源：香港保险业监理处网站。

（二）人寿保险产品粤港通的重要意义

香港保险业比较完整地经历了保险业发展的历史进程，体现了经济、社会发展与保险业相辅相成的逻辑关系，是值得内地保险业借鉴的良好标本。本报告旨在研究在广东自贸试验区的框架下，以实现人寿保险产品粤（内地）港通对接为切入点，延伸到保险市场主体准入条件、人寿保险产品开发、市场行为规范、行业自律和保险监管等完整的保险生态环境的建设。

人寿保险产品粤港通的重要意义主要体现在以下几个方面。

1. 有利于内地寿险行业与国际接轨

香港保险业发端并发展于为国际贸易、国际运输和国际投资服务的需要，曾长期接受保险业发达的英国管辖，具有国际化程度高的显著特点，主要表现在三个方面：（1）市场主体的国际化程度高；（2）香港境外注册保险公司长期寿险业务占比高；（3）保险基金投资的国际化程度高。

2. 有利于满足内地消费者多样化人寿保险需求

经过 30 多年的快速发展，中国内地经济整体上上了一个台阶，但由于地域辽阔，资源禀赋差异巨大，使得地区之间、群体之间的收入差距加大，一方面，中国成为奢侈品消费大国；另一方面，又存在庞大的贫困人口群体，保险产品的需求层次高低不一，受制于内地保险业发展水平和监管要求，一部分高端保险消费者的消费需求无法满足。

3. 有利于提高内地保险公司经营管理水平

经过多年努力，香港保险公司普遍树立了严格核保、宽松理赔、对投资人和消费者负责的经营理念。香港保险公司在消费者眼中具有很高的公信力，获得了消费者的充分信任。而国内的保险公司，在经营理念、服务意识、经营能力、管理水平以及市场形象上，与国际先进水平相比，都存在明显的差距。因此虚心学习借鉴香港保险公司的先进经验，有利于全面提高内地保险公司的经营管理水平。

4. 有利于提高内地保险监管水平

由于非香港居民赴港购买保单数量显著增加，2013 年 5 月 1 日起，香港决定将服务范围扩展至非香港居民。为使监管架构更现代化以促进业界的稳定发展及为保单持有人提供更佳的保障，香港保险监理处于 2014 年 4 月就成立独立保监局向立法会提交《2014 年保险公司（修订）条例草案》，并为保险中介人从现在的自律规管制度顺利过渡到法定发牌制度做好准备。上述法规和管理机构的设立，保证了香港保险市场的规范化、制度化、有序化运行。

（三）内地消费者购买香港保单的现状与需求分析

近年来，内地游客赴香港目的有所变化，由单纯的旅游、购物逐渐发展到购买金融保险产品，2014年香港的新单保费有超过1/5是来自内地消费者的贡献，而2014年香港新单保费214亿港元的增量中，有95亿港元来自内地消费者，贡献率高达44%。因此可以说，近年来香港寿险业的高速发展，在较大程度上是受益于内地消费者的强力推动。

近年来内地消费者购买香港保险产品持续升温，根本原因是香港保险产品满足了消费者对保险产品多样化的需求，赢得了消费者的信任。具体表现在产品种类多、创新快、保障广；保障额度高，且保障型产品费率较低；理赔便捷快速；优良的代理人团队、完善的社会信用体系等。

二 香港保险业对广东自贸区保险业创新的启示

香港保险业历史悠久，发展连贯，行业发展比较成熟，积累了丰富的经验，值得内地保险业学习借鉴。由于内地情况复杂，不可能简单照搬香港保险业的发展模式，但在广东自贸试验区框架下，两地保险业无疑具备较大的公约数，认真研究借鉴香港保险业发展的成功经验，有利于加快自贸区保险业创新的步伐，顺利完成自贸区建设任务，推动内地保险业健康有序发展。通过调研香港保险市场，我们认为香港保险业在以下几个方面的成功经验值得广东自贸试验区建设充分学习借鉴。

（一）严格核保、宽松理赔的经营理念

保险就是一种承诺，许多险种尤其是人寿保险更是长期承诺甚至是终身承诺，在悠久的保险发展历史中，保险人总结出保险经营的首要原则就是最大诚信原则，市场经济在一定程度上说是契约经济，保险经营中形成的最大诚信原则实际上与契约精神是高度一致的，而严格核保、宽松理赔的保险经营理念则是契约精神的具体表现形式，香港保险业的经营理念是

在长期的实践中总结形成的。市场经济也是法治经济，契约精神需要法律保障其生命力。因此，健全的法规、公正的执法、严格的自律才是正确的保险经营理念产生的环境条件。市场主体严格遵循严格核保、宽松理赔的经营理念，是香港保险业稳定有序发展、树立良好行业形象的重要条件。

（二）切实保护消费者权益

保险经营和保险监管的最终目的是为保险消费者提供良好的服务，切实保护保险消费者的权益，这一点在香港保险立法和执法中得到了充分体现，这也是香港保险市场规范有序发展的制度保证。

1. 严格行业准入

规范市场行为要从行业准入开始，合格的市场主体是市场规范运行的前提。保险市场主体主要包括保险人、中介人等，香港《保险公司条例》对保险市场主体准入条件和市场行为进行了严格规定。

2. 严格违规处罚

当保险市场主体违反规定时，有严格而具体的处罚措施。分别包括：（1）使用"保险"等词的限制；（2）保险人违规处罚；（3）保险代理人违规处罚；（4）保险经纪人违规处罚；（5）误导陈述及虚假资料处罚。

3. 严格行业自律

香港保险业联会是香港保险业自律组织，是香港政府全面认可的保险业代表机构。在监管职能上与香港保险业监理处分工合作，由香港保险业监理处负责直接监管承保商的财政实力，而香港保险业联会负责执行符合公众利益的自律监管措施，具体包括促进业界发展、为会员提供服务和促进会员利益、保障消费者权益、对外联系、促进交流和进行行业自律。香港保险业联会下设管治委员会、保险代理登记委员会、保险索偿投诉局等机构。

（三）委任精算师制度——授权专业技术人员行使监管职能

香港实行委任精算师制度，《保险公司条例》第15条规定，每名保险人（如果经营长期业务）须委任一名具有订明资格或保险业监督可接受的精算师，作为保险人的精算师，而当上述任一委任终结，保险人须在切实可行的范围内尽快做出新的委任。

对委任精算师的要求：①获保险人委任的精算师，如果辞职，或获委任在一段固定期间出任该职，而他决定不谋求再度委任，或他已向保险人提出忠告，谓他认为保险人正做出，或拟做出的某项行动，相当可能导致他在他的证明书上加上保留、不利的补充或不利的解释；而根据他的意见，保险人已有合理时间按照他的忠告行事，但该项行动仍由保险人做出或拟做出，须立即以书面通知保险业监督。②获委任的精算师，须遵从订明的标准或为保险业监督所接受的可与该标准相比的其他标准。

（四）适度监管

1. 监管主体——香港保险业监理处

香港保险业监管机构是香港保险业监理处，由香港行政长官委任的保险业监督负责，依据《保险公司条例》实施保险业监管工作。香港保险业监理处于 1990 年 6 月成立，隶属于香港特别行政区政府财经事务及库务局，下设 4 个部别，即一般业务部、长期业务部、执法部和政策及发展部。

2. 严格与灵活相结合的适度监管

香港保险业的监管制度既严格又灵活，适度的监管对保险业的健康发展起到了重要的作用。其中，对各类保险市场主体严格的监管主要表现在三方面：（1）严格市场准入；（2）维持在香港资产。为保证保险人履行承担的保险赔（给）付责任；（3）严格违规处罚。同时，灵活的监管主要表现在三方面：（1）有权干预但较少使用；（2）准备金评估不制定统一标准；（3）偿付能力要求较低。

3. 未来保险业监管发展

香港奉行自由经济制度，尽量减少政府对社会经济活动的干预，香港的保险业监管也体现了这一特点。2015 年 7 月，《2014 年保险公司（修订）条例草案》获立法会通过，促成设立独立的保险业监管局，这是香港优化保险业规管框架的重要里程碑。其他的重要改革，包括保险业监管局收回中介人管理权，实施中介人法定发牌制度，在监管上具有了更大的灵活性和更有效的规管措施；2014年开始着手制定保险业风险为本资本制度，即"偿二代"，预计从2017年开始，分步实施。香港保险业监管呈现出逐步加强的趋势。

三　广东自贸区保险创新的政策需求

广东自贸试验区保险创新的整体设计思路，是以国务院批准的《中国（广东）自由贸易试验区总体方案》和广东省人民政府印发的《中国（广东）自由贸易试验区建设实施方案》为政策依据；战略定位于依托港澳、服务内地、面向世界，将自贸试验区建设成为粤港澳保险深度合作示范区、成为全国新一轮改革开放先行地；发展目标是经过3年至5年改革试验，营造国际化、市场化、法治化的保险业生态环境，构建开放的保险经营新体制，实现粤港澳保险业深度合作，形成国际经济合作竞争新优势，力争建成符合国际高标准的法治环境规范、投融资便利、辐射带动功能突出、监管安全高效的粤港澳保险互通平台。

根据以上整体设计思路，在广泛讨论、严谨论证的基础上，制定《广东自贸试验区保险条例》，从整体上指导和规范自贸区保险业开放创新活动，从制度上保证广东自贸区范围内保险业快速、健康、有序发展。《广东自贸试验区保险条例》的主要内容体现在以下方面。

（一）明确市场准入条件

1. 保险人准入条件

（1）降低CEPA框架下港澳资保险公司准入标准

在广东自贸试验区框架下，应根据实际情况，调整港澳资保险公司进入标准，使经营良好的港澳资保险公司能够进入自贸区开展保险业务。可以考虑针对进入自贸区的港澳资保险公司法人机构和分支机构分别制定准入条件。除了公司准入条件，还要对公司控制人、高管人员制定准入条件。

（2）制定内地保险公司准入标准

在中国境内注册的中资、中外合资保险公司，在自贸区投资设立保险公司法人机构或分支机构，也需要制定相应的准入标准，这一标准原则上可以按照在中国设立保险公司法人机构或分支机构的标准执行。

2. 中介人准入条件

（1）降低 CEPA 框架下港澳资保险中介准入标准

CEPA 允许港澳资保险经纪公司在内地设立保险代理公司，要求是在内地设立代表处 2 年以上，从事经纪业务 20 年以上，目前，符合这一条件的港澳资保险经纪公司也较少，准入条件可适当放宽。

（2）实行保险中介人法定发牌管理制度

符合条件的港澳资保险经纪公司、中资保险经纪公司，欲在自贸区营业，要取得经营牌照，并进行登记备案，经过保险公司委托方可开展业务；保险代理公司、独立代理人在获得营业牌照后，进行登记备案，经过保险公司委任，方可开展业务。

（二）实行委任精算师制度

进入自贸区从事长期保险业务的保险公司法人机构或分支机构，实行委任精算师制度，对在自贸区开展的保险业务情况，包括保险产品开发上市、准备金评估、资产负债匹配、分保安排、偿付能力评估与监管等承担责任。

1. 产品开发

对在自贸区上市的长期保险业务产品实行审查备案制度。允许保险公司根据市场驱动原则，自主开发符合监管要求和市场需要的灵活多样的保险产品。经审查备案后，可以上市。

2. 准备金评估

制定专门的自贸区保险业务准备金评估办法，允许自贸区保险业务遵照审慎原则、根据最佳估计假设和国际会计准则，进行负债和准备金评估。

3. 资产负债匹配管理

要求建立良好的资产方与负债方管理之间的沟通、协商机制,实现资产与负债在期限、品种、币种之间相匹配,委任精算师发现资产负债不匹配的情况时,有权提出改进建议,并向监管部门报告。

4. 分保安排

要求根据承保业务规模、风险状况,合理安排分保,以保证稳定经营。

5. 偿付能力评估与监管

制定专门的自贸区保险业务偿付能力评估与监管办法,按照第二代偿付能力监管体系框架,结合使用偿付能力充足率和最低偿付能力金额标准,进行偿付能力评估与监管。

(三) 实施适度监管

1. 市场行为合规监管

对自贸区保险市场主体行为进行详细而严格的规范,对于各类市场主体和各种违规行为的定义、判断标准、处罚措施要作出明确规定,以保证保险市场有序运行。

2. 产品审查备案制度

对在自贸区上市的长期保险业务产品实行审查备案制度。对产品开发的监管标准适当放宽,主要是放宽以下限制:

(1) 允许开发外币保单;

(2) 放宽精算假设限制;

(3) 放宽保险金额限制。

3. 放松保险资金运用限制

现行监管制度中,对保险资金运用规定了投资领域、投资比例限制,虽然这种限制在逐步放宽,但仍然存在进一步放宽的必要性。在放宽保险资金运用限制的同时,在保险公司出现偿付能力不足或面临较严重的投资风险时,监管部门可以行使适时干预保险资金运用的权力。

(1) 规定禁止投资领域,非禁止则不限制;

（2）规定维持在国内资产占负债的比例，其余可进行国际投资；

（3）制定资产与负债匹配管理报告制度。

4. 偿付能力监管

（1）适当降低偿付能力充足率标准

按照中国第二代偿付能力监管框架，适当降低偿付能力充足率标准，增加一项最低偿付能力金额标准，进行自贸区保险业务偿付能力监管。

（2）落实不可量化风险管理制度

对于自贸区保险业务不可量化风险，按照偿二代风险管理要求，落实风险管理制度。

（四）严格自律

建立自贸区保险行业协会，负责在稳健的基础上促进保险行业发展；维护行业共同利益和会员正当权益；就保险业发展重大事宜与监管部门进行沟通协商；制定行业自律的实施办法；制定并实施消费者权益保护措施。自贸区保险行业协会实施会员制，费用由会员缴纳，下设财产险协会、寿险协会、中介人协会、保险索赔投诉委员会等机构。

1. 保险人自律

自贸区保险行业协会负责组织编制保险经营通用的业务技术标准，制定市场行为规范，就影响保险公司权益的事务寻求协商一致的立场。

2. 中介人自律

保险行业协会下属的中介人协会，负责组织中介人从业资格考试，制定中介人市场行为规范，就中介人违规行为投诉提供专业意见。

3. 保护消费者权益

在自贸区保险行业协会下设独立的保险索赔投诉委员会，免费处理保险消费者就保险索赔提出的投诉事项。委员会组成人员应包括专业律师代表、专业会计师代表、消费者权益保护机构代表、财产协会代表、寿险协会代表，负责对保险索赔投诉事项进行调解和裁决。保险索赔投诉委员会下设顾问小组，由保险业界资深专家组成，负责就保险索赔投诉事项在裁决之前提供专家意见。限额以下的保险索赔投诉事项，经索赔投诉委员会裁决后，涉案会员保险公司必须执行，消费者如不满意，有权选择其他途径解决。

（2016年5月）

广东省企业投资管理体制改革
绩效评估报告

丁小巍　李惠胤　徐　胜[*]

为贯彻落实中央改革精神，推动政府职能由加强管理向优质服务转型，优化投资环境，激发市场主体活力，促进投资和经济平稳增长，2015年广东省根据国家发改委的部署率先开展投资管理体制改革的试点，为全国后续改革探索路径、积累经验、提供示范。广东的改革试点工作围绕企业投资项目管理制度改革的总体要求和工作重点，结合本省实际，积极探索，扎实推进，在打造普惠、开放、公平、统一的投资环境中发挥出积极作用，并形成了一批富有特色的创新经验，为下一步的改革在全国的推广发挥了良好的示范和带动作用。

一　前期改革的推进情况

2015年广东省政府印发了《广东省企业投资项目实行清单管理意见（试行）》（粤府〔2015〕26号，以下简称《意见》），广东省政府办公厅印发了《广东省企业投资项目负面清单管理试点工作方案》（粤府办

---

[*] 作者简介：丁小巍，广东警官学院副教授；李惠胤，广东外语外贸大学ESP部主任，副教授；徐胜，广东工业大学大数据研究中心副主任。

〔2015〕26号，以下简称《方案》），公布企业投资项目准入负面清单、行政审批清单、政府监管清单。在广东省政府的统一领导下，全省各地级以上市和省直有关部门加强组织，围绕投资管理体制改革的总体要求和工作重点，结合实际，积极探索，采取了一系列具体措施：

（一）及时分解重点工作任务

根据国家发改委的批复及广东省政府《意见》文件精神，广东省发改委及时草拟《方案》，细致规定推行权力清单制度的基本原则、范围内容、工作任务、工作流程、工作要求、时间安排及分析审核的重点内容等，以省政府办公厅通知文件印发各地各部门执行。《方案》分解出完善企业投资项目负面清单管理制度、改革企业投资项目行政审批制度、建立完善企业投资项目关系协调制度、建立健全与实行负面清单管理相适应的各项制度、建立企业投资项目纵横联动机制5方面15项具体工作，明确了目标任务、承担部门及完成时限等，指出了落实《意见》的重点及具体要求。

（二）积极落实试点地区和推动试点工作

为有序推进企业投资管理体制改革工作，广东省发改委将惠州市、中山市、顺德区、南海区、广州空港经济区管委会作为先行试点地区。各试点单位按照重点突出、各有侧重的原则，结合实际情况，积极发挥主观能动性，在并联审批、网上办事、规范审批标准、加强事中事后监管等方面积极探索实践，研究制定相关政策，出台配套措施，取得了阶段性成效，积累了一些富有特色的创新经验。如惠州市建立"中介超市"，中山市实行"集中审批"，顺德区建立"联合审图"机制，南海区实行"一门式服务"等，较好地发挥了示范带头作用。

（三）及时编制和公布三份清单，规范收费清单

按照"非禁止即可行"的原则，广东省编制了比较完整的《广东省企业投资项目准入负面清单》《广东省企业投资项目行政审批清单》《广

东省企业投资项目监管清单》。列明禁止准入类和核准准入类企业投资项目。还编制了《广东省省级涉企行政审批前置服务收费目录清单》，规范前置服务收费。并适时调整负面清单，制定《广东省开展市场准入负面清单制度改革试点总体方案》。

（四）全面启用新备案系统，提高备案效率

按照负面清单"非禁止即可行"的精神，广东省在全国率先对负面清单以外的项目一律实行告知性备案。广东省发改委着手对原有企业投资项目网上备案系统进行升级改造，全面启用了全省统一的新的企业投资项目网上备案系统，实行投资项目网上备案。目前全省通过网上备案系统办理备案项目数量占全部企业投资项目数 90% 以上。采用网上自动审核资料，最快只用 8 分钟就可完成一个项目备案手续，初步解决了政府部门审批环节多、审核时间长，企业反复上门跑批文等长期受人诟病的问题。

（五）梳理审批事项，推动简政放权

广东省在梳理政府部门投资项目审批权力的基础上，精简行政审批，大力推动简政放权。尤其对优化投资项目审批流程做了大量工作，积极精简前置审批，优化审批流程，公布办理时限，探索推行并联审批、联合审图、联合验收等，编制《企业投资项目管理流程图》及省、市、县三级《审批事项清单》及《办事指南》，目前已完成省、市两级审批事项的梳理工作，逐步向县级推进。建立标准清晰、程序规范、权责一致的管理制度，实行精细化、标准化、效率化管理，有效提高了审批效率。广东省政府办公厅还印发了《广东省简化优化公共服务流程方便基层群众办事创业工作方案》，协同推进简政放权、优化服务，进一步提高政务水平，为群众提供优质、高效、便捷的服务。

（六）采取各种监管措施，逐步加强事中事后监管

为保证负面清单管理模式的正常运行，广东省积极探索构建严格、完备、有效的监管体系，通过加快市场监管体系、社会信用体系的建设，采取分类监管、协同监管、社会监管、信用监管等多种形式，加强对企业投资活动的事中事后监管。

试点各地市和省直各部门一方面明确了相关的事中事后监管职责，以及对违规违纪行为查处、动态管理和考核评估等内容；另一方面依法制定详细的工作流程、服务指南，完善公众投诉举报渠道，规范政府主体行为，防止监管"缺位"。广东省公共信用信息管理系统，方便了对投资项目进行事中事后的信用监管。

二 前期改革的实施效果

经过全省上下的共同努力，广东省投资管理体制改革取得了重要的阶段性成效。

（一）政府职能转变明显、政务服务便捷性大大强化

转变政府职能，创新管理方式是投资管理体制改革的核心，也是深化行政管理改革的突破口。广东省的改革按照"非禁止即可行"的原则，放宽企业投资准入，取消和下放多项行政审批事项；按照"非许可不可为"的原则，明晰审批权责和标准，精简前置审批，优化审批流程。推动政府职能从"管理"到"服务"的转变，普遍设立行政服务中心，将行政审批事项全部集中到行政服务中心，强化窗口机构的直接服务，实行"一站式"服务，使企业投资管理项目的各个环节能在一个窗口办理，部门联合审批，有效避免多头审批和双轨运行。这些改革措施使得行政审批事项办事流程简化、清晰，大大加强了政务服务工作的便捷性。

（二）简政放权成效显著，改革继续向纵深推进

省直各部门和试点地市根据国务院"五个一律"精神（对属于企业经营自主权的事项，一律不再作为前置条件；对法律法规未明确规定为前置条件的，一律不再前置审批；对法律法规有明确规定的前置条件，除确有必要保留的外，通过修法一律取消；核准机关能通过征求部门意见解决

的，一律不再前置审批；除特殊需要并有法律法规依据的外，一律不得设定强制性中介服务和指定中介机构），清理投资项目行政审批前置条件，省直部门累计进一步取消和下放 700 多项行政审批等事项，试点地市取消和调整审批事项 30%，将市直部门行政审批、行政检查、行政处罚权等共计近 2000 多项事权下放镇区实施。同时推进并联审批，在法律法规规定的审批时限内最大限度地压缩审批时限，试点地市大部分审批事项办理时限一律压缩在 5 个到 10 个工作日以内，全流程审批工作日较法定时限压减 60%。

（三）改革对政府和企业显现双重良好效果

企业投资管理体制改革按照"非许可不可为"的原则，通过权责清单明晰政府的审批权责和标准，使政府部门对企业投资项目的审批职责范围和权限清楚明确，实现了政府部门"明白审批"；又通过优化审批流程、明晰审批程序使投资项目业务办理方便、快捷，大大地提高了广大项目企业的投资积极性，实现了企业的"轻松投资"，由此有效促进了社会投资。据统计，推进改革以来，试点地市投资增速普遍在 10% 以上。

（四）有力推动建立规范统一的市场体系

投资管理体制改革有效地解决了影响广东省市场经济发展的体制机制障碍，实行清单管理倒逼政府职能整合再造，促使各级政府管理部门把工作重心由事前审批向事中事后监管转变，一些地方和部门开始探索运行信息系统、数据分析技术、信用公式等手段对企业行为进行监管、规范，而这些措施都有利于推动公开透明、规范统一的市场建设。

（五）为全国改革提供了良好示范

广东的改革试点经验，得到国家有关部门的充分肯定，中央改革办、国家发改委等部门多次到广东调研总结。国务院印发了《关于实行市场准入负面清单制度的意见》（国发〔2015〕55 号，以下简称国务院《意见》），其中不少内容直接吸收了广东的做法。国家发改委、商务部印发的《市场准入负面清单草案（试点版）》（发改经体〔2016〕442号），明确广东为全国4个先行试点的省市之一。广东投资管理体制改革工作开展以来，先后受到媒体舆论、专家学者、市场主体及广大群众的高度关注和普遍好评，新华社、中央电视台、人民网等国家主流媒体也多次予以正面宣传报道。

三 前期改革中存在的主要问题

广东投资管理体制改革取得了明显成效，同时也存在一些亟待解决的突出问题。

（一）对改革的思想认识尚未高度统一

各地各部门对改革的认识没有高度统一，造成积极落实程度不同步，改革速度有快有慢，影响衔接和配合。例如：有的对清单管理理解不到位，把办事指南作为负面清单；有的认为投资负面清单涉及行业、安全、规划、用地多个部门的衔接，强调执行的困难，影响执行效率；有的认为改革审批流程，使之与业务同安排、同部署、同落实，需要花很多时间和精力，有一个过程，导致执行还是按原来的流程走，负面清单制定与执行"两张皮"；有的认为还是现行行政操作规定比较熟悉、比较有利于部门利益，不太愿意尽快实施改革部署要求。

（二）清单管理尚未完全落实

清单管理要求明晰权力边界、透明规范运作，牵一发而动全身，常常面临法制配套、关系理顺、利益博弈、技术支撑等诸多的问题和障碍，造成清单管理尚未完全落实。从落实措施上看，各地各部门推进本地区本部门改革措施较为得力，对需要多个部门协调配合的改革事项，仍然存在互相推诿、落实不足的情况。大多数省直部门普遍落实较好，但审批信息互联互通、共享互认以及实行"四个统一"等工作推进进度不够理想。

（三）简政放权尚需进一步深化

通过投资管理体制改革，简政放权虽然取得一定成效，但个别部门和地方存在形式主义、本位主义现象，深层次改革不到位，以至于改革的整体效果及综合效应未能完全显现出来。部门间认识不一、力度不一，造成部门间放权不同步，对于关联性强的事项的审批和监督，有的下放到地市，有的还在省里，造成了工作衔接不方便。有的地方和部门错误地理解简政放权与减少审批数量之间的关系，单纯将减少审批项目的多寡作为衡量改革力度大小、成功与否的标尺，因而事实上出现了片面追求减少审批数量的倾向。对下放后的审批权限，有的部门制定了较为详细的审批规则和标准，有的部门制定得较为粗糙，使得承接部门在审批过程中，拥有较大的自由裁量权与随意性。

（四）事中事后监管尚未建立完善体制机制

事中事后监管是一项新课题，目前监管尚未形成一套标准化、规范化的流程、程序设计，推进过程中容易出现监管体制不顺畅、监管内容不清晰、部门合作不协调、基层监管压力过大等问题。强化监管工作，还需要健全守信激励和失信惩戒机制，加快社会信用体系建设。

四 对进一步深化改革的建议

投资管理体制改革是广东全面深化改革的一项重大措施，推动了企业投资项目管理方式的重大转变。在前期改革取得明显成效的基础上，接下来要着力解决前期改革中存在的主要问题，认真抓好国务院《意见》的贯彻落实，持续深化改革，切实为全国改革积累经验、提供示范。

（一）强化改革统筹协调，形成有效推进改革落实的机制

建议在省级层面上强化跨部门的议事协调机制，召开定期、不定期协调会议，加快投资管理体制的改革进程，及时研究解决贯彻落实国务院

《意见》中遇到的困难问题，确保有关工作扎实推进；建议省委全面深化改革领导小组适时安排听取贯彻落实国务院《意见》情况的工作汇报，研究解决突出困难问题；建议及时分解贯彻落实国务院《意见》实施方案的有关工作任务，进一步明确具体工作要求、责任单位及进度安排，确保有关工作逐项落实。

（二）抓住关键环节，持续深化关键性改革

国务院和广东省政府对于改革已经推出了很多政策，但有的地方和部门尚未完全将这些政策转化落地。因此需要选择便于观察的主要环节，重点关注，促进整个改革进程的落实。这些环节包括：推进清单清理工作；推进多规合一；推进"多证合一""一照一码"改革；推进审批团队进驻行政服务中心；推进市县提供一门式服务；推进监管信息抄告制度的落实；推进中介市场建设，推进审批改革。

（三）认真总结改革经验，及时推广

一是进一步总结梳理试点地市的经验做法，例如集中审批团队、一站式服务、电子视频监察、中介超市、网格化监管等，推动形成制度性的安排。二是汇总试点地市及省直部门的创新经验清单，适时在全省复制推广。三是鼓励基层探索创新，发挥各地各部门推进改革的积极性。例如，有的地方提出借鉴一些地区探索企业投资项目"履行承诺、直接落地"的做法，展开试点，建议政府适时研究，予以支持。

（四）完善政策法规和技术支持，保障改革顺利前行

1. 积极寻求相应法律支持

当改革的具体措施与现行法律相冲突的情况出现时，建议省人大、省政府积极向全国人大、国务院寻求相应的法律支持，在遵守宪法的基础上取得改革相关部分的地方立法自由，避免改革与法律的冲突。对于有法律法规或部委规章依据，但被实践证明为不合理或不符合改革实际的权力事项，应尽快提请国家层面修改法律法规或部委规章，同时请求在本省行政

区域范围内暂停适用,并在保留期间建立权力严管机制。对于那些不合理的地方性法规及地方规章文件,应在充分调研,广泛听取社会各界意见之后快刀斩乱麻,由省人大或省政府批量进行修改或废止。

2. 积极推进政府内部信息交换共享,打破数据孤岛

继续推进全省在线审批监管平台、企业投资项目核准备案系统、网上办事大厅及各相关业务部门审批系统的互连互通和信息数据对接交换,整合、优化信息系统的信息流转,提高大数据运用能力,增强政府服务和监管的有效性。除法律法规明确规定外,对申请立项新建的部门信息系统,凡未明确部门间信息共享需求的,一概不予审批;对在建的部门信息系统,凡不能与其他部门互联共享信息的,一概不得通过验收;凡不支持地方信息共享平台建设、不向地方信息共享平台提供信息的部门信息系统,一概不予审批或验收。

3. 加快建立全省网上联合审批监管平台

通过"统一规范,信息共享、高效便捷、全程监督"的网上联合审批监管平台,实现所有审批事项"一网告知、一网受理、一网办结、一网监管"。确认电子批文的效力,审批部门实现统一采信电子批文。通过批文共享平台的建成使用,实现"批文入库、资料共享",各部门出具的审批文件及办事结果统一上传至政务信息资源共享平台。

4. 加快建立统一的社会信用信息系统

充分发挥人口基础信息库、法人单位信息资源库的基础作用和企业信用信息公示系统的依托作用,整合金融、工商登记、税收缴纳、社保缴费、交通违法、安全生产、质量监管、统计调查等领域信用信息,为监管提供科学有效的管理工具。

(五)坚持激励与监察相结合,激发广大干部投入改革的内生动力

1. 抓紧研究制定鼓励干部特别是领导干部改革创新的考核评价制度。要结合干部选拔任用,大力提拔一批敢改革、善改革的领导干部。建议创新干部管理考核工具,设立创新指数,以审批环节、审批时间、验收时间、一站式服务等指标考评地方政府和省直部门改革成效,与干部管理考

核结果直接挂钩,并以季报或者半年报的形式定期发布各地市各部门的改革进度,方便了解不足,力争上游。

2. 将加强后续监管与推进部门的廉政风险防控机制有机结合起来,及时查找,有效防范审批权下放后在运行中的各类风险。进一步推动投资项目审批工作的公开透明,将电子监察与网上审批平台有机融合,持续完善网上监察。建立健全审批责任追究制,防止滥用职权、徇私舞弊,对只审批不监督或监督不力等造成不良影响且造成严重后果的相关责任人追究其责任。同时借助云计算技术建立完善电子监察系统,为公众、人大、纪检监察部门等多元监督主体拓宽监管渠道。

3. 引入社会和群众的监督。建议所有投资管理体制改革措施都必须通过官网、媒体等各种方式公开公示,设立举报电话,开展专项检查,全面接受社会监督。要加大宣传力度,省内主流媒体要把推进企业投资管理体制改革工作作为重要宣传内容,加强对清单管理改革的具体内容、成效以及典型案例的宣传报道,切实提高全社会对改革的获得感、知晓度和支持度。

(2016年3月)

以绿色发展战略助推广州城市
转型升级的对策建议

黄克亮[*]

一 绿色发展是城市转型升级的必由之路

——绿色发展是全面建成小康社会、实现广州经济社会可持续发展的必然要求。全面建成小康社会,生态文明建设是当前突出的短板和难点。尽管广州市已基本实现全面建成小康社会的目标,但生态文明城市建设的进展与广大市民的期待还存在一定的差距,必须通过实施绿色发展战略,补齐全面建成小康社会的"绿色短板"。

——绿色发展是适应和引领经济新常态、培育广州经济增长新动力和产业结构优化的重要突破口。当前广州市已进入经济发展新常态,正在从高速增长转为中高速增长,经济结构不断优化升级,生态文明建设和绿色发展成为推动新常态下广州市经济社会发展不竭的绿色动力。

——绿色发展是推进新型城镇化发展、实现广州经济转型升级的必要条件。广州市经济转型发展需全面树立"绿色繁荣"理念,构建现代绿色产业体系,重点发展现代服务业、高端制造业、高新技术产业,推进新

---

[*] 作者简介:黄克亮,中共广州市委党校校刊编辑部主任、副研究员,主要研究方向为生态文明建设。

型城镇化发展，推行绿色生活和消费方式，强化绿色管理、考核和技术支撑体系，为转型升级提供条件。

二 广州绿色发展的主要成效及问题

(一) 绿色发展已初见成效

1. 提出"绿色广州"建设理念。广州市借举办 2010 年广州亚运会的契机，积极践行"绿色广州"建设理念，通过实施"节地、蓝天、碧水、清洁、低碳"计划，全力推进生态环境综合整治，成功举办"绿色亚运"。据中国社会科学院发布的《2014 年中国城市竞争力蓝皮书：建设可持续竞争力理想城市》可知，广州生态竞争力在全国 286 个城市中位列第九，在特大城市中的排名远高于北京、上海、天津、重庆等市。《广东绿色发展评价研究报告》显示，广州在广东绿色发展指数排名中位居第五。广州在经济竞争力排名靠前的情况下获得较高的生态排名，也反映了广州具有良好的生态基础和生态竞争力。

2. 绿色生产方式发展势头向好。近年来，广州市一直着力调整优化经济结构，发展方式转变迈出新步伐，绿色第三产业继续保持较好发展态势。以绿色环保的"无烟工业"——旅游业为例，旅游业已成为广州市的主要支柱产业之一。据《福布斯》发布的 2017 年度大陆旅游业最发达城市排行榜，广州紧跟北京、上海，位列全国第三，副省级城市第一。世界十大发展最快的旅游城市中，广州名列第二位。调查显示，近年来，广州市还加大工业技术改造的力度，每年安排资金支持产业绿色转型升级，同时，大力引进重大龙头项目，加强大型骨干企业的培育，加大对中小企业的扶持。2015 年，全市新登记的内资市场主体增长 23.2%，信息服务、商务服务、金融等绿色现代服务业保持两位数增长，生产方式绿色化的成效显著。

3. 绿色生活观念深入人心。近年来，广州市大力实施绿色家园工程，发展绿色交通，提高公共交通的覆盖率和使用量，促进交通工具燃料的清洁化和多样化。加快绿色建筑的推广，带动绿色、低碳、环保城市的发展，成功创建国家绿色节能建筑示范市。在绿道建设方面，截至2016年底，全市已建成绿道3200公里，配套160多个驿站及服务点，与绿网、水网、路网相连，到达全市11个区，服务人口近千万，成为全国范例。广州的绿化景观效果与技术水平居全国前列，成为全国学习样板，"花城"美誉名不虚传。在绿色交通方面，建设绿色机场、绿色港口，提倡市民绿色出行，开展"城市无车日活动"。在绿色生活方面，垃圾分类回收等工作已全面铺开并初见成效，广州成为全国首批生活垃圾分类示范城市。

4. 绿色发展制度体系日臻完善。近年来，广州市先后制定了《广州市绿化条例》《广州市海珠万亩果园保护条例》《广州市白云山风景名胜区保护条例》《广州市流溪河流域保护条例》《广州市城市供水用水条例》《广州市大气污染防治规定》《广州市主要污染物排污权交易试行办法》《广州市基本生态控制线管理办法》《广州市生活垃圾终端处理设施区域生态补偿办法》《广州市环境保护第十三个五年规划》《广州市城市环境保护总体规划（2014—2030年）》《广州市生态文明建设规划纲要（2016—2020年）》等文件，为绿色发展打下良好的制度基础。

（二）绿色发展存在的主要问题

1. 发展绿色经济观念有待加强。调查显示，当前广州市部分政府职能部门对绿色发展的认识和理解大多仍停留在传统观念的层面，没有深入系统地思考为什么要发展绿色经济、如何实现绿色转型，以及实现绿色转型需要哪些制度建设、经济政策和环境政策等的调整与安排等根本性问题。从环境治理结构看，全市尚未形成政府、企业和社会公众良性互动的环境保护公共治理结构，自下而上的公众参与环境保护的渠道和体系还未真正建立起来。

2. 产业绿色化程度有待提升。目前广州市产业绿色化程度不高，尤其是工业内部的绿色化程度较低，制约了广州绿色转型发展的潜力。据测算，广州市绿色工业占工业的比例为28.5%，加上相对耗能低污染低的绿色建筑业和第三产业，全市地区生产总值的绿色产业比例仅为47.5%

左右（发达国家仅第三产业就达70%以上）。同时，广州市绿色产业大都集中在生态农业、生态旅游、建筑业、金融业等领域，对多产业相互融合的新业态的研究还不够深入，具体表现在新技术应用以及科技创新与绿色产业深度融合上做得还不够。

3. 绿色制度体系建设有待完善。广州生态文明建设和绿色发展正步入法制化轨道，但自然资源生态红线管控还不足，生态环境损害赔偿和责任追究制度还未真正有效落实，自然资源资产负债表的编制滞后于经济发展。绩效考核评价和干部任用机制仍需改革，偏好追求GDP增长的路径依赖和惯性还没能刹住车，GDP、投资、财税收入等一些"硬指标"仍是部分区（除从化、增城北部8个山区镇等外）绩效考核评价的核心，重经济指标，忽视资源环境约束，依赖通过招商引资、上大项目的路径做大经济总量的现象仍然存在。

4. 绿色科技创新能力有待提高。科技投入不足及科技转化能力不强是制约广州绿色发展的短板，近年来，尽管广州出台不少推进科技创新的政策，但在技术创新上，技术引进较多，自主研发创新普遍不足，企业绿色科技创新能力相对不足。广州缺乏绿色技术引进和开发的综合性规划，企业尤其是中小企业及节能环保技术在国家环保科技创新体系中只位居中游，与北京、上海、成都、杭州等市相比存在一定差距。

三 推进广州绿色发展的对策建议

绿色发展是经济、社会、生态三位一体的新型发展道路。在广州市"十三五"规划及环境保护等专项规划的重点领域、主要任务和重点工程中都要体现绿色发展的理念和要求。

（一）树立绿色发展为民利民的新政绩观

政府是推动绿色发展的主导力量，实施绿色发展战略，必须践行"绿水青山就是金山银山"的科学理念，深刻认识到保护生态环境就是保护生产力、改善生态环境就是发展生产力，推动广州市城乡经济发展与环境保护双赢。

一是树立生态为民利民理念。绿色发展是以实现社会进步、经济发展、环境保护与可持续发展为目标的发展模式，致力于提高民生福祉和促进社会公平，实现社会形态从工业文明向生态文明转变。作为绿色发展的倡导者与推动者，政府应像关心经济增长、居民收入水平提高一样，承担更多的绿色责任，全面保护公众的健康和安全，切实保护好广大市民生存的生态环境，建设美好家园。

二是构建绿色 GDP 考核体系。从未来的可持续发展来看，绿色 GDP 是无价的。绿色 GDP 指从现有 GDP 中扣除了资源损耗价值和环境损失价值后剩余的 GDP（即做减法）。广州要提高绿色 GDP 的占比，必须学习借鉴国内（如贵阳、杭州、珠海等）建设生态城市、推进绿色发展的经验，在全市推广增城区建设现代化中等规模生态城市的做法，搞好生态功能区建设，尽快出台实施《广州市生态文明建设考核办法（试行）》，把绿色 GDP 考核作为核心，纳入广州"十三五"规划，纳入各区政府的绩效考核体系，将绿色发展建设任务完成情况及考核结果作为广州财政转移支付、生态补偿等资金安排的重要依据。

三是确定近期广州市绿色 GDP 考核的重点。根据环保部重启绿色 GDP 研究工作（即绿色 GDP2.0 核算体系）的要求及《广州市主体功能区规划（2008—2020 年）》（把全市划分为核心提升区、调整优化区、重点拓展区、适度发展区和禁止开发区 5 类功能区）等法规文件的要求，确定近期广州市绿色 GDP 考核工作的重点：一是开展各个功能区的环境成本核算、环境质量退化成本与环境改善效益核算，全面客观反映广州市经济活动的"环境代价"。二是生态系统生产总值核算，开展各个功能区的生态绩效评估，重点评估"适度发展区"（即从化中北部、增城北部等）和"禁止开发区"（流溪河上游、增江源头保护区等生态功能区）的生态绩效，按照森林覆盖率、水土流失治理率、地表水功能水质达标率、大气环境质量达标率等指标进行评估。三是搞好广州经济绿色转型政策研究，结合核算结果，就促进广州经济绿色转型、建立符合环境承载能力的发展模式，提出"十三五"时期推进广州绿色发展的政策建议。

（二）对传统产业进行绿色化改造

产业绿色发展要求构建科技含量高、资源消耗低、环境污染少的产业结构和生产方式，带动广州市"绿色产业"发展和产业的"绿色化"发展，形成广州市经济社会发展新的增长点和增长动力。

一是推进绿色增长，促进经济提质增效。着力改变传统的增长依赖模式，切实把经济运行的重心转到建立质量效率型集约增长模式上来，以深化改革为动力，以绿色增长为路径，把握好新投资方向，培植新消费热点，壮大新市场主体，推动形成具有竞争力的新增长点，努力实现均衡高效稳健增长。

二是坚持发展绿色产业与发展绿色经济并重，推进产业结构优化升级。抓住南沙自贸区建设契机，打造广州绿色产业发展高地。加快培育和发展广州的清洁能源产业、再生能源产业和环保产业，壮大发展具有广州特色的绿色汽车业、绿色交通业、绿色会展业、绿色物流业等。推进广州绿色金融改革创新试验区建设，加强绿色金融助力产业转型升级和绿色发展，促进广州生态文明建设。引导金融资源服务实体经济，构建常态化融资对接机制，为绿色产业项目建设提供多渠道融资。探索推动粤港澳大湾区绿色金融创新合作，将绿色金融打造成推动粤港澳大湾区实现绿色发展的重要力量。

三是实施创新驱动发展战略，发挥绿色科技的支撑及引领作用。加大广州黑臭河涌整治力度，打好水污染防治攻坚战。大力开发绿色生物技术和绿色能源技术，以实现生物物种的有效保护、新能源的开发利用；做好环境保护，促进绿色发展项目的集体攻关，解决广州黑臭河涌整治、土地集约利用、大气环境综合防治、河湖生态恢复技术、低碳排放重大共性和关键性技术等科研问题；加快发展绿色经济的专业人才队伍建设，为推进广州绿色发展提供人才保障。

（三）完善绿色制度体系建设

制度建设是推进广州生态文明建设的重中之重。把绿色化作为生态文明制度建设的本质属性，按照建设花城绿城水城的要求，着力破解制约广州绿色发展的体制机制障碍。

一是以基础性制度建设为突破口。对标党的十八大关于生态文明制度建设的新方针新任务，不断开创打造美丽中国"广州样板"新局面。要坚持源头严防、过程严控、后果严惩，编制实施城市环境总体规划，把绿色发展纳入法制化和制度化轨道。加强资源环境生态红线管控，完善生态环境监管制度，推进环保机构监测监察执法垂直管理。严格生态文明建设绩效评价考核，建立生态环境损害评估和责任追究制度。加快推动建立广州自然资源资产负债表，严格自然资源资产离任审计，力图达到有效约束开发行为、促进绿色发展的目的。

二是完善健全自然资源资产产权制度。广州能耗较高的最重要原因之一就是资源能源的产权不清晰或不完整，市场主体缺乏稳定预期。因此必须加快健全归属清晰、权责明确、流转顺畅的现代产权制度。充分保障农地、林地、草地产权利益，完善广州农村集体土地权能，赋予资源能源更多的抵押权、转让权等金融属性。

三是创新生态产业发展新制度。创新广州的生态保护市场化制度，加快自然资源产品价格改革，完善碳排放权交易与林业碳汇交易制度；推行资源有偿使用，加快建立和完善生态补偿制度，完成广州国有林场改革。运用排污权交易、碳汇交易、水权交易、生态产品服务标志等方式，探索市场化背景下对流溪河流域（从化段）、增江中上游等生态保护区的生态补偿方式，加大对北部山区的公益林、富碳农业的生态补偿力度。

（四）营造绿色文化倡导绿色生活

党中央提出绿色发展战略，不单是为了进一步强调要把转变经济增长方式、调整产业结构、淘汰落后产能、发展绿色产业作为国家未来发展的长期战略，还希望绿色化能逐渐发展成为引领未来各行各业发展的主流文化，形成生活方式绿色化的社会氛围。

一是营造符合传统美德和时代精神的绿色文化。必须着眼于人，从如何提高和影响人对环境与生态的认识和行为做起，大力弘扬传统绿色文化、传播现代绿色理念、树立绿色典型。要以绿色文化行动来引领和组织社会公众、企业、机构参与绿色建设，形成建设绿色广州的合力。

二是倡导生活方式的绿色化。引导广大市民的生活方式和消费模式向勤俭节约、绿色低碳、文明健康的方向转变，大力推行物质消费与精神文化消费并重，以满足广大市民的基本需要为目标，以提高生活质量为中心，以合理消费、适度消费为主要特征的生态文明的消费方式；坚决反对无节制消费自然资源、无节制排放废弃物和污染物、无节制破坏生态平衡的不可持续生活方式；大力推行以节约资源、减少污染、保护生态为准则的可持续生活方式，推动广州市绿色、低碳、环保城市建设发展。

（2015 年 5 月）

广州市出租车行业面临的问题及对策建议

中共广州市委党校
广州行政学院
吴兆春[*]

一 广州市出租车行业面临的主要问题和原因分析

（一）出租车驾驶员收入偏低，且缺员约 12000 名

近年来，我市出租车驾驶员收入下滑明显。多数驾驶员表示，每天工作 10—12 小时每月才能获得 5000—6000 元纯收入。根据对广州市新东方出租汽车有限公司（以下简称新东方公司）的调研数据，出租车驾驶员的月实际收入从 2011 年底的 7322 元降低到 2017 年 6 月的 4945 元，其他出租车公司收入情况差别不大。

5000 元左右的月收入对出租车驾驶员来说相对偏低。具体表现为：第一，养家成本高。由于 80% 驾驶员为非广州户籍，而且大多数是一家人在广州生活，标配是妻子在家照顾孩子读书，因此驾驶员一个人的工资

---

[*] 作者简介：吴兆春，中共广州市委党校经济学部副教授。

需要养活至少三口人，5000元的收入显然偏紧。第二，生活成本变高。2011年至2016年底，广州的CPI累计上涨19%，住房成本、饮食成本等涨幅明显。第三，与其他工作相比，收入没有吸引力。出租车驾驶员劳动强度大、工作时间长、有一定的危险性，而工资与木工、装修工、油漆工等相比没有优势。

在运价不变的情况下，近6年来驾驶员收入不断下降的原因有四：第一，乘客变少。受到共享单车的冲击，起步价范围内的乘客变少，受到网约车的冲击，中长途乘客变少。根据新东方公司的统计，24小时运营的双班出租车日均载客人数从2011年底的约50人次下降到2017年7月16日的42.97人次（按周统计），下降约16%。第二，由于私家车增加，道路拥堵导致日行驶里程变少。根据新东方公司的统计，每日营运里程由2015年底的约520公里下降到目前的约445公里。第三，由于乘客信息和驾驶员信息不对称，载运率（载客的里程除以每天行驶总里程）从71%下降到现在的66%。第四，广州地铁、公交等公共交通系统快速发展导致出租车乘客数下降。尤其是广州地铁里程的快速增长，分流了部分出租车乘客。

广州出租车驾驶员缺员约12000名，占所需驾驶员数量的30%。截至2017年6月，广州市中心城区约20000台（19988）出租车经营权指标，共有3000多个出租车经营权指标未购置车辆或无驾驶员租赁而停产；共有5600多台车辆处于单班营运状态，这意味着行业驾驶员缺口约为12000人（市交委客管处数据）。少数驾驶员违规私下聘请非编驾驶员引发议价、拒载等问题，导致服务质量下降。

（二）运价6年来未变，低于北上深

广州出租车运价最近一次调整在2011年10月，至今近6年未变。将广州与北京、上海、深圳等一线城市横向比较发现，广州有三低：一是候时费最低；二是电召服务费为0最低；三是空驶费实收最低，空驶费在35公里之后才开始收取（见表1）。

表1　　　　　　　　国内一线城市市区出租车运价对比分析

序号	项目	北京	上海	广州	深圳
1	起步价	3公里13元	3公里14元	2.5公里10元	2公里10元，另表外加收每车次1元的燃油附加费
2	续租价	2.3元/公里	2.5元/公里	2.6元/公里	2.6元/公里
3	候时费	高峰62.4元/小时；其他时段31.2元/小时	28.8元/小时	26元/小时	48元/小时
4	空驶费	15公里后按续租价加收50%	15公里后按续租价加收50%	35公里后按续租价加收50%	25公里至50公里，按续租价加收30%，超50公里以上部分，按续租价加收60%
5	夜间上浮费用	23时—5时上浮20%	23时—5时上浮30%	无	夜间起步价13元（23时—6时），按30%加收夜间附加费
6	电召服务费	4小时以上预约6元，4小时以内5元	每单收4元	无	每单收4元
7	其他	无		无	另有大件行李费

表2用广州运营数据套用其他城市价格模拟每天出租车驾驶员收入，广州不仅比北京、上海、深圳低，还低于南京和杭州。驾驶员的实际月收入比北上深低2300—3000元，比杭州、南京低1000元左右。

表2　用广州运营数据套用其他城市价格模拟每天出租车驾驶员收入

（单位：元）

序号	模拟收入	起步价收入	续租价收入	候时费收入	空驶费收入	夜间上浮费收入	燃油附加费收入	合计
1	现行广州收入	444	450	87	19	无	无	1000
2	模拟深圳收入	444	533	160	20	80	无	1237
3	模拟上海收入	622	401	96	46	62	无	1227
4	模拟北京收入	577	369	128	42	42	无	1158
5	模拟南京收入	400	530	106	53	22	无	1111
6	模拟杭州收入	489	401	125	46	无	无	1061
7	模拟天津收入	355	410	80	36	无	45	926
8	模拟武汉收入	444	289	80	33	无	无	846

资料来源：广州交通集团出租汽车有限公司。

（三）出租车公司车辆月租金逐年下滑，管理成本高

目前广州市出租车每个月租金标准为7850元，扣除1000—1600元每月的优惠后，实际每台出租车收取的租金为6250—6850元。新东方公司为民营出租车公司，月租金较能反映市场价格变化。

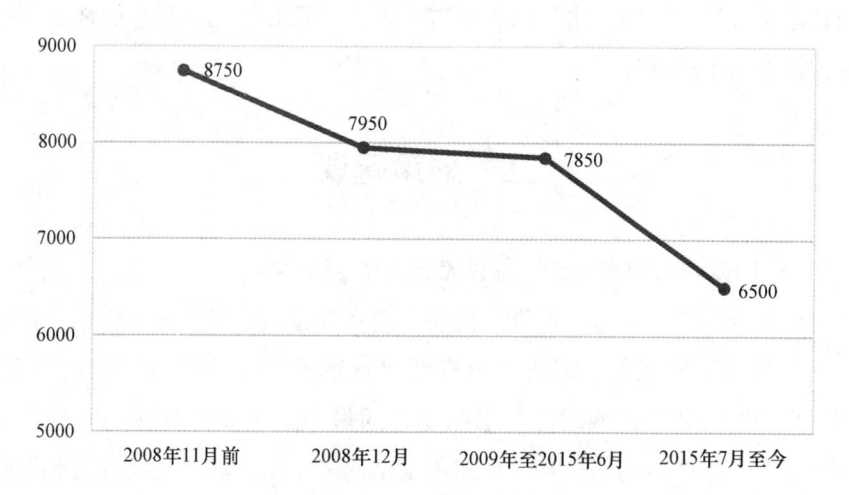

图1　新东方公司出租车"实际月租金"变化趋势图（元）

（2008年11月前：8750；2008年12月：7950；2009年至2015年6月：7850；2015年7月至今：6500）

出租车公司需要承担的成本分为与车辆和驾驶员相关费用和出租公司的管理成本。根据多家出租车公司的测算，月租金中与车辆和驾驶员有关的总费用大约5000元，这部分成本具有一定的刚性，难以下降。而出租车公司的管理成本差异较大，决定了出租车公司能否盈利。调研的三家出租车公司显示：广州交通集团出租汽车有限公司（以下简称交通集团）每台车月管理成本约2000元，广州市广骏旅游汽车企业集团有限公司（以下简称广骏集团）每台车月管理成本约1360元，而民营的新东方公司每台车月管理成本约850元。三家出租车公司每台车月总成本分别为：7000元、6360元、5850元，交通集团微亏，广骏集团微利，民营的新东方公司盈利相对较好。

（四）打车难、议价、拒载等现象时有发生

根据课题组组织的乘客集体座谈反映，打车难、议价、拒载等现象时有发生。上下班时间打车难、下雨和重大活动时间打车难。拥堵区域被拒载，由于上下班交通拥堵，而广州市候时费太低，所以很多驾驶员不愿意去市中心。议价和拒载主要表现在：夜间、机场和高铁站等交通枢纽，驾驶员需要等待较长时间而乘客去较短距离时则有议价或拒载情况；广交会和其他重大活动期间，由于驾驶员需要等候较长时间而乘客去的地方较近时，驾驶员不愿前往。

二　对策建议

（一）微调出租车运价，探索常态化调整机制

广州与北京、上海、深圳、杭州、南京等城市出租车运价相比，存在上述"三低"的现象，需要作出有针对性的调整。第一，调整候时费。分为高峰时段和非高峰时段，参照北京的做法对早高峰和晚高峰进行加价。第二，加收夜间服务费。广州夜生活比较丰富，但是夜间议价和拒载现象严重，建议从晚上12点开始加收20%的夜间服务费。第三，缩短空驶费征收里程。现在广州35公里之后才开始征收空驶费，而北京和上海

均是15公里,深圳是25公里。

出租车作为关系群众日常生活的重要交通工具,具有民生属性。建议市发改委、市交委等相关部门联合研究,探索出租车运价的常态化调整机制。同时注意舆论正面宣传和沟通,防止炒作出租车价格调整引发舆情危机。

(二)加强对出租车公司的监管,降低成本、降低租金

主要考虑三个方面:一是防止价格调整的收益变成租金分配给出租车公司,驾驶员没有获得实惠;二是督促出租车公司加强内部管理,降低成本;三是加强监督出租车公司对驾驶员的管理,加强服务意识的培训,以提升群众满意度。根据课题组对北京市出租车公司的调查,北京金建、赛达福等公司每月承包费为:单班车4000元,双班车6000元。虽然北京实际生活成本还高于广州,但是广州的实际月租金要高500元左右,说明内部还有挖掘潜力。

(三)提高信息化水平,加快"如约"打车软件的应用

目前出租车行业信息化水平不高,我市交通管理部门要加快出租汽车行业信息化升级,逐步提高出租车通过电信、(移动)互联网等召唤服务方式提供运营服务的比例,减少车辆空驶率,提高载运率。目前可行的方式是加快"如约"软件的推进工作,并积极在出租车推广使用符合金融标准的非现金支付方式如支付宝、微信支付等,拓展更多便利的服务功能;通过信息化监管平台的打造、整合和优化,建立出租车驾驶员的营运数据、个人信誉系统、乘客满意度评价系统等大数据平台,促进出租车行业规范化,更好地满足社会公众多样化出行需求,保障运营安全和乘客合法权益,实现出租车企业"互联网+"的转型升级,提高出租车管理效率、提升出租车的服务质量,促进出租车企业的品牌化建设。信息化平台的建设也可与出租车的转型发展相结合,即通过信息化技术和设备,在出租车候车点、有条件的医院学校、重点商圈、大型居民区等引导乘客和驾驶员逐步使用站点候车和载客,降低空驶率。

(四）我市重大活动和日常的运输保障工作给予政府补贴

广州正在打造国际交往中心，重大外事活动不断增多，通过出租车保障出行和展示广州良好的城市管理水平日益重要。现行做法是，遇到举办广交会或召开省党代会，市交委会通过"协调"的方式要求出租车公司派车前往活动地保障交通（一般都要提前等候1小时甚至更久）。由于参与保障对驾驶员营收造成一定损失，为鼓励驾驶员积极参与保障任务，出租车公司一般会自行出资补贴驾驶员。如新东方公司驾驶员去广交会场馆完成保障任务补贴35元一次，去机场完成保障任务补贴60元一次。补贴金额各个公司略有差别。

为保障机场、南站等重点区域或广州市重要活动的旅客疏运，市交委要求企业每天安排运力进行日常保障。建议市交委列出年度重要活动保障清单和日常出租车保障计划，将补贴统一纳入预算。

（五）通过优化社保政策减轻驾驶员负担

广州市现行《出租汽车客运管理条例》规定，出租车公司必须与驾驶员签订劳动合同，购买社保。这对保护驾驶员的合法劳动者权益，减少司企纠纷，促进出租车行业健康发展起到了积极作用。但现行的社保政策也存在三个问题：一是存在重复购买保险的情况。部分驾驶员为农村户口，其在家乡已缴纳农保，如在广州市缴纳社保，退休后也仅能享受一种领取待遇较高的保险，其他保险会被退回。二是已经购买社保满15年的驾驶员不愿意再买社保。根据规定交满15年社保退休之后就可以领取退休金。三是广州社保缴纳基数较高，部分外地驾驶员不打算在广州长期从事出租车驾驶员工作，认为按照广州市社保基数缴纳社保，增加了自身经济压力。建议市人社局考虑出租车行业实际情况，优化社保政策，对已在家乡购买社保或农保的驾驶员，不强制要求其在广州市购买社保。

（六）从积分入户和解决"三难"问题上关心出租车驾驶员

出租车驾驶员实际工作时间长、强度大，心理压力也大，有些驾驶员容易出现情绪暴躁易怒问题，需要进行心理疏导，应给予出租车驾驶员以相应的政策激励和人文关怀。建议将"出租汽车驾驶员"纳入《广州市积分制入户管理办法实施细则》，与公交车司机享有相同的政策，在积分入户政策方面给予激励；增设驾驶员如厕点、就餐点、出租车临时停车点等，解决驾驶员"三难"问题。

（2017年11月）

深化街道管理体制改革，强化以基层党建引领基层社会治理功能

黎明译*

党的十八大以来，广州市委认真贯彻落实习近平总书记对加强党的建设特别是基层党建工作的指示精神，结合广州地处改革开放前沿、毗邻港澳和对敌斗争前沿的实际，牢固树立大抓基层的鲜明导向，按照"中央有要求，广州见行动，落实出成效"的政治要求，在谋划推动经济社会全面发展的同时推动城市基层党建工作创新，逐步探索出超大城市基层党建"五化五同步"新模式，推动了城市基层党建上水平、走在前列（见图1）。"五化五同步"即，坚持区域化管理，实现基层党建与基层治理同步；坚持网格化覆盖，实现传统与新兴领域党建同步；坚持智慧化联通，实现线下党建和线上党建同步；坚持项目化带动，实现整体推进和重点突破同步；坚持品牌化提升，实现理念创新与方法创新同步。

"五化五同步"新模式受到各方关注，得到专家学者的肯定。中央党校党建教研部副主任祝灵君教授认为："广州探索形成的超大城市大党建新模式，能够把全国各地的经验都学到手，同时又有自己的

---

* 作者简介：黎明译，中共广州市委党校党史党建教研部副教授。

```
平台建设
大理念  → 区域化管理  → 基层党建与基层治理同步
大平台  → 网格化覆盖  → 传统与新兴领域党建同步
大战场  → 智慧化联通  → 线下党建和线上党建同步
大抓手  → 项目化带动  → 整体推进和重点突破同步
大形象  → 品牌化提升  → 理念创新与方法创新同步
机制建设
```

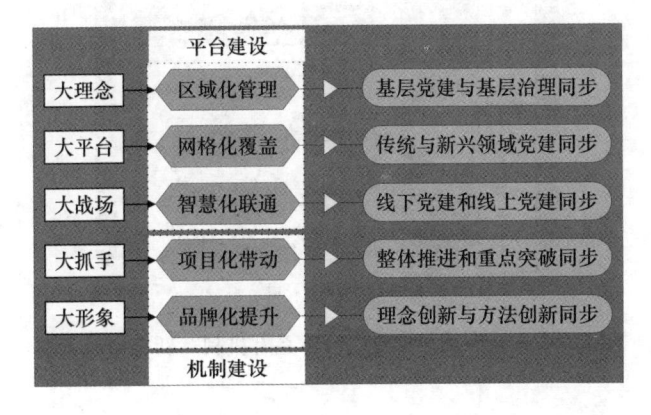

图1 广州探索超大城市党建"五化五同步"新模式

品牌，抓住了基层党建的内在规律，在全国都很有影响，走在全国前列。"

但调研发现，工作中仍存在一些短板和问题。一是城市基层党建缺乏整体合力；二是街道党工委作用发挥不充分；三是新兴领域党建工作相对薄弱；四是城市基层党建阵地建设滞后；五是基层党建工作者能力需提高。

加强广州城市基层党建工作，要深入学习习近平新时代中国特色社会主义思想和党的十九大精神，贯彻落实习近平总书记对广东工作重要批示指示精神，牢牢把握巩固党的执政基础这个根本点，紧紧扭住服务群众和做好群众工作这条主线，全方位提升广州城市基层党组织整体功能。课题组建议：要贯彻落实中央和省委关于城市基层党建工作最新精神，加快出台《关于创新城市基层党建工作的意见》，通过建构城市基层党建工作体系、建立基层综合治理机制、完善基层共建融合机制、创新党建人才选任机制、健全基层党建管理机制、强化基层党建保障机制（简称"一体系五机制"，见图2），充分发挥基层党建在超大城市社会治理中的引领带动作用，形成与枢纽型网络城市建设相适应的基层党建工作新格局。

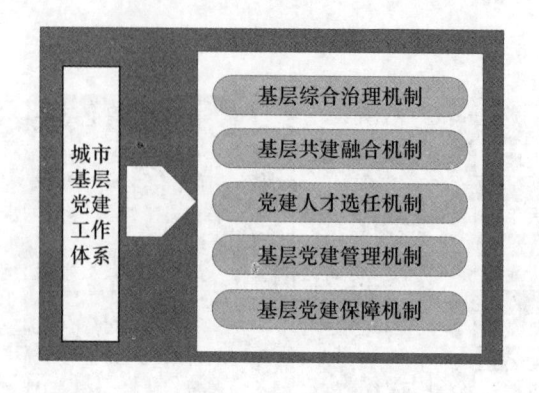

图 2　广州城市基层党建"一体系五机制"新格局示意图

一　构建城市基层党建工作体系

（一）深化街道体制改革，建构街道统筹基层党建的工作体系

加快出台《关于创新城市基层党建工作的意见》，对深化街道体制改革进行统筹谋划，聚焦开展基层党建、实施公共管理、提供公共服务和维护公共安全等方面的职能，按照精简、统一、高效的原则，全面推进街道各部门的职能整合与重构。街道内设机构按"5＋2"模式统一设置7个科室，即街道党政办公室、基层党建办公室、公共管理办公室、公共服务办公室、公共平安办公室5个科室为规定设置科室，另外2个科室由各街道根据实际情况进行设置，将不属于上述5个科室的职能并入。

（二）强化四级联动，建构纵向到底的一体化组织体系

调整各区党建工作领导小组，由区委书记担任组长、组织部长担任副组长、各街道党工委书记担任组员，明确区委是城市基层党建的"一线指挥部"；明确街道党工委是城市基层党建的"龙头"，强化统筹协调职能，抓好社区党建、区域化党建、城市新兴领域党建工作；明确社区党组织是城市基层党建的"战斗堡垒"，理顺社区党组织设置体系，对于党员人数达到100人的社区，社区党组织统一设置为党委；明确网格党组织是城市基层党建的"前沿阵地"，建强区委、街道党工委、社区党组织、网

格党组织四级联动组织体系。

（三）强化共建互补，完善横向到边的区域化组织体系

全面推行街道"大党工委"制，吸收街道区域内具有一定规模和影响力的驻区单位党组织负责人担任街道党工委兼职委员；全面推行"大党委"制，将符合条件的社区将党组织升格为党委，吸纳社区警务站、小区业委会、辖区物业公司、辖区企事业单位组织和两新组织等主业意识强、管理协调能力强、道德品质好的党员负责人担任社区党委兼职委员；全面推行街道党建联席会议制度，建立联合总召集人轮值制度，明确联席会议的联合总召集人由各成员单位党组织书记轮值担任。

二 建立城市基层综合治理机制

（一）建立大网格综合治理机制

一是成立由街道党工委书记任组长，街道党工委副书记任副组长，社区党委书记、网格员、党工委兼职委员、双重单位领导、社区单位代表、党代表和人大代表以及各科室、群团组织负责人共同参加的街道大网格共治工作领导小组；二是各区分别整合公安、应急、三防的视频监控和机团单位、村社等的自建视频监控资源，构建覆盖全区的网格化信息系统；三是赋予街道对网格化综合治理中心的人事考核权和征得同意权。

（二）建立大数据系统治理机制

深入推进街道社区信息化建设，健全信息分级别分权限的整合共享和信息安全保障制度，依法有序推动人口、公安、房屋等基础信息开放，积极推动职能部门业务数据互联互通、整合共享。

（三）建立大社会协同治理机制

一是完善社会组织发展政策体系，将社会组织带头人纳入"党管人才"工作，探索发展党建服务类社会组织，将适合由专业化社会组织承

担的党建业务或服务纳入政府购买服务范围。二是建立健全社区居委会、社会组织、专业社工"三社联动"工作机制，推动基层治理结构由垂直的科层结构向扁平化和基层多元互动转变。

三　完善城市基层共建融合机制

（一）健全"一体化"共建工作机制

建议出台《关于深化城市基层共建联动、融合发展的意见》，对城市基层共建融合工作进行统一部署，实现一体化谋划、一体化推进、一体化评估，进一步强化辖区单位、各类组织和全体成员的"共同体"意识。

（二）完善"共享化"资源整合机制

在场地设施资源共享方面，辖区内的礼堂、培训教室、多功能厅等设施，应为辖区内有关单位、组织和个人开展非营利活动提供支持。在人力资源共享方面，应在街道党工委的组织下，广泛开展机关事业单位、国有企业、街道社区以及园区、商圈、互联网、"两新组织"等城市新兴领域党组织之间的"结对共建"活动，并通过签订"结对共建"协议书，以契约的形式凝聚共同推动区域发展的动力。在经费资源共享方面，通过专项拨一点、街道出一点、有关单位出一点的方式，成立街道基层党建工作基金，并制定相应制度，对具体资源共享事项给予一定的补偿或奖励。

（三）创新"融合式"联动机制

应打破闭门搞党建的理念，以开放的思维、视野、形式推进党建工作，由街道党工委牵头，打破以往辖区内各单位、组织"单打独斗"式志愿服务机制，创新以整合驻区单位和各类组织的力量为基础的"融合式"联动机制，根据不同时间、专业特长组建相对固定的服务团队，开展"组团式"志愿服务。

四 创新党建工作人才选任机制

(一) 壮大街道党建工作队伍

街道在内设机构整合设置党建办公室作为党建工作专责部门基础上,配置足够的党建工作力量,确保城市基层党建各项工作得到不打折扣的落实。一是建议设置一名党建专职副书记,专门负责街道党建工作有关业务,解决当前街道党工委副书记分管业务条口过多、精力无法集中在基层党建主业上的问题。二是加强街道党建工作专职人员配备力度,建议在行政定编5—8名作为专职党建工作人员的基础上,每个街道通过政府雇员的方式,配备2—5名党建工作指导员。三是每个街道的党群服务中心专设党员服务窗口,通过政府购买岗位服务的方式,配备8—10名专职社工,承担社区党建、园区党建、两新组织党建、商圈党建等基层党建工作。

(二) 选优配强社区党组织书记

一是制定社区党组织书记队伍建设总体规划,打破地域、身份、职业界限,内育外引,广纳群贤,按照党性观念强、主业意识强、服务群众本领强、推动发展能力强、化解矛盾能力强的"五强"标准,选优配强社区党组织书记队伍。二是书记、主任"一肩挑"的社区,要设立1名专职党委(总支)副书记,专门负责党建工作,纳入社区专职人员管理,工资待遇参照社区居委会副职的标准确定,由市、区两级财政负责。三是各区根据工作需要,选派优秀干部担任社区第一书记,对软弱涣散社区党组织要全覆盖选派第一书记。

(三) 加大队伍激励力度

一是健全党建指导员的绩效考评制度,由区委组织部进行统一考评,考评结果和薪酬直接挂钩。二是参照专业技术人员职称晋升办法,探索建立非行政编制专职党建工作者职级序列,根据岗位特点、工作年限、受教育程度、相关专业水平等综合因素，建立"三岗十八级"的岗位等级序列，并明确各级职称晋升条件及职级待遇。三是就业年龄段社区党委（总支）书记实行事业岗位、事业待遇，其中连续任职满两届、成绩突出、表现优秀、群众公认的，经规定程序考察后可使用事业编制，在岗退休的享受事业编制退休待遇，中途离开书记岗位的人走编留。

五　健全城市基层党建执行机制

（一）健全明晰化责任体系

一是明确各级党组织抓城市基层党建的主体责任。市、区委常委会每年研究部署城市基层党建工作不得少于3次，部门党委（党组）每年不得少于2次，年底要向市委和区委全委会报告1次抓城市基层党建工作情况，并把这项工作列入领导班子和领导干部的年度考核内容。二是明确各级党组织书记的"第一责任人"责任。市委、区委、街道党工委和部门党委（党组）书记每年研究基层党建工作、听取有关专题汇报不得少于2次，带头做履行城市基层党建工作责任述职报告。三是明确市委、区委副书记、街道党建副书记抓城市基层党建工作的"直接责任人"责任，牵头落实基层党建工作计划，做好过程督促和总结检查。四是明确各级党委（党工委）组织部长、组织委员和社区党组织书记是抓基层党建工作的"具体责任人"责任。在明确以上"四种责任"基础上，通过层层签订《城市基层党建工作目标责任书》，形成党委统一领导，各责任人各司其职、协调配合、齐抓共管的城市基层党建工作新格局。

（二）健全标准化推进机制

建议尽快出台《关于推进城市基层党组织标准化建设的意见》，并制定相应建设标准，分类推进区级党群服务中心、街道党群服务中心、党群服务站等不同层次党群服务场所标准化建设；分机关事业单位、国有企业、两新组织、社区等不同类型，加快推进城市基层党组织标准化建设。

(三) 健全科学化考评体系

一是制定完善城市基层党建工作考评标准。按照"分类指导、突出重点、简便易行"的原则，制定完善区委、街道党工委、部门党委（党组）和社区党组织落实城市基层党建工作责任制的《考评标准》。二是建立健全督促检查机制，运用巡视督查、专题检查、明察暗访等形式，对落实工作任务完成情况进行检查督办。三是强化考评结果的转化运用。将考评结果作为对各级党组织工作业绩评价的重要内容，作为党建工作负责人绩效评价、评优奖先、提拔任用的重要依据。

六　强化城市基层党建保障机制

（一）健全制度保障

一是实行街道工作"双清单"制度。结合街道功能整合与机构调整，启动全市街道权力、责任的梳理工作，形成权力清单、责任清单两张《街道工作清单》，厘清街道的权力和责任边界，并经市政府审定后予以公布，接受社会监督。二是建立职能部门职责下沉准入制度。职能部门不得随意将街道权力清单和责任清单以外的其他工作内容下放到街道或社区，新增事项需要街道承担的，职能部门不得直接下派，须由市编办严格审核把关。三是赋予街道党工委四个权限，即对区职能部门派出机构负责人的人事考核权和征得同意权、规划参与权、综合管理权、重大决策和重大项目的建议权。

（二）完善经费保障

一是坚持财政"收支两条线"管理，街道收入全额上缴财政部门，街道经费支出由区政府全额保障，没有经济职能的街道的经费预算与经济指标脱钩，促进"费随事转"。二是加大政府购买服务的力度，通过专项资金的方式加大对街道经费的投入。三是在遵守财务制度规定前提下，逐步放宽街道、社区一级使用经费的硬性约束，加强街道社区经费统筹力度，赋予街道社区在经费使用方面更大的支配权力。

（三）强化组织保障

建议市委把城市基层党建工作列为"一号工程"，纳入整体工作部署和党的建设总体规划。建议组建城市基层党建工作领导小组，由市委书记任组长、市委副书记任副组长、各区委书记及有关局委办党组织主要负责人任组员，并建立定期开会、定期检查的组织协调和监督落实机制。建议将城市基层党建工作纳入市委巡察的重要内容，切实压实各级党组织主要负责人抓党建工作的责任，确保城市基层党建创新这一系统性工程有序推进、尽快见效。

（2017年10月）

深圳市非常规水源价格形成机制分析

钟杏云　曾锡环　田贞余[*]

一　深圳市水资源利用现状分析

水资源包括常规水源和非常规水源，而前者又包括自来水和其他常规水源，后者则包括再生水、雨水、海水。以下就简单介绍深圳市这些水资源利用简况。

1. 深圳市常规水源利用现状

深圳市常规水源利用包括自来水、地表水和地下水的利用。研究表明，深圳自来水的供给能够满足其需求，但水源的大部分都属于境外引水。深圳地表水供水量逐年增加，地下水供水量逐年减少，但总体上常规水源供水量呈逐年增加趋势。深圳常规水源供需缺口很大，且呈增长态势，依靠境外引水填补。

2. 深圳市非常规水源利用现状

深圳非常规水源利用包括污水再生水、海水、雨水的利用。深圳市再生水主要利用于水质要求不高的行业。雨水利用很少，造成很多雨水资源浪费。海水只停留在海水直接冷却用水方面，即海水直接利用。建筑中水

---

[*] 作者简介：钟杏云，深圳大学经济学院副教授；曾锡环，深圳大学副教授；田贞余，深圳大学副教授。

系统建设与运行存在不足。洗车场回用水有待发展。

二 深圳市水源价格形成机制现状分析

目前深圳市常规水源价格形成机制较为健全，其运行较为有效；非常规水源价格形成机制不够成熟，仍需深入探讨。

1. 目前深圳市常规水源价格形成机制

根据所查资料及实地考察结果，目前深圳市常规水源价格形成机制主要存在六种体制：市水务局主管体制；对水价实行双重监管；实行阶梯式水价；实行差别定价；分类开征污水处理费；实行污水处理费优惠政策。

2. 目前深圳市非常规水源价格形成机制

深圳市雨水利用尚未成规模，海水利用仅限于近海的发电厂利用海水冷却，均没有出现价格形成机制。深圳市再生水水价由再生水成本、再生水企业利润及税收三部分构成。前者包括再生水的生产成本和输送成本。生产成本包括再生水生产过程中的设备折旧，所耗费的药剂、电力、人工等的投入，以及运营、管理等费用；输送成本主要是建设输水管网和提升泵站、增压设备等所消耗的费用以及管网和泵站的运营、维护和管理等所需的费用。再生水企业的供水利润率低于6.0%的净资产利润率的，经市物价主管部门会同市水务主管部门审核后，由水费调节基金提供补贴。再生水企业在日常经营中需要向政府缴纳税收，为再生水销售金额的6.024%，外加城市建设附加税及教育附加税。

三 国内外非常规水源价格形成机制分析

目前关于探索非常规水源价格形成机制的研究基本还处于起步阶段，没有固定的价格形成模式可循。国内采用的价格形成模式基本上是按照政府补贴加低售价的原则制定非常规水的价格。国外的非常规水源利用较早，但是也没有形成固定的模式，定价机制较灵活。但是国内外都存在一个现象：就是非常规水源与常规水源之间存在一个价格差，而且在基础设施建设方面基本上是政府起主导作用。

1. 中国大陆非常规水源价格形成机制

非常规水资源利用在我国尚处于探索阶段，目前全国使用非常规水源的城市局限于北京、天津、青岛和深圳等几个比较缺少常规水源的城市。非常规水源的定价机制尚处于探索阶段，有待时间进行检验。

2. 港澳台地区非常规水源价格形成机制

香港的非常规水源利用主要集中在海水利用方面，但大部分都是用于海水冲厕，而且是免费。澳门非常规水源利用处于起步阶段，对非常规水源的定价也正处于研究阶段，目前基本没有明确的定价机制。台湾的非常规水源利用主要是雨水利用，因为海水利用成本较高，再生水利用尚未成规模。政府从多方面促进雨水的利用，雨水定价没有形成统一的标准。

3. 国外非常规水源价格形成机制

新加坡是非常规水源利用较先进的国家，形成了规模效益，价格较低廉。美国的非常规水源定价机制较灵活，各个州、各个供水公司基本都有定价权力，价格制定的方法多样。英国水价相关规定较多，水务管理部门有权自主定价，但定价后需经公众同意。以色列水价制定由政府主导，采用分级提价法确定水价。

四　非常规水源价格影响因素分析

影响非常规水源价格的因素很多，但总的来说可以分为两大类：供给因素和需求因素。前者包括自然因素、经济因素、社会因素和安全因素等，后者包括经济发达程度、水费支出水平、产业特征、地理条件及文化程度等。不同的影响因素对非常规水源价格的影响程度不同。

1. 常规水源价格对非常规水源价格的影响

常规水源和非常规水源在某些用途方面几乎具备相互替代的关系，而两种替代品的价格之间存在着相互影响的关系。常规水价的高低起伏将引起非常规水价以与之相反方向的变动,这将进一步影响非常规水源的推广利用。

2. 供给因素对非常规水源价格的影响

水作为一种自然资源,它所具备的自然属性——水源的数量、质量及开发条件,决定了水价的走向。经济发展水平也间接影响到非常规水源的供应。经济发展越好的地区,财政实力越强,政府也越容易开展各项投资。社会对非常规水源利用的认识态度对非常规水源价格存在明显影响。影响非常规水源价格的安全因素包括输送管道的安全性、水质保障及水量保障三方面。

3. 需求因素对非常规水源价格的影响

经济发达程度对非常规水价的影响主要有 GDP 及其构成、人均收入、人文发展指数等。一个家庭的水费支出占家庭可支配收入比重的大小会间接影响非常规水价。产业特征的不同会导致对水的需求不同,例如耗水型产业对水的需求量较大。地理条件对非常规水源的价格也有较大影响。例如,湿热地带拥有的常规水源比较丰富,因此常规水源的价格可能较低。文化程度的高低在一定程度上决定了用户对于非常规水的使用态度,进而影响到对非常规水的需求。

五　深圳市非常规水源合理定价的理论基础

非常规水作为一种新型水资源类型,其定价是在科学的理论指导之下进行的。因此探讨深圳市非常规水源合理定价的理论基础非常有必要。

1. 深圳非常规水源合理定价的目标分析

非常规水源定价要综合考虑企业、消费者和政府的利益诉求。供水企业倾向于采用自主定价方式,消费者主观上希望水源在保证质量的前提下价格低廉。政府作为公共管理部门要采用宏观调控手段,维持水价的合理性。因此,深圳市非常规水源定价的目标要均衡三方利益,在近期要确保供水企业收回成本,保障消费者使用,建立水价调控管理制度;在远期要建立科学合理的水价运行机制。

2. 深圳非常规水源价格形成的基本原则

根据以上目标以及深圳市的具体情况，深圳非常规水源价格的形成应遵循如下基本原则：可持续利用原则、公平与效率原则、与市场需求同步原则、收回成本原则、用户参与原则、合理利润原则、用户可承受原则等。要保证既能满足人们对水的需求，发挥水资源的最大效益，又要保护宝贵的水资源，达到可持续利用的目标。

3. 深圳非常规水源价格的构成要素

非常规水源价格的构成一般包括供水成本、利润和税金三部分。根据深圳市的实际情况，深圳再生水价格构成要素为供水成本、利润和税金三部分；雨水价格构成要素则为供水成本和利润两部分；海水价格构成要素则为海水的供水成本。

4. 非常规水源价格形成的不同模式

借鉴常规水源的定价方法，结合非常规水源的独特性，可以得出一个完整的非常规水源定价模式体系，包括：服务成本定价模式、支付能力定价模式、机会成本定价模式、边际成本定价模式、市场需求定价模式。深圳非常规水源价格形成可根据深圳实际情况对以上不同模式进行综合考虑和选择。

六　深圳市非常规水源合理定价形成机制

深圳可以利用的非常规水源有再生水、雨水和海水，其利用都存在明显的固定成本和运营成本，也都具有明显的生态效益、经济效益和社会效益，故其合理定价应包括三部分：供水成本、利润及税收。通过这样的定价方式，既能做到回收供水企业的全部服务成本，又能使供水企业有利润可言，同时为社会再发展积聚资本。这样，根据深圳市的实际情况，其再生水和可用雨水的合理价格形成模式应该采用供水服务成本定价模式，而可用海水合理价格形成的模式可以采用支付能力定价模式。根据当前社会对非常规水的认知情况，深圳非常规水价上限只能是常规水价，下限是使非常规水生产企业能够有适当利润的价格。

1. 深圳可用再生水的合理价格构成与定价机制

根据服务成本定价模式，深圳市再生水的合理价格构成由再生水供水成本、利润和税收三部分组成。深圳相关供水用水条例依此确定不同用途再生水的合理成本构成和利润率以及相关定价运行规则和程序。

2. 深圳可用雨水的合理价格构成与定价机制

可用雨水的定价模式和机制与再生水一样。采用其他定价模式将影响居民消费积极性，不利于雨水的推广使用；同时由于雨水利用尚处于起步阶段，尚未做到市场化运作，只能参照比较成熟的再生水定价模式。

3. 深圳可用海水的合理价格构成与定价机制

根据支付能力定价模式，合理的可用海水定价应该包含以下几个部分：制水成本、利润、税收及正外部性收益。前三个因素考虑了与其他非常规水源、常规水源的价格竞争和真实成本构成问题。第四个因素"正外部性收益"即政府补贴，是因为制水企业、用水单位或居民的该生产行为或消费行为给社会其他人带来了好处，应该获得相应的成本补偿，才能使供求趋于平衡。

七 深圳市非常规水源利用的市场机制与政策取向

深圳非常规水源利用前景是可观的。深圳要通过合理的市场机制和政策取向加以引导和规范，使非常规水源逐步成为深圳市水源的战略保障。

1. 国内非常规水源价格政策的实践与启示

从中央到地方省市，各级政府陆续颁布出台了一系列有关非常规水源价格方面的政策规章，对非常规水源的价格进行引导和规范。这些政策实践，对深圳有深刻的借鉴意义：要坚持政府指导与市场定价相结合的原则、采用政府补贴方式、坚持建设非常规水源集中供应工程和以技术创新推动水务产业发展的原则。

2. 深圳市常规水源的市场化程度对非常规水源市场的影响

由于受到政府严格管制，中国常规水市场化发展步履蹒跚。深圳市政府对水源市场价格控制比较严格，其市场化程度较低，对非常规水源市场有着深刻的影响，为非常规水源的推广和应用提供了契机。

3. 深圳市非常规水源的水价管理机制

深圳市非常规水源合理价格的形成必须从现行的水价管理机制入手，进行一系列的改革，消除非常规水源利用的机制障碍，为推广、利用非常规水源，建设资源节约型社会提供制度层面的保障。这些机制包括建立科学合理的水价体系；改革水价管理体制，实行灵活管理水价的模式；配套相应的改革措施等。

4. 推进深圳非常规水源利用的对策建议

要推进深圳非常规水源利用，实现深圳的可持续发展，深圳要实行非常规水源的部分市场化，提高深圳水资源配置效率；要实行"投资非常规水可盈利"的政策取向，推进投资主体多元化；要努力促进用水观念从"福利水"到"商品水"的转变，建设节水型社会；要建立产业化和规模化生产体系，最大限度地降低水价；要建立不同用途水源的合理比价，调节不同水源的供需关系；要从战略高度出发，逐步推广使用非常规水源；要加强节水宣传，促进深圳水资源的可持续利用。

（2013 年 10 月）

规范政府购买服务研究

唐 咏[*]

一 政府购买服务的理论基础

由于社会力量的参与，公共服务的提供变成政府、市场和社会力量三足鼎立的局面，在这个三角中，政府依然是公共物品供给的主导力量，但是其角色定位发生了变化。由于社会力量的参与，可以更好改变政府角色的"错位"和"越位"状态，更有利于在政府和市场、社会之间恰当划分各自的"势力范围"。在新的供给格局中，政府主要负责向市场和社会力量提供公共设施，进行指导监督，通过这种方式维护公民的合法权益。市场和社会力量以纳税、输送服务等方式影响政府政策的实施。政府、市场和社会力量作为公共物品合作供给的三个组成部分，它们之间互相补充、互相协调，形成了有机整体。由于社会力量在调和市场和政府的关系上起到不可忽视的作用，现代政治学和社会学普遍认为，社会力量与政府、市场共同构成当代社会的三大支柱。

二 政府购买服务的全球经验

从世界范围来看，政府购买服务的兴起是 20 世纪 80 年代初从英美等

---

[*] 作者简介：唐咏，深圳大学心理与社会学院副教授。

发达国家开始的，至今不过 30 多年的历史，并且在不同的国家或地区进展很不一致，有的国家或地区政府比较积极地推进服务提供的多元化，而有的国家或地区则持比较谨慎的态度。对一些发达国家或地区在这方面的做法进行系统总结和比较，对于中国政府购买服务的供给主体多元化进程的顺利推进具有重要的借鉴意义。"政府购买服务"是国内学术界的一般用语，而在美国等发达国家，更多的是使用政府或公共服务民营化或政府服务外包、合同外包等概念。含义都是基本相同的，就是把原来由某政府机构直接向社会公众提供的一部分服务项目，转变为通过社会公开招标、政府直接拨款等方式和程序，交给有资质的社会组织、企业、机构等供应商承担公共服务的提供，同时政府从公共预算中根据民营供应商提供公共服务的数量和质量支付费用。

三 政府购买服务在中国的发展阶段

我国政府购买服务最早于 1994 年在深圳罗湖区的环境卫生领域中被引入。1996 年，上海市浦东新区社会发展局开始向民办非企业单位"罗山会馆"购买服务，开创了我国政府购买社会组织服务的先例。2000 年以来，各地政府在公共交通、居家养老、医疗卫生、社工服务、公交服务、行业性服务等多个领域开展了购买服务工作，主要向社会组织购买公共服务的新机制在我国迅速发展。据测算在 2001 年至 2004 年间，我国公共服务的生产和递送中有 20% 至 30% 是由间接受政府雇佣的人员完成的，平均约有 1/4 的财政报酬支出是支付给政府系统外的人员。

在国家层面上：2002 年卫生部等《关于加快发展城市社区卫生服务意见的通知》指出："社区预防保健等公共卫生服务，可采取政府购买服务的方式"，较早在中央层面上提倡了政府购买服务的做法。2012 年 2 月，财政部出台的《2012 年政府采购工作要点》中第一条提到，财政部将研究制定推进和规范服务采购的指导意见，逐步扩大公共服务、商务服务及专业服务的政府采购实施范围。到 2013 年底，数十个地方政府出台了关于政府购买服务的指导意见或实施办法。

在地方层面上：2005年上海浦东新区政府出台《关于促进浦东新区社会事业发展的财政扶持意见》，其后相继出台《着力转变政府职能，建立新型政社合作关系的指导意见》《关于促进浦东新区民间组织发展的若干意见》及《浦东新区关于政府购买公共服务的实施意见（试行）》，2008年静安区民政局、财政局共同下发《关于静安区社会组织承接政府购买（新增）公共服务项目资质的规定》，对购买服务的流程、评估和标准做了规范。

四　政府购买服务在深圳的实践

深圳是中国改革开放的排头兵，也是目前政府购买服务实践的重要地区，因此深圳的一些问题和特点也反映了目前中国的问题和特点。深圳的实践取得了很大的成绩，主要表现在类别多、范围广、发展迅速，注重平台建设，推进社会组织的发育。好的方向是目前政府购买服务基本向弱势群体倾斜，力求实现公共服务均等化，一定意义上属于"真正的"重大制度转型。但也存在一些问题，诸如无清晰完善的程序，多数属于岗位购买模式，独立竞争性购买比例仍然较少，这些不足也反映了国家层面的问题，需要体制改进、社会组织培育以及宏观环境改善。

（一）深圳市政府购买服务的情况综述

1. 完善政策体系

深圳市已出台多项文件，包括本课题已草拟完成的政府购买服务"1+2"文件（包括一个实施意见——《关于政府购买服务的实施意见》，两个目录清单——《深圳市政府购买服务目录》《深圳市政府购买服务负面清单》），提出建立政府职能转移的动态调整机制，完善政府购买服务机制，加大政府公共服务转移和购买服务力度，合理界定应由政府部门自身履行的职责，梳理政府向社会组织转移委托的职能和工作事项，出台政府转移职能目录，明确转移职能的部门、职能、项目和原则，形成政府职能转移承接的运行机制和动态调整机制，制定政府职能部门购买服务目录，建立项目库管理制度；编制社会组织目录，明确具备承接政府转移职能和购买服务资质条件的社会组织。健全公共服务提供绩效评估体系，确保公共服务质量。

2. 加大购买投入

深圳市政府重点支持处于启动与培育期阶段的社会组织，由财政给予开办费和运营费补贴。政府购买服务经费纳入财政年度预算，在承接政府服务项目的竞争条件不成熟、社会组织发育不充分的情况下，采取政府定向委托方式向社会组织购买服务。发达国家购买的公共服务包括教育、文化、公共卫生、社区服务、养老、就业等，美国政府购买的公共服务甚至包括了道路修建、治安消防。我国由于社会组织发育程度不健全，有资质的公共服务提供者数量较少，导致公共服务领域、规模和范围都比较狭窄。总体来说，深圳政府公共服务购买虽涉及行业性服务与管理类行政事务，但主要集中在社区服务与管理类。

3. 注重平台建设，培育社会组织

政府购买服务不仅实现了公共物品供给多元化，还推进了政府职能转型，进而促进市场和民间组织发展。根据深圳民政局统计，深圳已注册的社会组织高达5000多家，而未经注册草根组织更无法统计，但提供公共服务的社会组织不多。为此，深圳根据自身特殊情况做出积极努力，推动成立了社区专业服务组织（超过100家社工服务社），促进了社会工作职业化、专业化，还制定了专门性的社会组织扶持政策，对行业协会、民非单位的培训机构和养老机构，从建设、运营等方面予以资金支持。

（二）深圳购买公共服务的不足之处

近年来，各地政府着力转变政府职能，创新社会管理方式，在政府购买服务方面进行了一些有益探索，取得了初步成效。然而，由于政府购买服务作为一种新生事物，在具体实践中不可避免地出现一些问题和矛盾，需引起政府部门高度重视，并采取行之有效的措施加以解决。深圳的政府购买服务工作不足之处体现在以下几个方面：

1. 政府购买服务缺少系统性规划

近年来政府购买服务呈现不断增长的趋势，政府以购买服务名义列支的项目越来越多。与此形成鲜明对比的是，政府购买服务的中长期发展目标不够清晰，同机构改革、政府职能转变如何妥善衔接缺少前瞻性思考，政府购买服务的管理和实施存在各自为政的现象。许多政府职能部门和街镇都有名义上的政府购买服务项目，但是通常情况下都优先选择自行操作，相关工作缺少系统性规划。

2. 政府购买服务的方式有待规范

政府购买服务的使用方为广大社会公众，有别于政府采购法约束的服务类项目，因此在采购方式上过于灵活，往往只有原则性规定，而缺少具体程序性要求，譬如服务范围、资质标准、预算管理、合同样式等。实践中既有采用公开招标方式的，也有采用邀请招标或竞争性谈判方式的，甚至有些项目直接定向委托服务供应商。因此，亟待建立健全相应规章制度，对目前政府购买服务的采购方式进行规范。

3. 政府购买服务领域竞争乏力

政府购买服务无疑将给社会组织成长带来巨大机遇。但从目前状况来看，现有独立社会组织发展缓慢，自身实力弱小，规模偏小，能力偏弱，对即将到来的政府购买项目心有余而力不足，无法承接所有政府购买服务的内容。

4. 政府购买服务的评估能力相对不足

政府购买服务采取补贴供应的方式，由政府主导确定服务供应商（即供方），而作为需方的社会公众自由选择度很小，供方容易在事实上形成垄断。由于政府主管部门力量有限，履约管理往往侧重于服务数量统计和财务核算，对于服务质量的评估机制不够健全，评估标准和指标体系有待完善，尤其是缺乏对社会公众反馈意见的采集和分析。政府作为出资者，向社会力量购买公共服务但责任依然存在，既要对服务项目的实施过程进行监管，也要对完成的服务项目进行绩效评价。实践中缺乏一个专门机构对其服务质量和服务效果进行科学系统的监管与评估。建立多元、公正、科学的评价标准，参考发达国家经验引入第三方评估体系，构建专业化评估指标体系仍需探索。

五 对政府购买服务的相关建议

在此部分，课题组将在文献回顾、理论分析和实地调研的基础上，对政府购买服务提出相关的政策建议。

（一）严格界定政府购买服务范围

紧扣政府购买服务的核心宗旨，科学严谨地界定政府购买服务的范围。首先，政府购买服务的使用方应当是社会公众；其次，政府购买服务范畴应包括义务教育、医疗卫生、养老、就业等基本公共服务，而政府自身使用的服务则不在其列。对于从政府机关或事业单位剥离，且属于基本公共服务范畴的事务，有两条路径可供选择：一种方式是补"需方"，直接向社会公众发放补贴，由社会公众自主选择服务供应商，市场化程度较高的社会服务适合采用该种方式；另一种方式是补"供方"，由政府出面选择服务供应商，目的在于实现规模效应，规范市场秩序，同时有针对性地培育社会组织，促进市场发育完善。上述两种方式不可偏废，应当紧密联系、按需择优采用服务供给方式。

（二）制定政府购买服务中长期发展规划

在科学严谨地界定政府购买服务的种类和品目的基础上，建议将政府购买服务纳入深圳经济和社会发展规划纲要。根据深圳社会建设目标和政府职能转变方向，制定政府购买服务的中长期发展规划，主要包括政府购买服务的总体发展目标和指导思想，各阶段政府购买服务的具体内容，政府购买服务的路径方式，财政资金投入滚动预算，以及通过政府购买服务推动政府职能转变和机构改革的战略目标等。

(三)规范政府购买服务公共预算

将购买费用纳入公共预算,规范资金使用行为,保证公共资源合法使用。公共预算是制度化的公共资源分配方式和公共需求满足方式。从合理性来讲,无论购买服务的购买资金来自何处,为提高资金使用效率,都有必要将其纳入公共预算。具体的做法是:根据拟购买的服务细目安排购买资金,资金预算经同级人大批准后与服务细化目录一同向社会公布,为后续的服务招投标做好准备。

(四)健全政府购买服务的市场竞争机制

对于现阶段要不要引入竞争机制,要不要打破"一行一会"的既有格局,政府部门、专家学者与业界有不同的看法。在现阶段强调竞争,不但条件不成熟,因为目前根本没有那么多能承担专业服务的组织,而且还会影响业界的团结和资源的共享。在社工发展的初级阶段,更需要讲求的是团结、协作、资源和经验的共享,而非竞争;否则就会使得本来就很薄弱的力量进一步削弱。

(2014年6月)

深圳建设"人才活力之都"基本思路与对策

——深圳市"十一五"人才发展规划研究报告

刘 军 王福谦 蒋建武[*]

一 深圳建设"人才活力之都"之理论分析

(一) 深圳建设"人才活力之都"基本内涵

1. "人才活力之都"基本内涵

2003年12月全国人才工作会议提出了科学的人才观,其主要内容是用"不唯学历、不唯职务、不唯资历、不唯身份","鼓励人人都做贡献、人人都能成才"的观念,从一个新的高度来认识人才标准问题。这是人才活力建设思路课题研究的重要指导思想。

从国内城市人才配置的基本模式看,可分为两种:一种是政府主导型,政府通过强势的直接人才政策,在行业或产业甚至企业配置人才。这在市场经济不发达或市场经济欠发达城市是常见的,也是极为重要的。政府主导型人才配置的优点是人才配置速度快、效率高,人才优惠引进、吸

---

[*] 作者简介:刘军,深圳大学管理学院院长、教授;王福谦,深圳市人才研究协会副秘书长;蒋建武,深圳大学管理学院副教授。

引力度大，易于上大台阶，但缺点是可持续性差，人才适配度不高，人才活力不易形成。另一种是市场主导型，政府的人才政策为引导式的调控，人才主要通过市场手段完成配置。这是市场经济发达城市常见模式，也是市场经济的内在要求。市场主导型人才配置的优点则不仅是人才配置的适配度高、配置效益好，更重要的是市场化条件下，人才的自由度大，人才活力易于形成，而这正是一个城市经济可持续发展的人才核心基础。

深圳作为国内极少数市场经济相对发达的城市，长期的市场主导型人才配置，形成了巨大的人才活力基础，这已成为深圳有别于其他城市的特别标志，更成为人才发展的特别优势。但时至今日，深圳的这一人才活力基础优势仍停留在自发而为，停留在局部领域。

面对"长三角"经济区迅猛崛起、"珠三角"城市群整体快速发展和吸引人才、改善人才环境力度加大的态势，深圳如何继续保持良好的发展势头？

城市兴盛，人才为本。本研究认为：将深圳的人才活力特色放大为深圳整体的建设"人才活力之都"，并形成具有深圳特有的"人才理念、人才政策、人才制度、人才工作措施"四个层面人才工作体系，将是对深圳进一步发掘自己的潜力空间，实现经济的可持续发展，建设和谐深圳、效益深圳的内在支撑，极其紧迫、重要而且突出。

本课题研究认为，建设人才活力之都，就是要把深圳建设成："能使城市整体人才极具学习力、极具成长力、极具创新力、极具竞争力的都市。"

2. 人才活力概念诠释

人才活力这个词是一个全新的概念，是一个由多因素决定的反映城市人才各方面价值的综合性概念，体现了人才的学习力、成长力、创新力和竞争力，还体现了人才的创业力，是一个城市人才"活跃"程度的总体表现。可以说是，人才活力是城市活力的重要内核。

（二）深圳建设"人才活力之都"与城市活力关系辨析

1. 城市活力概念诠释

城市活力是指一个城市对经济社会发展综合目标及对生态环境、人的能力提升的支持程度。城市的人才活力、经济活力、社会活力、环境活力以及文化活力共同构成了城市活力体系，而且它们彼此密切联系，共同对城市活力形成支撑。

美国专家凯文·林奇认为，城市活力中的经济活力作为城市活力的组成部分，主要表现为城市经济的成长性以及对外来资本和各种生产要素的吸引力。城市活力是城市有效利用资源的能力，体现城市各要素和资源的活跃性、开放性以及相关约束的合理性，并综合体现为城市运行和发展的效率。具有经济活力的城市是那些能够不断拓展活力空间，挖掘活力潜力的城市。每个城市的经济活力都是一个发展的概念，表现为富于变化、快速成长。随着时间的推移，内外部条件的变化，一个城市的经济活力发展空间会随之发生变化，其经济活力或者增强，或者减弱。

2. 人才活力与城市活力关系

全球化、信息化强化了城市内部和城市之间的科技、市场、经济信息等的传播和交流，使经济发展模式发生了深刻变化。这与以往任何一次技术革命的最大不同在于生产要素不再仅仅是资本、劳动力、自然资源和原材料，而且包括了起统领作用的知识。城市经济的增长方式将逐步依赖于知识密集型的新兴产业的发展，而不是传统的生产要素外加。知识密集型产业不再是社会经济的辅助性因素，而是带动城市特色经济发展的主要力量。作为知识载体的人才，在经济发展中无疑处于极其重要的地位。但更加重要的是城市整体的人才活力。建设"人才活力之都"就是要通过对第一资源的城市人才资源整体活力的提升，来提升城市活力。而从另一方面讲，极具活力的城市经济又可以促使大批高素质人才集聚，迅速改变城市劳动力的结构。

深圳是我国实行改革开放之后的新兴移民城市，其优越的地理位置和活跃的经济成分，以及宽松的社会环境，使得城市人才活力愈加显现，进而推动城市活力的提升。同时，深圳市25年来，由原县级城市的30多万人口，发展到目前常住人口600多万，增加20倍之多，这不仅是人口的快速积聚，而且还有力地说明了人才的快速积聚与城市活力之间互为推动的密切关系。应该说，这些都是建设"人才活力之都"的基本条件。

(三)深圳建设"人才活力之都"的重要意义

人才资源是人力资源的重要组成部分,人才资源对经济和社会的贡献力体现在科学知识、专业技能的发挥,是区别于简单劳动的复杂性劳动,它是生产力的重要因素之一,是推动经济增长、社会发展和技术进步的第一资源、第一推动力。因此,建设"人才活力之都",科学地分析城市人才活力形成机制、内在动因,准确设计城市人才活力的发展目标,针对性地制定人才活力政策、制度、措施,对于城市经济发展及城市活力的进一步增强具有重要意义。主要体现在两个方面:

1. 对城市经济增长方式进步具有加速推动作用

人才资源是生产力的第一要素,在经济增长过程中对发挥作用的土地、资本的投入可以起到统率与推动作用。而当一个城市人才处在学习、创新、成长、竞争四方面极具活力的水平上,这种推动就将在量和质上产生双重的加速作用。

2. 成为增强城市竞争力的可持续、全方位的内核支撑力量

建设"人才活力之都",营造良好的城市人才活力氛围,使人才资源加大投入、活力得以充分释放,不仅表现为微观效应上的个体寻优受益,更表现为宏观社会效应上城市竞争力的增强。由于活力人才的"成长性、创新性、学习性、竞争性"所具有的无边界性,城市活力人才量的扩大、质的提升就将表现出城市人才的"整体活化",随着他们的自我理性流动,城市人才资源的优化配置也就将高质量地得以实现,并进一步影响和推动着城市产业结构的优化、城市价值观念的升级、城市新文化的兴起与进步。这也将最终体现"人才活力之都"的建设价值。

所以,建设"人才活力之都"对城市竞争力的增强更是一种可持续、全方位的内核支撑力量。

二 深圳建设"人才活力之都"之人才环境分析

人才环境是人才赖以存在和发展的生活、工作条件。深圳既拥有庞

大的优质经济存量,更有表现良好的持续不断的经济增量,呈现出了极强的城市经济活力,表现为良好的城市经济成长性。应该说,从微观的人才生活环境、工作环境集合而成的城市人才"经济环境、生存环境、人文环境、政策环境"来看,深圳的人才经济环境水平在国内是名列前茅的(2004年人均GDP达到7162美元)。结合上述人才活力理论,依据深圳经济发展数据及课题组的前期调研成果[①],现就深圳人才环境做如下分析。

(一) 深圳人才环境现状分析

良好的人才环境有助于人才活力提升,就对人才活力程度影响来看,人才环境外在表现出来的可测因素包括"人才吸引、人才评价、人才激励、人才保障、人才流动"五个方面。根据调研数据分析深圳人才环境现状如下:

1. 深圳人才吸引基本情况与分析

调查表明,深圳对人才的吸引力较强。具体来看,深圳人才认为深圳对人才吸引力"强"和"较强"的比例近45%,而选择"弱""较弱"的比例仅为7.1%,这与近年来大量人才持续来深的现实较为一致。

另外,对于重新考虑工作地的选择,高达近60%的人才仍选择深圳,也反映出深圳对人才的吸引力仍然很大。从学历层次来看,博士或博士研究生选择深圳的比例为48.2%,大大低于总体水平,而三成以上(35.7%)的博士或博士研究生选择了上海。此结果显示,深圳相对于上海对高学历人才的吸引力在减弱。

---

① 课题组成员曾于2004年3—5月历时3个月,与深圳市委组织部调研处合作进行了深圳建市以来第一次大规模人才问卷调查,受到了社会各界的广泛关注和支持,共发放问卷5000份,回收问卷4378份,有效问卷4373份,使用SPSS软件统计,经后期分半信度检验,一致性较好。本次调查问卷设计、调查组织、调查对象抽样结构、调查方法、调查结果统计,全部按社会调查规范进行。采用等比例类型随机抽取样本的组织形式,选择了党政人才、事业单位人才和企业(含国有企业、民营企业、外资机构或企业)经营管理人才、专业技术人才及高级技能人才四类人才为问卷调查对象,党政人才、事业单位人才、企业人才(含高级技能人才)发放的问卷比例为1:2:7。

2. 深圳人才评价基本情况与分析

不同行业、不同文化程度、不同年龄的人才对现有的"人才评价制度"基本认同，表示不太满意和不满意的仅占 14%。但有两种现象值得注意：

一是对本单位的人才评价制度评价低于各类人员自我评价。被调查者对自己知识能力适应现有的工作评价中，11.9% 满意，50.9% 较满意，30.8% 一般满意，不太满意和不满意的仅占 6.4%。

二是技师对现有评价制度的认同远低于其他职称人才的认同度。不太满意和不满意高达 34.7%。

3. 深圳人才激励基本情况与分析

深圳人才对现有激励机制整体评价偏低，认为满意的只占 6.4%，较满意的占 28.6%，不太满意和不满意的占 16%。

调查中还发现，虽然人才激励机制不健全，影响人才积极性发挥的因素有很多，但绝大多数受调查者认为："人才激励制度、激励结果的公正性、个人事业发展前景"是关键因素。

另外，调查结果显示，对深圳人才最具激励效率的是培养及事业支持，这也是建设深圳人才活力之都的关键所在。

4. 深圳人才保障基本情况与分析

深圳人才对现有人才保障机制满意程度较低，对保障机制满意、较满意的比例仅有两成多。保障机制是人才发挥活力的"后方"，如何使人才无后顾之忧，是深圳人才活力之都建设应重点关注的问题之一。

5. 深圳人才流动基本情况与分析

具有与物质资本同样的属性，人力资本的流动是创造活力的关键，保持人才合理、正常流动是建设人才活力之都工作的核心。

(1) 现有人才流动机制评价。调查表明，深圳各类人才对现有人才流动机制总体评价属中等偏上，满意和比较满意的占 25.6%，一般的占 50.8%，不太满意和不满意的占 9.8%，不了解的占 13.7%。深圳人才流动明显表现出三个特点：一是党政人才、事业单位人才、企业人才流动自由度差异明显。依次为由难到易，并表现为本类别内流动易，跨类别流动难;二是人才流动的行业差异明显。金融证券业人才流动易,旅游人才、会展业人才及文化人才流动难。三是人才流动的学历差异明显。高学历易,低学历难。

(2)深圳制约人才流动的关键因素。在对影响人才流动的因素分析中,数据表明,政策、户籍、年龄是制约人才流动的三大关键因素。

(二) 深圳人才使用状况与增强活力需求分析

1. 深圳三类人才分布状况分析

调查显示,从单位性质上看,深圳人才在党政机关、事业单位、企业(含国有、民企、外企)的分布比例为1∶2.48∶4.57;从技术职称及资格分布来看,中级技术职称比重最大,达39.2%。企业经营人才、中级职称人才是深圳建设人才活力之都的生力军,需要特别重视;另外,存量技师的不足,是中低端人才缺乏的一个信号,因此构建活力人才层次的结构性及适配性,将是我们下一步研究的重点。

2. 深圳三类人才使用状况分析

调查结果表明:党政人才队伍对自己知识能力与现任工作适应、才能的发挥及本单位领导重视程度的评价充满自信。认为很适应和比较适应就占65.2%,对自己的才能发挥,认为能够很好地发挥和比较好地发挥的占44.9%;本单位领导对自己的重视程度,认为重视和较重视的达58.2%。

事业单位人才评价的此三个数据依次为67.9%、43.9%和44.9%。

企业人才评价的此三个数据与前有一定差异,依次为国企60.9%、39.3%、47.1%;民企59.1%、44%、49.3%;外企56.5%、42.4%、47.9%。

3. 深圳三类人才增强活力、激发潜能的需求状况分析

调查结果表明:最希望得到培养和提高的能力,三类人才均认为排在前三位的是"创新能力、实践能力、学习能力",这与建设"人才活力之都"的内涵不谋而合;

最需要支持的条件排序是提供"时间保证、经费支持、好的培训机构和好的实践机会";

最希望得到的激励,对党政机关队伍而言,前三位依次是培养、晋

升、事业支持;对事业单位队伍而言,前三位依次是事业支持、培养、晋升;对企业管理队伍而言,前三位依次是培养、事业支持、晋升。三类人才对表彰及物质激励的需求较弱,这显示深圳人才的激励需求层次较高,是深圳建设人才活力之都激励环节需重点关注的细节。

由于本次抽样问卷的调查实施与统计样本充足、过程规范,调查结果具有重要价值,它是我们分析人才状况和有关人才政策的重要依据,对于"人才活力"建设课题来说,调查结果数据给了我们较大的启发和判断依据。

三 深圳建设"人才活力之都"之人才活力评价机制研究——人才活力指数评价模型与深圳实证分析

本课题研究构造了人才活力指数评价模型,设计了人才活力指标体系,来衡量城市人才活力水平。

(一)人才活力评价影响要素

经过大量的调研,本研究认为影响城市人才活力评价的要素应包括"人才年龄、人才创新、人才成长、人才流动、城市竞争力、制度环境与价值观认同"六个方面:

1. 人才年龄。一个城市人才整体年龄的高低是影响城市人才活力的重要因素。

2. 人才创新。创新是城市人才活力最大的精神力量,是能否体现人才活力的关键。创新又是竞争的保证,是人才活力的前提。人才创新主要体现在以下几方面:创新精神、创新思维方式、创新力。此外,人才的胆识、勇气、社会创新文化氛围等也对人才创新有一定的影响。

3. 人才成长。人才的成长性反映了一个城市人才活力的后劲,没有成长性的活力是不可持续的。人才成长作为影响人才活力的一个重要因素,本研究将之定义为人才学历比例,它反映了城市人才整体受教育程度的高低，是一个城市人才活力的内在素质体现。

4. 人才流动。经典经济学家告诉我们，社会人才在充分理性流动下，才能达到整体效能的最大化。这种效能的最大化正是人才活力的最大化外显。人才流动从系统的大人才市场观来看是正常的资源循环，是信息趋向对称的人才能职对位过程，更是保持城市整体人才活力的重要推动力量。

作为移民城市的深圳，不断有"新鲜人才"的注入，不断有"不安分人才"的对流，其结果不仅是人才对人才载体的"择优"，更是活力人才的"涌现""过滤"与"识别"。大批活力人才的集聚与涌动，激发出来的是深圳巨大的城市人才活力、强盛的城市人才竞争力。

5. 城市竞争力。城市在区域经济中扮演角色的重要程度，影响着对活力人才的吸引，强大的城市竞争力，显然是影响城市人才活力的基础因素。城市竞争力的不断提升，给城市人才带来的是更多的发展和更多的活力提升机会。

6. 制度环境与价值观认同。良好的制度环境是形成城市活力、人才活力、城市竞争力的重要基础。制度环境体现在法制程度、行为规范、城市文化、文明程度等诸要素。价值观认同是人才积聚，进而产生人才活力的意识形态基础，价值观以及趋同的人生观、世界观、工作取向等是人才积聚在物质因素之外的重要精神因素。

对于深圳人才活力要素的分析，要把深圳放在全国人才的大环境中来对比。深圳作为全国改革开放的"实验区"，在建市后经济高速发展的过程中，由深圳效率、深圳速度产生的与国内其他城市之间的体制与环境差别带来的强大吸引力，使一大批具有各类知识和技能的人才，以开拓的精神离开原有城市和单位来到深圳。这种能够储备、使用全国人才的优越条件对深圳过去超常规发展和巨大人才活力的形成起到了极其重要的作用。

此外，对城市人才活力的影响还有社会文化氛围、政治制度环境等因素。最后归纳城市人才活力评价影响因素如图1所示。

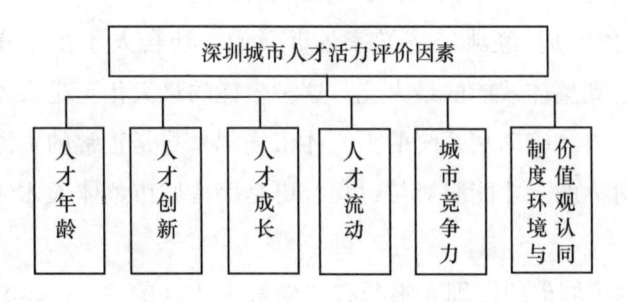

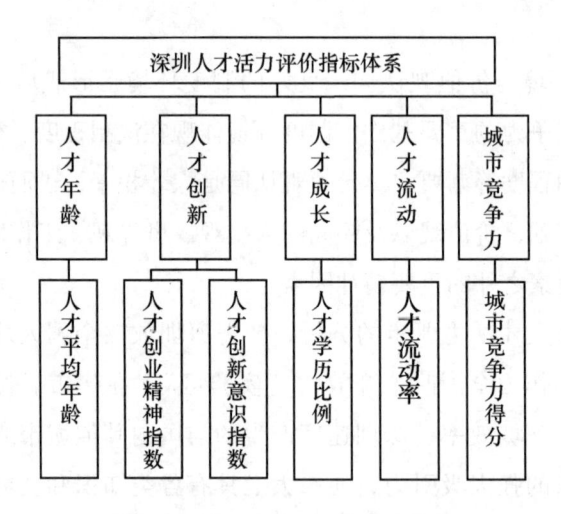

```
                深圳城市人才活力评价因素
    ┌─────┬─────┬─────┬─────┬─────┬─────┐
  人才   人才   人才   人才   城市   制度   价值观
  年龄   创新   成长   流动   竞争力  环境   认同与
```

图1　深圳人才活力评价因素

（二）人才活力评价指标体系

1. 深圳人才活力评价指标体系构建

根据对上述因素分析，考虑到因素细分指标数据采集难易，本研究构建深圳人才活力评价指标体系（见图2）。

```
              深圳人才活力评价指标体系
    ┌──────┬──────┬──────┬──────┬──────┐
  人才    人才    人才    人才    城市
  年龄    创新    成长    流动    竞争力
    │       │       │       │       │
  人才   人才创业  人才创新  人才    人才     城市
  平均   精神指数  意识指数  学历比例 流动率   竞争力得分
  年龄
```

图2　深圳人才活力评价指标体系

2. 指标定义

（1）人才平均年龄。人才平均年龄是城市人才整体年龄水平的基本标志，就人才活力来说，定义其为逆指标；

（2）创业精神指数、创新意识指数。根据《中国城市竞争力报告》

的研究成果，此处引用创业精神指数、创新意识指数两指标来概括人才创新因素，就人才活力来说，定义其为正指标；

（3）人才学历比例。此处选择人才学历比例来说明城市整体人才的动态成长性大小，人才学历比例为具有本科及以上学历人才占人才总量的比例，定义其为正指标；

（4）人才流动率。此处用人才流动率来表述城市人才整体流动程度，定义其为正指标；

（5）城市竞争力得分。城市竞争力包含着丰富的内涵，可从多个方面来说明，此处选用《中国城市竞争力报告》中的城市竞争力得分为指标，定义其为正指标。

（三）人才活力指数评价模型构建

为了定量整体评价城市人才活力水平，本研究给出一个综合的人才活力指数表示人才活力水平。由于人才活力具有动态性、递进性，故构造"线性增量复合人才活力指数"模型如下：

$$E_t = \sum_{i=1}^{n} \alpha_i \frac{P_{i,t} - P_{i,t-1}}{P_{i,t-1}} + \sum_{j=1}^{m} \beta_j \frac{Q_{j,t} - Q_{j,t-1}}{Q_{j,t-1}}$$

式中：

E_t——t 年人才活力指数值；

t——年份；

P——正指标值；

Q——逆指标值；

α——正指标的权重；

β——逆指标的权重；

n——正指标数量；

m——逆指标数量。

其中 $\sum \alpha + \sum \beta = 1$

（四）深圳人才活力评价实证分析

在前期调研基础上，结合深圳市统计局统计公报及有关公开出版资料,依据人才活力指数评价模型,就深圳人才活力评价实证分析如下。

1. 指标权重确定

指标权重采用专家评分法确定,课题组对深圳市有关领域的124位专家进行了抽样调查,其后,确定了对"人才年龄、人才创新、人才成长、人才流动、城市竞争力"五大主要活力影响因素作专家两两评分,经对82位专家评分回收计算整理,得出五因素下6项指标权重表1。

表1 人才活力评价指标权重

序号	指标	权重	
		名称	数值
1	人才平均年龄	β	0.1068
2	创业精神指数	α_1	0.1214
3	创新意识指数	α_2	0.1215
4	人才学历比例	α_3	0.0957
5	人才流动率	α_4	0.2015
6	城市竞争力得分	α_5	0.3531

2. 指标值采集与处理

由于目前人才统计体系的不完备性,使得评价指标数据采集工作相当艰巨,课题组广泛涉猎了公开刊物、书籍和有关媒体,得出深圳人才活力评价各项指标2002年、2003年数据值表2。

表2 人才活力评价指标数据表

序号	指标名称	单位	2002年			2003年		
			实际值	参照值	标准值	实际值	参照值	标准值
1	人才平均年龄①	岁	30.8	—	30.8	31.0	—	31.0

---

① 2002年值:南方网新闻中心,2003年1月7日(http://www.southcn.com/news/gd-news/nyda/200301070218.htm);2003年值:《深圳特区报》2005年1月4日,转引自深圳人才网(http://www.szhr.com.cn/seekjob-news/scdt/20050104-1.html)。

续表

序号	指标名称	单位	2002 年			2003 年		
			实际值	参照值	标准值	实际值	参照值	标准值
2	创业精神指数①	—	1	1	1	0.158	0.163	0.969
3	创新意识指数②	—	1	1	1	0.104	0.104	1
4	人才学历比例③	%	37.34	—	37.34	37.05	—	37.05
5	人才流动率④	%	12.00	—	12.00	13.70	—	13.70
6	城市竞争力得分⑤	分	203.03	368.39	0.551	217.65	330.92	0.658

注：人才学历比例指深圳市具有本科及以上学历人才占人才总量比例；

人才总量指深圳市中专学历及以上、中级职称及以上的人才数；

参照值为不同城市的最高值；

标准值＝实际值/参照值。

其中，由于"创业精神指数、创新意识指数、城市竞争力得分"三指标原均为当年的相对水平，为满足"线性增量"计算模型的要求，做技术处理如下：

$$标准值 = \frac{实际值}{参照值}$$

3. 2003 年深圳人才活力指数计算

正指标复合值：

---

① 2002 年值：倪鹏飞：《中国城市竞争力报告 No.1》，社会科学文献出版社 2003 年版，第 237 页；2003 年值：倪鹏飞：《中国城市竞争力报告 No.2》，社会科学文献出版社 2004 年版，第 375、389 页。

② 同上。

③ 来自深圳市人事局人才资源开发处。

④ 2002 年值：《市场报》2003 年 1 月 10 日，转引自人民网（http://www.people.com.cn/GB/shenghuo/78/1933/20030110/905413.html）；2003 年值：《深圳特区报》2005 年 1 月 4 日，转引自深圳人才网（http://www.szhr.com.cn/seekjob-news/scdt/20050104 - 1.html）。

⑤ 2002 年值：倪鹏飞：《中国城市竞争力报告 No.1》，社会科学文献出版社 2003 年版，第 1 页；2003 年值：倪鹏飞：《中国城市竞争力报告 No.2》，社会科学文献出版社 2004 年版，第 1 页。

$$\sum_{i=1}^{n}\alpha_i\frac{P_{i,t}-P_{i,t-1}}{P_{i,t-1}}$$

$$=0.1214\times\frac{0.969-1}{1}+0.1215\times\frac{1-1}{1}+0.0957\times\frac{37.05-37.34}{37.34}$$

$$+0.2015\times\frac{13.7-12}{12}+0.3531\times\frac{0.658-0.551}{0.551}$$

$$\approx 0.0927$$

逆指标复合值：

$$\sum_{j=1}^{m}\beta_j\frac{Q_{j,t-1}-Q_{j,t}}{Q_{j,t-1}}=0.1068\times\frac{30.8-31.0}{31.0}\approx-0.0007$$

最后得深圳人才活力指数值：

$$E_{2003}=\sum_{i=1}^{n}\alpha_i\frac{P_{i,t}-P_{i,t-1}}{P_{i,t-1}}+\sum_{j=1}^{m}\beta_j\frac{Q_{j,t-1}-Q_{j,t}}{Q_{j,t-1}}$$

$$=0.0927-0.0007$$

$$=0.0920$$

即 2003 年深圳人才活力指数 E_{2003} 为 9.2%。

4. 人才活力指数分析与深圳人才活力研判

人才活力指数 E 作为一种线性增量复合指数，不同数值反映了城市人才活力水平的提高程度，指数越大，城市人才的活力水平提高越快。上述计算表明，2003 年与 2002 年相比，深圳人才活力水平提高了近 10%，达到 9.2%，这也说明，深圳在过去较高活力水平的基础上，还在不断、大幅度地增强活力，其累积效应将在城市活力上强烈显示。

从活力水平提高的构成来看，得出影响指标变化率排序表 3。

表3　　　　　2003 年深圳市人才活力影响指标变化率排序

序号	指　标	2003 年变化率	对人才活力贡献率	贡献率排序
1	人才平均年龄	-0.0065	-0.0007	4
2	创业精神指数	-0.0310	-0.0038	5
3	创新意识指数	0.0000	0.0000	3
4	人才学历比例	-0.0078	-0.0007	4

续表

序号	指标	2003年变化率	对人才活力贡献率	贡献率排序
5	人才流动率	0.1417	0.0286	2
6	城市竞争力得分	0.1942	0.0686	1
	人才活力指数 E		0.0920	

表中数据显示出 2003 年深圳人才活力水平提高的新特点，即

（1）人才活力水平提高对城市竞争力增强的依赖为首因；

（2）人才流动仍然是人才活力提高的主要原因，占第二位。

但同时我们也应看到 6 项活力指标中，创业精神指数的标准线性增量指数为负值，发人深省，需引起警觉。

四 深圳建设"人才活力之都"之目标定位

（一）深圳建设"人才活力之都"面临的主要问题

1. 人才工作战略理念尚未明确，人才活力提升难以形成系统合力。

2. 人才增量长期依靠"外援"，存量人才素质提升已成瓶颈，人才活力提升处于被动。

3. 技能型人才运行机制缺位，总量不足、结构严重失衡。

4. 人才机制尚未脱离窠臼，尚未根本性突破。

5. 人才国际化水平程度不高，不能适应深圳建设国际化城市需要。

6. 人才制度存在不太合理和缺失现象，人才工作科学化水平亟待提高。

（二）深圳建设"人才活力之都"的目标定位——思路和突破

1. 深圳"建设人才活力之都"重点应突出三个思路

突出人才活力的人性化。就是要在人才理念上从物本现代化转变到人本现代化上来，这是社会对人才多样性的要求；

突出人才活力的人文化。就是要在人才环境上从经济现代化转变到人

文现代化上来，这是提升社会人文情怀养成能力的要求；

突出人才活力的国际化。就是要在人才战略上从本土化转变到全球化上来，这是深圳建设国际化城市的要求。

2. 深圳"建设人才活力之都"应在六个方面大胆突破

人才配置，要达到完全的市场化突破；人才吸引，要达到完全的人才国际化突破；人才评价，要达到完全的社会化突破；人才培养，要达到完全的大人才开发观和大人才投资观的突破；人才使用，要达到完全的大人才环境观（自然环境、人才环境）的突破；人才激励，要达到完全的大人才价值观的突破。

五 深圳建设"人才活力之都"对策与措施建议

根据目标定位，本研究建议"十一五"期间，深圳市人才工作应在八大方面做出对策：

1. 尽快确立建设"人才活力之都"的深圳人才工作战略理念，从战略高度凝聚人才合力；

2. 加大深圳美好城市形象宣传，以产业引进升级人才引进；

3. 建立多元化、多层次、分类型、灵活多样的人才开发系统，广开资源渠道；

4. 加快人才管理咨询、评价机构建设，完备选人、用人机制；

5. 支持人才创业，深化分配制度改革，完善政府奖励制度，强化人才激励机制；

6. 完善人才市场运作机制，规范人才合理流动；

7. 大力提升人才平台的国际化程度，全面推进人才国际化发展；

8. 加强人才工作研究，创新人才工作制度，提升人才工作科学化水平。

结 语

人才资源的快速增长是经济快速增长的最直接、最重要的推动力。城市经济发展必须大力开发人才资源，实行人才资源开发先行政策。对深圳来说，这一问题更加突出、更加重要、更加紧迫，更加关系到城市建设全局。"活力人才"是"活力经济"的发动机，我们提出"建设深圳人才活力之都"的理念和思路体系，希望其基本思路和对策研究能为深圳"十一五"规划提供前瞻性建议，对推动深圳经济建设、实现城市可持续发展具有一定的价值。

（2006 年 12 月）

中山市全民参与社会治理模式研究

匡和平　杜春梅　龚田波*

　　中山市委、市政府近年来为建立健全适应新时期社会治理特点的全民工作机制，中山相继开展全民修身等十多项全民参与社会治理系列行动。善治中山建设不断迈出新步伐，为广东实现"三个定位、两个率先"的目标做出了新的探索和贡献。"共治共享"已成为中山探索符合本地特色社会治理的重要标识，并先后获得刘云山、汪洋、胡春华、马兴瑞等同志的批示和肯定。

一　中山市全民参与社会治理的探索

　　依据社会治理的基本理论，从社会治理体系现代化的角度，中山市相继推出了提升文化自觉型全民参与、维护公共安全型全民参与、提供公共服务型全民参与、促进生态文明型全民参与等行动。

1. 提升文化自觉型全民参与

　　现代化意义的社会治理是社会组织、公民个体主动自觉的参与。公民自觉型参与是以公民高度的文化自觉和文化认同为前提和动力。为培育公

---

* 作者简介：匡和平，中山职业技术学院教授；杜春梅，中山职业技术学院讲师；龚田波，中山职业技术学院讲师。

民意识和公民精神，不断促进全民共建共享共融的社会治理格局，中山市着力推动提升文化自觉型全民参与。

（1）全民修身行动。2011年以来，中山市坚持以社会主义核心价值观为引导，制订了全民修身五年计划，大力实施公民意识培育行动、城市精神光大行动、优良品德倡导行动、公共文明实践行动、传统文化弘扬行动、幸福能力提升行动、新老中山人融合行动、阳光少年自强行动、干部尚德养廉行动、和美环境营造行动十大行动为支撑。全市共设立各类"修身学堂"1100多间，组织开展博爱文化月、学雷锋志愿服务月、邻里文化节等活动7000多场，邀请全国、省级专家学者开展修身主题讲座130多场，群众参与达100多万人次。活动中先后涌现出"中山好人"147名，其中7人荣登"广东好人榜"，18人荣登"中国好人榜"。抽样调查显示，98%的市民认为修身行动感染了自己，95%表示愿意加入修身行动中。

（2）全民创文行动。中山市作为首批"全国文明城市"，多年来坚持以人为本的理念，把广大市民作为创文的主体，把创建的过程变成中山人自我教育、自我完善的过程。紧扣惠民利民宗旨，投入超过70亿元用于雨污分流、绿道网络、公共自行车等民生工程建设。"十件民生实事"均邀请市民投票确定。通过主流媒体宣传、入户发放"文明城市小知识"等方式，鼓励支持新老中山人参与文明创建，共组建公共文明引导员队伍、敬老爱老志愿服务队伍1200多支、近16万人，文明志愿服务覆盖城乡。近两年城市文明指数测评均位居参评地级市的第一序列。

2. 维护公共安全型全民参与

全民参与社会治理行动以维护公共安全为主要抓手，重点推动维护公共安全型全民参与，做到公共安全领域政府、社会、公民的联防联治和良性互动，有效保障了中山社会的安定团结，中山人民的安居乐业。

（1）全民治安行动。全民治安行动自2012年初实施以来，以争创"全国治安最好城市"为目标，全面整合部门资源，广泛发动群众参与。通过创建"平安村居""平安校园""平安公交""平安厂企"等"平安细胞"，实现民意主导警务，从单靠公安抓治安向依靠全民参与治安转变。经过整合收编，组建起一支达42000人的联防队伍，与常住人口每万人配比数全省领先。2012年和2013年，全市警情分别连续下降11.4%和26.37%，2014年第一季度下降14.99%。2012年，连续五届荣获"全国社会治安综合治理优秀地市"称号，系全省唯一三夺"长安杯"的地市。群众安全感和政法工作满意度多年位居全省前列。

（2）全民禁毒行动。全民禁毒行动自2013年开展以来，以创建"全国禁毒示范市"为目标，以市公安局为主力军，大力开展大收戒、大审讯、大抓捕、大举报、大宣传、大管控工作，对吸毒人员全数查处、涉毒场所全部管控、制运贩毒全力打击、戒毒康复全程帮扶，无毒创建全民参与。通过积极创建"无毒镇区（社区）"，开展"全民禁毒百日宣传"活动、"2013年阳光接力计划"等系列教育活动，凝聚各界"全民禁毒"共识。重奖涉毒线索举报、扭送吸毒人员，最高金额达到30万元。2013年，全市共收到涉毒举报电话4000多个，发放奖励金100多万元，由此抓获吸贩毒人员1300多人。2013年，全市累计查处吸毒人员8331人次，为上年同期的1.7倍，查处率居全省第一。

（3）全民防"医闹"行动。2012年4月，在全国率先启动开展全民防"医闹"行动，创建无"医闹"城市。通过发动市民开展"医闹闹了谁"大讨论，在全市形成关于"医闹"危害的统一认识。卫生部门狠抓医德、医风、医技建设，提升医疗质量，从源头上防御和减少医疗纠纷的发生。公安机关依法提前介入，规范处置程序，变"闹后被动处置"为"主动防闹未然"。成立市镇两级医疗纠纷调解委员会，健全第三方调解机构，建立由医学会、资深医生志愿者500多人组成的医学顾问专家库，畅通医疗纠纷依法调处渠道。行动开展以来，2013年全市重大医疗纠纷同比下降88%，医院刑事、治安案件同比下降50%以上，全市未发生一起"医闹"事件。

3. 提供公共服务型全民参与

为公民提供广覆盖、高水平的基本公共服务和公共产品是现代化意义社会治理的另一个重要任务。中山市全民参与社会治理行动以提供公民基本公共服务为出发点，激发基层社区、社会组织的活力，促进基本公共服务均等化，实现新老中山人融合，提升公共服务的覆盖面和高水平。

（1）全民社区共治行动。中山市大部分社区出现人口倒挂现象，面临破解双重二元结构的难题。为从根本上维护社区和谐稳定，促进新老中山人共治共融共享，必须发动社区各阶层居民参与社区治理。中山市开创了社区建设协调委员会制度和社区居委会特别委员制度，大力实施全民社区共治行动。社区建设协调委员会是以村（居）党组织为核心，由社区有影响的企事业单位、物业管理公司、社会组织、居民代表等共同组成，按照共驻、共建、共享的原则参与社区建设的群众性组织。社区居委会中的特别委员制度，是指村（居）委会通过"推荐+选举"的方式，在外来人口集中的村居，聘任优秀异地务工人员代表为村（居）委会特别委员，特别委员与其他村（居）委会委员共同参与与异地务工人员密切相关的社区自治、事务管理、监督评议等工作。2013年社区建设协调委员会召开协调和协商会议达2483多次，协商事项达2397多宗，被村（居）委会采纳的建议和意见约918条，开展公益慈善活动745多次，开展社区共驻共建活动和社区服务688多次，协助调解社区矛盾和纠纷约848宗。2013年村（居）特别委员接访异地务工人员达3288人次，收集的建议和意见1328条，应邀参加或列席村（居）委会会议约938次，组织异地务工人员参与社区活动约981次，开展民主评议和民主监督约478次。

（2）全民公益行动。中山市大力实施博爱名城公益工程。以"慈善万人行""博爱100"公益创投为制度化平台，深化全民公益行动。"慈善万人行"27年累计筹款超过10亿元，参与人数超过2700万人次，已成为中山人新民俗文化。"博爱100"公益创投由政府出种子资金、搭建公益创投平台，热心市民与企业参与、资助和监督公益项目，社会组织策划、竞投和实施公益项目，通过三方联动，带动更多社会资源点对点地投向社会公益性的公共服务。人人参与公益、人人享受公益的理念深入人心，市民自发参与公益、资助公益蔚然成风。"博爱100"公益创投入选今年广东"政府治理能力现代化"优秀案例。

（3）全民健身行动。2011年以来，市级财政资金投入2000多万元，引导镇区和社会力量投入约 3 亿元，实现了"100% 镇区建有全民健身广场、100% 行政村建有健身苑、100% 社区建有健身点、100% 全民健身场地设施全天候免费向社会开放"。积极培育体育组织，30 个单项运动均建有体育类协会，3 年新增社会体育指导员 2100 多人，100% 的镇区设立了国民体质监测站点，形成了市、镇、村三级国民体质监测网络。2011 年 9 月，中山市被国家体育总局确定为"全民健身示范城市"。

（4）全民创业行动。率先在全省建立高校毕业生创业农业孵化基地，建立创业孵化基地 12 个，完善创业公共服务平台，组建由高校教师和本土企业家组成的创业培训师资队伍，为创业人员提供政策咨询、项目推介、融资贷款、创业技能培训、创业援助"一条龙"服务。截至 2013 年底各类市场主体累计达到 24 万多户，创业带动就业 209 万人，每名创业者平均创造就业岗位 8.6 个。

4. 促进生态文明型全民参与

既要金山银山，也要绿水青山。生态文明建设日益受到党政部门和社会各界的广泛关注。中山市全民参与社会治理在实践中顺应时势，积极推动促进生态文明型全民参与。

（1）全民绿化行动。2011 年，以"三年绿化大提升"为契机，开展全民绿化行动。坚持"树木与树人相得益彰"的理念，以冠名"合家欢林、及第林、巾帼林"等主题林方式，动员全民认捐认种认养，形成了"政府引导，社会投入；政府搭台，全民参与"的绿化工作机制。3 年间，全市共投入绿化资金 37 亿元，其中社会投入占六成；森林覆盖率、蓄积量分别由 2010 年的 19.1% 与 191 万立方米提升到 2013 年的 19.43% 与 225.92 万立方米；建成区绿化覆盖率达 36.29%。

（2）全民创卫行动。自 1995 年开始创建全国卫生城市，成为国家首批卫生城市。近年来，广泛开展"爱国卫生月""世界卫生日"等卫生宣传教育活动主题系列活动，形成全民创卫的良好氛围。在全市范围内深入开展创建全省卫生镇、卫生村活动，进行了城区卫生清洁楼（户）等卫生先进单位评选，狠抓垃圾收运系统、公厕、市场等基础卫生设施建设，改善城乡卫生环境。至 2013 年底，18 个镇全部创建为广东省卫生镇，其中 15 个为国家卫生镇。全部行政村均创建为广东省卫生村，是全省唯一一个全部行政村均创建为省卫生村的地级市。

中山市综合运用公民权利型参与、义务型参与、自觉型参与、兴趣性参与、实惠型参与等多元化参与动机，最大限度地调动公民参与社会治理的积极性。

二 中山市全民参与社会治理的成效与经验

中山市在社会治理实践中，转变社会治理理念，改进社会治理方式，开展系列全民参与社会治理行动，初步形成了具有中山特色的模式及其宝贵的实践经验。

（一）围绕实惠，促全民"愿"参与

这是解决全民参与的"为什么参与"的做法，即动力问题。围绕给群众实惠，从群众的切实利益出发，解决民生问题，促全民"愿"参与，提高全面参与的主动性和积极性，打好"民生牌"和"民心牌"。一是通过"民生工程"的实惠，促全民"愿"参与。坚持把顺民意、解民忧、惠民生作为一切工作的出发点和落脚点，仅 2013 年全市民生财政支出就达 154.8 亿元，占支出比重 72%。近两年"十件民生实事"全部由市民"票选"确定，环境优美的绿道网络，遍布城乡的主题公园，随处可见的健身广场，医疗、社会保障城乡统筹，母亲河岐江的综合治理，公交优先再优先等一批民生工程的实现和推进，都给了群众看得见的实惠，激发了全民参与社会事务的热情。二是通过重奖举报的实惠，促全民"愿"参与。在全民治火、全民禁毒、全民除"三害"、全民清"三非"等行动中，以重奖广泛发动群众举报，使违法犯罪行为陷入人民战争的汪洋大海之中。全民治火行动从 2009 年实施以来，累计受理举报 2980 多宗，发放奖金 380 多万元。全民禁毒行动 2013 年共收到举报 4000 多个，根据线索抓获吸贩毒人员 1300 多人，发放奖励金 100 多万元。全民清"三非"行动以处罚非法聘用"三非"的厂企来兑现重奖，大幅提高奖励，查处

"三非"较去年同期增加5.5倍,其中群众举报占81.9%。

除了围绕实惠这一根本性工作以外,促全民"愿"参与,还加强宣传发动这一辅助性工作。充分用好传统主流媒体和网络社交媒体,用群众喜闻乐见、雅俗共赏的形式发动群众,唤醒群众的主体意识。如全民修身行动编印了《修身故事》等修身读本10多种50多万册,制作发布修身公益广告5万多幅(条),征集市民原创和推荐的修身格言70多万条,转发量超过1100万条次。尤其是,大力宣传身边的典型,促全民"愿"参与。在全民修身、全民创文行动中,非常注意挖掘,并表彰推崇身边的"好人"、身边的典型,以典型激发善心,激发良心。在开展了博爱文化月,学雷锋志愿服务月,邻里文化节,我推荐、我评议身边好人等"一月一主题"活动,涌现了"中山好人"147名,其中7人荣登"广东好人榜",18人荣登"中国好人榜"。

(二)畅通渠道,促全民"能"参与

这是解决全民参与的"怎么样参与"的做法,即路径问题。一是畅通全民通过社会组织参与的渠道。出台社会组织"1+9"政策体系,设立总额400万元的社会组织培育发展专项资金。至2013年底,全市登记、备案社会组织达2170家,增长31%,增速较上年提高了24个百分点。深化行政审批制度改革,在审批事项由原来的1404项减少到目前的285项的同时,出台政府职能转移目录和具备资质条件承接政府职能转移的社会组织目录,向等级评估达到3A以上的80多家社会团体委托授权或购买服务,促进社会组织的发展。充分发挥工青妇、工商联等人民团体对社会组织的引领作用,启动首批枢纽型组织认定工作,市青志协、总商会、清风自游人公益服务中心等7家社团被确定为首批市级枢纽型组织。二是畅通全民通过基层社区参与的渠道。推进全民参与的细胞工程建设,以社区建设"2+8+N"模式为龙头,将村居、厂企、学校、医院等基层"细胞"打造为组织群众、发动群众的重要载体,市民参与社会治理渠道更为通畅。以全民治安、全民禁毒为例,全市93%的村居、90%的厂企(工业园)、91%的小区、98%的校园、97%的医院达到平安创建标准。

聘任优秀异地务工人员担任村（居）委会特别委员，全市共有 198 个村居聘有特别委员 603 人，2013 年参加村（居）委会 990 多次，特别委员成为带领异地务工群体参与社会治理的重要力量。三是畅通全民通过具体项目参与的渠道。举办"我为中山善治献一策"金点子大赛，近两年每年收到点子数量达 800 多条，50 多个金点子转化为部门实际行动，18 个金点子通过公益创投，委托社会组织实施，探索了非基本公共服务的社会化供给模式。许多金点子转化为项目后深受市民欢迎，吸纳了许多热心人士参与和资助，形成了"群众点餐、政府支持、社会配餐"的模式。四是畅通全民通过软硬件设施参与的渠道。全民公益行动以"博爱 100 网络公益园"、网络文明行动在网上网下不断传递着温暖，传递着正能量。全民健身行动中，镇区和社会力量投入约 3 亿元，实现了"100% 镇区建有全民健身广场、100% 行政村建有健身苑、100% 社区建有健身点、100% 全民健身场地设施全天候免费向社会开放"，全民健身行动蔚然成风。

（三）解决问题，促全民"齐"参与

这是解决全民参与的"全民性程度"的做法，即主体问题。坚持从群众关心的社会现实问题入手，以群众迫切需要解决的问题为导向，针对群众关心的重大社会现实问题，通过媒体网络讨论、设置"城市论坛"对话、上门解释交流等多种形式，充分宣传动员，唤醒群众"建设更加幸福和美中山"人人有责的主体意识，不断凝聚全民参与的和谐正能量。全民修身行动立足于市民自我教育、自我提升。反映市民身边的《修身故事》等 10 多种修身读本共 50 多万册，在群众中广为流传。社会各界自发制作张贴修身公益广告共 5 万多幅（条），市民原创和推荐的修身格言达 70 多万条，转发量超过 1100 万条次。市民群众通过机关、居民（村民）、企业、学校、新中山人、服务业六大类其 1100 多间的"修身学堂"，参与修身，累计人次达 100 多万人次。全民创文行动中，近 16 万群众参加了公共文明引导、敬老爱幼志愿服务等 1200 多支志愿服务队伍。全民治安行动中，300 多万人次的市民群众参加了集中宣传 1684 场次。

全民防"医闹"行动开展"医闹闹了谁"全民大讨论,在全市上下形成共同打击"医闹"共识。全民公益行动以"慈善万人行""博爱100"公益创投为制度化平台,其中"慈善万人行"连续举办27年,募集善款超10亿元,累计参与市民超过2700万人次。

(四)保障措施,促全民"真"参与

这是解决全民参与的"什么样性质"的做法,即真假问题。全民参与行动难点在参与,而参与的难点又在于是"真"参与,还是"假"参与。坚持实事求是原则,制定促使全民参与的保障措施,以促全民"真"参与。一是用行动的实效促全民"真"参与。全民治安行动从2012年提出争创"全国治安最好城市"以来,警情近两年分别下降11.4%和26.37%,2014年第一季度下降14.99%;全民治"医闹"行动已实现两年零"医闹",医德医风也大有转变;全民禁毒行动实现了吸毒人员收戒查处率全省第一;全民治火实现了连续三年火灾零死亡;中山市连续五届荣获"全国社会治安综合治理优秀地市"称号,系全省唯一三夺"长安杯"的地级市。全民绿化行动,三年种树100万株,中山成为广东第一个全国生态城市,城市建在花园中,花园建在城市里成为现实。扎实的行动成效促进了全民真心参与的良性循环。二是用坦诚的互动促全民"真"参与。在全民除"三害"行动中,公开网上征集热心网友群众参与执法,当面"抓阄"确定明察暗访的场所。对群众的举报线索必核、属实必查、异地查处、顶格处理。2014年以来检查场所54688间次,停业整顿场所15间,全市文化娱乐场所基本实现无"三害"。发动全民禁毒"大收戒",涌现了很多父亲举报儿子吸毒、妻子协助民警收戒丈夫等"大义帮亲""大义救友"的感人故事。2013年全市累计查处吸毒人员8330多人次,查处率居全省第一。三是用严格的保护促全民"真"参与。全民治安、全民除"三害"、全民治火、全民禁毒行动均设专人接待举报人,严格保密举报人信息,目前没有发生一起打击报复事件。踊跃、准确的举报成了行动成功的有力武器,在全民治火行动中,形成了一批监督举报群体,其中一位市民三年来举报火灾隐患近百宗,获得奖

金 30 余万元。

（五）健全机制，促全民"常"参与

这是解决全民参与的"能否常态化"的做法，即机制问题。为促进全民参与的常态化，必须加强长效机制建设。一是规划先行。在全国地级市中率先出台了中长期社会建设规划纲要，其中围绕如何加强全民参与，明确了指导思想、基本目标、基本原则和保障措施。全民修身、全民治安、全民绿化等行动都制定了相应的三年、五年或十年规划，明确了具体工作进度、目标。二是机制健全。全市十大全民参与行动均明确了群众日常参与办法和激励机制。如全民修身行动制定了具体的测评体系，将修身行动指标化；全民防"医闹"行动制定了预防和处置医闹工作指引，成立市镇两级第三方医疗纠纷调解委员会，畅通医疗纠纷依法调解渠道；全民公益行动创新提出了政府、社会组织、热心市民与企业三方联动的"公益 1+1+1"模式，带动更多社会资源点对点地投向公益性的社会服务。三是机构和资金保障有力。成立了市社会工作委员会，在各镇区成立基层社工委，各委员单位形成了强大合力，协同推动全民参与社会治理工作。设立市级社会管理与创新专项资金，2014 年资金总额增至 7500 万元，十大全民参与行动都相应配齐了专项财政保障经费，确保各项行动顺利进行。

实践证明，中山市全民参与社会治理行动能够真正把群众"组织起来"，让市民"活跃起来"，使政群"互动起来"，最终达至地方"发展起来"的目标，能够确保中山市走上一条既有经济发展，又有社会进步的新路子。

（2014 年 6 月）

基于建设幸福广东背景下广东省扶贫开发"双到"工作实施情况的调查报告

——以江门帮扶韶关为例

刘伟斌*

一 我省扶贫开发"双到"工作实施的背景

改革开放30多年,广东经济的腾飞有目共睹。然而,由于地理区位、经济基础、历史文化、体制机制等多方面因素的影响,广东东西北地区仍有不少村民还过着靠天吃饭的贫困日子。据省扶贫办数据显示,2009年广东农村年纯收入1500元以下的贫困人口有316万人,占全省农村人口的6.14%,高于全国4.6%的贫困发生率。① 富裕的珠三角城市群与穷困的粤东西北山区形成了鲜明对比,广东区域发展不平衡、贫富差距大的问题日益凸显,制约着幸福广东的建设。

2009年,广东出台《扶贫开发"双到"工作的实施意见》,启动新一轮扶贫开发工作,正式向广东的贫穷宣战,在深入贯彻落实科学发展观

---

* 作者简介:刘伟斌,江门职业技术学院教师。
① 黄修杰:《"双到"模式下开展科技扶贫工作的几点思考》,《江西农业学报》2012年第7期。

的背景下，广东省直机关、各地级市纷纷响应，并选派驻村干部深入贫困山区，开展扶贫开发工作。其中江门市负责帮扶韶关市乐昌市和翁源县两地。截至2013年1月，三年的扶贫工作已经接近尾声，取得了阶段性的成效。

二 扶贫开发"双到"工作实施的正面影响

从2010年至今，广东通过扶贫"双到"举措，以点对点的"靶向疗法"进行扶贫开发，力度之大，责任之强，措施之多，对被帮扶的村委会和村民都已经产生了明显的正面影响，主要表现在：

（一）明确责任，形成合力，各级党委政府投入力度前所未有

我省这次扶贫开发工作创新形式，采用"双到"模式，重心下移，创建"瞄准"机制——"规划到户，责任到人"，将扶贫"重心"从县延伸到村、户，一步到位。扶贫工作的责任主体由政府主导转为政府引导与支持社会力量共同参与解决贫困问题，扶贫工作的瞄准对象由贫困区域转为直接帮扶到贫困农户或贫困人口。

2009年下半年，江门市正式启动韶关乐昌、翁源两地扶贫"双到"工作，市委市政府把扶贫开发"双到"工作当作一项重大政治任务，精心组织，周密部署。三年来，江门市多次召开扶贫扩大会议、扶贫现场会议等，推进扶贫开发力度。从2010年至今，共派出驻村干部493名，帮扶单位148个，帮扶村共80个，10714户贫困户。

（二）因地制宜，一村一策，帮扶村贫困落后的面貌改善程度前所未有

三年来，各帮扶单位结合当地的自然条件和经济环境，选择了适当的方式促进当地村集体经济发展。除了资助各村委会以股份制形式入股水电站，增强村集体经济外，各帮扶单位还结合当地实际客观条件，因地制宜种植价值高的农作物，增加村集体收入。如江门移动通

过帮扶乐昌白石镇上黄村种植中草药，与清远新康中草药有限公司合作种植薄荷，收割后统一销售给清远新康中草药公司，大大提高了村集体收入。

（三）多管齐下，一户一法，贫困户生活状况得到前所未有的改善

近三年来，在各帮扶单位的大力支持下，因地制宜，采取"一户一法""靶向疗法"，贫困户生活状况得到前所未有的改善，主要表现在：

1. 创新帮扶模式，贫困户个人经济收入提高明显

江门帮扶工作组因地制宜，创新模式，采取多种方式，提高贫困户的个人收入。如江门市委办帮扶的翁源县仙北村，采取"公司＋合作社＋农户"的现代农业生产模式，将农户组织起来，建立仙北蔬菜专业合作社，同时做大传统兰花产业，由原来的820亩发展到1000多亩，带动农户107户，年增加经济收入1800多万元，成为粤台农业合作实验区翁源核心区的特色品牌。

2. 完善社会保障，做到应保尽保

为防止脱贫户因病返贫，积极发动被帮扶镇贫困户参与新型农村社会养老保险和新型农村合作医疗保险，调查显示，关于新农保、新农合方面，三年来，做到应保尽保，各村贫困户新农保、新农合参保率均达到100%。关于低保和五保方面，对镇贫困村中缺少劳动能力的"老、弱、病、残"的贫困户，尽量协助纳入低保，确保其拥有最低生活保障，使扶贫工作达到全覆盖。

3. 进行智力帮扶，确保贫困户子女不因贫困辍学

三年来，各帮扶单位投入了大量的人力物力开展"智力帮扶"，智力帮扶的形式也呈现多样化，如对各贫困村小学、各阶段的贫困学生进行全面助学，如鹤山市先后资助了乐昌市梅花镇376名贫困学生继续完成学业，投入助学金近50万元，确保了贫困家庭子女九年义务教育普及率达100%。近三年，在各帮扶单位的资助下，各村接受义务教育率均为100%。

4. 推进危房改造，贫困户安居工程进展顺利

驻村干部根据省扶贫办的要求，在村领导班子配合下，经过调查核

实、入户动员、征求意见、分类指导、确定方案、明确标准、落实资金等各项工作，至2012年底，各帮扶村危房改造任务已全部完成。如江门供电局帮扶的乐昌市白石镇当阳村共改造危房36户，并顺利通过验收，全面完成两年危房改造任务。

5. 加强培训，强化贫困户种养技能和外出务工技能

近三年来，各村委会结合当地实际，邀请相关专家到农村举办农技和技能培训课，基本每年定期举办2期农技培训和1期非农技技能培训。如举办焊工、木工、电工、黄烟、大豆、辣椒、蔬菜种植，以及养猪、养鸡等技能培训，村民参与积极性较高，大大提高村民农业生产和技工水平。

三 扶贫开发"双到"工作实施过程中存在的问题

广东三年来开展扶贫"双到"工作取得了巨大的成效是有目共睹的。但是，真正实施的过程中仍存在一些不足，具体表现在：

（一）帮扶单位之间资金投入不一，项目推动力度不均衡

目前，全省扶贫帮扶单位的资金筹集渠道和投入数额各不相同。以乐昌白石镇为例，江门共有6个工作组18个单位帮扶，近三年来6个工作组投入的资金总额为2079万元，其中，投入超过400万元以上的单位有2个，资金总额最高的为690万元，最低的为210万元，两者相差480万元。各单位投入资金不一样，势必带动贫困村之间的攀比，影响到镇、村干部对落实帮扶项目的工作热情和积极性，进而影响贫困村产业帮扶项目的实施。

（二）帮扶村与镇之间联动不明显，乡镇扶贫机构亟待完善

扶贫开发"双到"改变了过去那种"面上扶贫"方式，但在实际运作中，各个村委会的整体战斗力存在一定的差异，单靠村委的力量，对一些大项目的落实比较困难；目前扶贫开发虽然也明确了乡镇一级的责任，

但由于我省很多乡镇一级政府基本上没有专职的扶贫机构，一定程度上影响了扶贫开发的成效。

（三）扶贫考核评价有待进一步完善，长效机制有待进一步健全

新修订的《广东省扶贫开发"双到"工作考核验收指标体系》虽根据帮扶对象的类别，有一定的改进和完善，但对于考核验收指标，还存在一定的不足，如劳动力技能培训率、公共服务设施拥有率等方面不宜定得太多太细，应该根据当地或山区的实际情况来考核。

在长效机制方面，各帮扶地发展产业不均衡，不少村已经建立了专业合作社，但实际运作中会遇到不少困难；此外，各帮扶单位派驻的驻村干部轮换比较频繁，造成驻村干部与当地干部沟通交流不到位，扶贫项目规划不到位，使扶贫开发项目的跟进落实受到一定的影响。

四 建议与对策

扶贫减贫工作是一项长期性、艰巨性、复杂性的任务，课题组在进行了认真、细致的讨论和分析，并与扶贫驻村干部交流，请教了相关领域的专家和政府相关部门人士的基础上，形成共识，对新一轮扶贫开发工作提出如下建议：

（一）政府主导，统筹规划，整体谋划新一轮被帮扶地区的规划

一是要做好新一轮帮扶地区整体脱贫的规划和设计。建议省委省政府在新一轮扶贫开发整体规划谋划中，可以根据实际情况，将对口帮扶关系做出适当的调整。将珠三角经济实力较强的广州、深圳、佛山、东莞、中山、惠州6个地市作为新一轮扶贫工作对口帮扶的主力，而江门、珠海2个地市可以整合资源，合力帮扶一些区域，肇庆则可以进行自身帮扶。[①]

[①] 广东省教育厅机关党办：《因地制宜开展扶贫开发"双到"工作》，《南方农村》2012年第2期。

整合资源，形成合力，进一步推动扶贫开发的力度。

将扶贫开发规划与当地特色资源开发紧密结合起来，如省内东北部山区规划可以将扶贫与休闲旅游结合起来；又如我省东部沿海可以将旅游资源开发结合起来，西部沿海、沿江的扶贫开发可以和当地的滨海、滨江建设结合起来，整体推进，既体现特色，又不放任自流。

二是要有"路通财通"的思路，树立大交通、大扶贫、大发展的思路。建议省政府交通厅会同省发改委，进一步研究被帮扶市（县）沿线高速公路规划以及铁路修建的可行性，加快推进洛湛（洛溪至茂名段）铁路、韶（关）赣（州）铁路、广珠铁路、梅（州）惠（州）高铁、广（州）梅（州）高铁等建设，促进我省各级政府联动、资源整合、全面参与，有利于大交通、大扶贫、大发展格局的形成。

（二）财政调节，整合资源，协调帮扶单位的资金投入

省级政府以及珠三角经济发达的市应该更加充分考虑到扶贫资金的统筹协调问题，按照"政府主导、分类指导、整合资源、统筹协调"的原则，积极发挥省政府和帮扶地级市政府的主导作用，整合各地帮扶单位的资源，建立帮扶单位之间沟通、交流及合作的平台。[①] 在下一轮的扶贫开发工作中，每年在省级财政中可建立优质扶贫项目申报及激励机制，为有良好项目，但资金相对短缺的帮扶单位（包括企业单位）提供一定的经费补助，以充分发挥各帮扶单位的优势。

（三）强化责任，加大激励，发挥镇村两级干部的主观能动性

充分发挥帮扶单位的引导作用、驻村干部的协调作用、镇村干部的带头作用、贫困户的主体作用。首先，要进一步明确镇一级政府的责任，强化和落实我省镇政府的扶贫责任。梳理现有乡镇扶贫"双到"办公室的机构设置，督导各乡镇要单独设置扶贫开发"双到"办公室，并配专职

---

① 李鲁云、田晓霞：《广东扶贫"双到"创出建设幸福农村新路子》，《广东经济》2012年第4期。

的乡镇干部，以协调、推动各个帮扶项目的开展。其次，有关部门可以对村委会出台相关管理文件，建立激励机制，对村集体收入可以设定一个基数，超过这个基数，明确分配方案，提高村委干部以及贫困户参与扶贫开发的工作积极性。

（四）找准症结，创新模式，优化产业结构，带动全村农户致富

从长远来看，开展项目扶贫，要进一步着眼于增强贫困村和贫困户自身的"造血"功能，要紧紧依靠当地的自然资源以及现实生产经营方式，积极开展产业化、特色化扶贫，选择最有特色及优势的产业项目，建立区域化种养基地，形成主导产业。

要充分发挥农业龙头企业或专业合作社的辐射带动作用，坚持"公司＋基地＋农户""专业合作社＋农户"以及"金融合作互助"等方式，大力发展生态农业、休闲农业和农产品深加工产业，加快推进农业产业升级，优化结构，将资源潜力转化为带动贫困户脱贫致富的动力。

（五）转移就业，培训下乡，以职业技能培训提升贫困户发展技能

随着扶贫开发的深入，劳务输出也成为贫困户增加收入的重要途径之一。建议由省人力资源保障厅和省教育厅联合动员，将东西两翼被帮扶地区的中等职业技术学校和高职院校的培训资源进行有效统筹，整合师资资源，根据"就近原则、加大培训"的原则，开展"中专和高职下乡培训"工程，派驻当地的师资、设备等资源，与驻村工作组、村委会联合起来，利用春节、清明、中秋等回乡假期，进行"技能培训下乡"，切实加大对帮扶对象的技能培训。

（六）落实责任，动态监控，进一步健全扶贫开发考核评价机制

建议在新一轮的扶贫开发考核评价工作中，首先，要梳理考评指标体系，考评的侧重点应该放在对村集体收入和贫困户个人收入提高方面，减少烦琐或重复资料档案考评工作的比重。其次，要将当地镇政府的责任纳入考评问责当中，强化当地的扶贫意识。最后，要引入非政府性质的监测

机构，采取随机抽样、不定点抽查的方式，通过电话访谈、实地考察等，检查帮扶单位和当地政府的重视程度、驻村干部的到位程度、帮扶项目的落实情况等。

（七）制度为先，激励为重，进一步健全扶贫开发的长效机制

一是加大对扶贫驻村干部的激励。省、市应该重视驻村干部的选拔，加大对驻村干部的激励，相对稳定驻村干部队伍。如可以进一步细化驻村干部的驻村制度，一年一个阶段，避免轮换太频繁；如驻村干部自身有意愿，连续服务3年或5年以上并且考核合格的，破格提拔使用。

二是结合目前的选调生机制，进一步强化大学生村官政策，打造一支本土化、年轻化、战斗力强的干部队伍。建议由省委组织部牵头，会同省扶贫办一起制订和施行《广东大学生村官五年配备和培养计划》，结合选调生的培养，从应届大学毕业生中选拔优秀人才到镇、村服务5年，考核合格者，可以在本省公务员考试或研究生考试中适当加分[①]；表现特别优秀的，在同等条件下，可以考虑破格任用，直接留在乡镇工作，逐步使乡镇、村委干部年轻化，努力培养和打造一支本土化、年轻化、战斗力强的干部队伍，促进扶贫开发工作的进展。

（2013年3月）

[①] 陈梓敏：《广东"双到"扶贫模式实施效果研究：以汕头市潮南区红场镇水头村为例》，中国农业大学，2012年。

乡村振兴战略在广东的推进路径分析

杨新荣　唐靖廷[*]

党的十九大报告已对"乡村振兴战略"做了重要部署，主要围绕"实现农业农村现代化"的总目标，按照"产业兴旺、生态宜居、乡风文明、治理有效、生活富裕"的总要求，坚持"农业农村优先发展；建立健全城乡融合发展体制机制和政策体系"两项基本原则，实施"巩固和完善农村基本经营制度；构建现代农业产业体系、生产体系、经营体系；健全自治、法治、德治相结合的乡村治理体系；培育一支懂农业、爱农村、爱农民的'三农'工作队伍"四项重大措施。

"乡村振兴战略"重在加快推进。为了研究这一战略在广东的推进路径，笔者深入广东省农村工作部门和部分乡村进行了社会调查，本文在认真解读"乡村振兴战略"的基础上，结合广东实际，就乡村生态文明、农业农村现代化、粮食安全保障、农业科技进步、农业社会化服务、新型城镇化建设、农村土地制度改革等方面提出推进路径。

---

[*] 作者简介：杨新荣，二级教授，广东白云学院社会与公共管理学院院长，硕士生导师，广东省人力资源研究会副会长，珠三角城乡统筹发展与社会治理研究中心常务副主任；唐靖廷，广东白云学院应用经济学院教师，副教授。

一 乡村生态文明：乡村振兴的基本要求

乡村生态文明是指农民在长期的生产和生活中所形成和创造的优美生态环境与良好文明行为的总称。主要包括乡土文化、环境治理、农耕文明、生态植保、民俗风情、文明礼节、科技推广、节约资源等生态文明行为，这是乡村振兴的基本要求。

40年的改革开放，广东的工业，特别是制造业得到了快速的发展，但是由于一些利益主体的短期行为和急功近利，加之改革初期对环境保护的力度不够，积累的环境治理问题日益突出，根据中央第四环保督察组2016年11月28日至12月28日对广东省环境保护的督察所发现的问题主要有两个方面：

一是环境保护推进落实不力，导致一些地区和部门对环境保护重视不够。二是水污染问题严重。截至2016年底，广州市重点治理的河流51条中有35条不达标，仍然是黑臭水泛滥。广东省69条主要河流124个监测断面水质达标率仅为77.4%。

由于广东省在快速推进工业化的过程中生态环境建设欠账过多。因此，必须实行最严格的生态环境保护制度，要打好大气、水、土壤污染防治"三大战役"，加快补齐生态环境短板。统筹山水林田湖的系统治理，像对待生命一样对待生态环境，形成绿色发展的生产和生活方式。通过保护绿水青山来提升农民生活质量，改善农村人居环境，建设美丽乡村。要从扩大林草覆盖率，加快自然风景区建设，修缮名胜古迹，加快垃圾回收处理、三废处理、水土流失与沙漠化治理，提高农业科技的普及和推广率，增加乡村生态文明活动的种类和次数，促进乡村文化复兴等多方面着手全面提升乡村生态文明程度。

二 农业农村现代化：乡村振兴的战略目标

实现农业农村现代化是实现社会主义现代化强国的必由之路，也是乡村振兴的战略目标。我国的农业现代化应根据我国人多地少的发展中大国的现实国情,从生物技术现代化入手,切实提高农产品产量和质量,并使现代技术和传统技术相结合,有机技术和无机技术相结合,生物技术与机械技术相结合,农工商贸综合发展,农林牧副渔等多业并举,现代农业、生态农业、休闲农业等多途并进,产加销一体化经营,走出一条投入合理、产出高、效益优、就业广、资源节约、环境友好、可持续发展的农业农村现代化道路。

广东作为改革开放的前沿,全国经济发展的领头羊,农业现代化理应走在全国的前列。但仍然存在明显劣势:一是粤东西北区域发展差距较大,珠三角地区经济较发达,农业现代化程度较高,而粤西北地区则相对落后;二是人地矛盾较为突出,人均耕地只有0.8872亩,处于全国最低水平;三是农村基础设施相对薄弱,尤其是粤北地区农村基础设施较差;四是农业经营体系不健全,社会化服务体系滞后。这些都在很大程度上制约了农业现代化的发展进程。为此,广东的农业现代化要从加强农村基础设施建设入手,在全国率先建成农业可持续优化发展区,全国农业对外开放合作先行区,热带亚热带高效农业示范区,全国生物农业创新集聚区,热带亚热带高效农业示范区,按照创新发展、高效集约、绿色生态、城乡一体的理念,抓紧形成粤西热带高效农业区、珠三角都市休闲农业区、北部山地生态农业区、潮汕平原优质农业区和南亚热带农业带、沿海蓝色农业带"四区两带"区域农业发展格局。

三 粮食安全保障:乡村振兴的首要任务

粮食是一种关系国家安全的战略性商品,从粮食生产者和经营者角度分析,应该让生产者和经营者各自都能获得与其他产业大致相等的平均利润。只有保障粮农的正当利益,才能保证粮食安全,进而长期维持和提高粮食综合生产能力。这是乡村振兴的首要任务。

广东粮食安全保障问题仍未根本解决,农业的基础地位不够稳固。改革开放以来,广东经济总量一直居全国之首,然而农业与工业和服务业形成明显反差，尤其是粮食生产形势更加突出。广东粮食生产面积逐年减少，产量也在下滑。广东省是全国粮食主销区，粮食自给率为负，要靠省外巨量粮食供给，才能保证省内人口的粮食需求。广东省在乡村振兴工作中必须确保粮食安全，重点解决以下几项工作：

1. 构建广东省域耕地保护补偿机制。从广东省域视角看，全省粮食主产区是粤西北地区，主销区是珠三角地区，珠三角作为粮食主销区享受了粮食安全带来的利益，但没有通过市场机制对主产区承担起相应的补偿责任。这种"市场失灵"只能由广东省政府通过宏观调控来扭转，由省级政府在主产区（粤西北地区）和主销区（珠三角地区）之间采取合理的补偿政策来调节两者之间的利益，实现其利益均衡。

2. 建立完善的粮食供给与消费的应急机制。实践已经证明，国家粮食储备机制是一种比较完善的粮食供给与消费的调节机制。广东省为了充分利用地域优势发展二、三产业，确保其全国经济发展的龙头地位，可以创新粮食安全保障体制机制，与华中地区的粮食主产区湖南省、湖北省分次签订5—10年中长期粮食供销合作协议。

四 农业科技进步：乡村振兴的智力先导

农业科技是农业经济增长方式由粗放向集约转变的关键。21世纪农业发展的新趋势主要包括：未来农业将朝着生产供给、生态建设、生活休闲、生物技术的"四生型"多功能方向发展；农业领域将逐步形成绿色、白色、蓝色农业三足鼎立的发展之势；现代农业科技形成许多新的科技生长点和交叉点，拓展了农业科技发展的新领域。农业科技进步无疑是乡村振兴的智力先导。

广东适应农业发展和农业科技特点的科技体制尚未健全，不仅农业科技投入不足，而且农民素质较低，部分农民小农意识和封建迷信色彩浓厚，农业科技意识不强，农业科技应用进展缓慢。广东乡村振兴，必须选择创新发展之路。首先，全省各粮食主产区要先用优质、高产、抗逆的新品种，稳定粮食作物生产。重点推广粮棉油作物优质、高产、多抗新组合、新品种、模式化栽培技术；高产套种技术；病虫害防治技术；作物配方施肥技术；畜禽、水产新品种、新组合技术。其次，在茂名、湛江、珠海、潮州、阳江、江门、惠州、汕尾、揭阳等市区利用沿海的资源优势开发近海"蓝色农业"，重点推广畜禽鱼饲料和饲养技术，深海捕捞技术，利用浅海水域开辟"蓝色特种水产养殖场""蓝色田园"，创新海洋牧场。最后，在相对落后的粤东西北的清远、韶关、梅州、揭阳、云浮等地区的乡村应在加大政府财政投入的基础上，建立特色园林和绿化网络，创办高科技农业园区，发展特色农业和乡村生态旅游，使农业向观光、游乐、休闲方向开拓。

五 农业社会化服务：乡村振兴的强大动力

农业社会化服务业作为一个延长农业产业链的相对独立的服务产业，在容纳较多的劳动力就业、提高农产品产量和质量、提升农业劳动生产率、增强农业竞争力等方面具有不可替代的作用，是乡村振兴的强大动力。

广东农业社会化服务体系不健全，尤其是粤北地区农业产业体系、经营体系和社会化服务体系不完善，农业的产前、产中、产后服务相对滞后。粤西北地区农村产业结构单一，至今仍然难以解脱单一发展种植业的小农经济圈。

为此，广东在建立和完善新形势下农业产业体系、经营体系和社会化服务体系方面，需要采取以下措施：

1. 加快建立和完善日用消费品、农副产品、农资服务、再生资源、技术推广、金融保障等重要服务平台，重点打造几家入选广东企业500强的农业社会化服务龙头企业。包括广东天禾农资公司、广东粤合资产经营有限公司、佛山乐从供销集团、茂名明湖百货公司4家企业。

2. 建立和完善农资农技服务体系和现代经营网络，加快农资企业由传统贸易流通服务向农资农村综合服务转型。一是打造梅州金柚、茂名三华李、番禺果蔬、白云香蕉等农技服务品牌；运用专家讲座、技术推广会、现场示范等方式开展农技培训服务到村组、到农户、到田间;二是通过农资平台组织高效有机产品,采用农用无人机及机防大队等形成统一机械化施药,探索适合广东特点的农业规模化、专业化服务新模式。

3. 示范联动,链条延伸,构建粮油产业链社会化服务平台。一是推行"公司+基地+农户"的种植基地模式,按照公司统一购置耕耘机、拖拉机、播种机、撒肥机等现代农业设备,实施"供种、种植、田间管理、施肥用药、收购、烘干、储存"七统一模式开展水稻种植,共同建设优质粮种基地,加快构建粮食全产业链社会化服务网络;二是加强粮食仓储建设,利用国家增加粮食储备库的契机,在四会、揭东、阳西等地建设库存20万吨的粮食储备库;三是构建电商平台,逐步打造天禾农资移动互联网营销、天润粮油商城、天业东江生鲜电商等省级电商专业平台,推动农村社会化网络服务;对接服务网点,实现"智慧菜篮子"电子商务项目的线上线下的双向融合,推进电子商务进农村社区和农户,加快粮油产业链社会化服务平台发展。

六 新型城镇化建设:乡村振兴的坚实依托

新型城镇化的发展方向就是建设各具地方特色的小城镇。农业企业化、农场化、产业化和人口集聚化将是未来广东乡村发展的基本走势,也是乡村振兴的坚实依托。

广东农村新型城镇化建设落后,调查发现,大部分村庄建设规划缺失,村民住房户型结构、层高设计、建筑容积率均不科学。尤其是珠三角地区的乡村从外表看很新,但几乎都是"握手楼"与"贴面房",不仅采光效果差,而且消防隐患多。这表明居住并未实现真正意义上宜居的环境。而粤东、粤西、粤北的乡村建设与小城镇建设由于地方财力不足,多数地区的村庄和城镇亦缺乏整体规划,粤北地区有的村庄的农民依然住在20世纪60年代建的土砖房内。这是新型城镇化建设工作必须直面、高度重视的现实问题。

为此,新型城镇化建设应重点确立以下思路:

1. 城乡统筹规划，产城融合发展。广东省要全面实现新型城镇化，必须改变这种靠农民就地建房改善居住条件的城镇化模式，切实统筹房屋建设规划，在加快产业结构升级中促进小城镇建设的协同发展；努力提升小城镇与中心城市产业关联度，切实推动产城互动融合。

2. 坚持以人为本的城镇化。主要体现在：人口素质的改善和提高，城镇常住人口和户籍人口增加，基本公共服务体系的全覆盖，健康、绿色、可持续、文明的生活方式的养成，稳定的就业以及体面的居住六个方面。以人为本的城镇化要求政府加大对农村公共服务的投入，进一步完善城乡居民的居住、就业、养老等保障措施，只有这样才能不断提高新型城镇化的质量和水平，实现美丽乡村建设的中国梦。

3. 着力延伸市政基金空间，全面落实乡村普惠金融。在 2017 年 7 月已经创设城市基础设施建设基金第一期 1000 亿元的基础上，尽快发行第二期建设基金 1000 亿元。将部分基金有重点、有针对性、有示范性地使用在广东省新型城镇化建设中，抓住住房租赁市场供给侧改革这一契机，在城乡接合部的乡村科学规划，建设一批租赁住房，改造一批"握手楼"与"贴面房"。只有这样，才能真正营造广东美丽乡村的生态宜居环境。

七　深化以土地制度为核心的乡村综合改革：乡村振兴的可靠保障

这一轮农村土地制度改革的目标是：通过对土地所有权、承包权、经营权的分置改革，落实所有权、稳定承包权、放活经营权，切实提高土地的生产效率和农业劳动生产率，调动农业生产者的生产积极性。其"三权分置"改革主要包括：

1. 落实好集体所有权。要明确界定哪一级和哪些组织对哪些土地拥有所有权，按我国《土地管理法》规定：集体所有的土地由县级人民政府确权。

2. 放活土地经营权。让土地承包户有权在国家规定经营的范围内自主行使土地的经营权。

3. 稳定农户承包权。集体土地承包权只能属于农民家庭。不允许任何组织和个人非法剥夺、调整、限制农户的土地承包权；被依法征收承包土地和宅基地的农村土地承包户应得到妥善安置并获得相应补偿。

广东农村土地制度改革由于珠三角、粤东、粤西和粤北在人文、地理、经济等多方面千差万别，使各个地区的土地制度改革经验难以复制。当务之急，一是在尊重农民自主权的基础上，按"三权分置"的基本原则，加快农村土地制度改革。推进土地的适当规模经营，这是提高土地的综合利用率和产出率，节约成本，提高农业劳动生产率的有效途径。二是迅速培育和选拔一支懂农业、爱农村、爱农民的"三农"工作队伍深入农村。切实在"落实土地制度改革，加强农村社会治理、生态文明和新型城镇化建设，提供农业科技服务，建立和完善农业经营和服务体系，加快推进农业和农村现代化"等方面强化责任，做出成效。三是探索以村民小组为自治单位，实现党组织建设、村民自治、农村公共服务"三个重心下移"；土地资源、涉农资金、涉农服务平台"三个整合"；以党组织为核心，协商议事会、村委会、监督委员会协同治理的"一核三元"治理机制。

综上所述，广东省在"乡村振兴战略"的推进中应当创新农村工作机制，开创具有自身特点的乡村振兴之路。只有这样，广东农村才能走出一条适合自身发展的"农业科技引领，农村一、二、三产业协调，农村城镇化依托，现代农业、生态农业、休闲农业融合，农业投资主体多元，农业生产经营体系和社会化服务体系完善，农村土地承包稳定，乡村环境美化，基层社会治理有序，乡村文化复兴，农民生活富裕，农业优质高效"的"乡村振兴"之路。

(2017 年 12 月)

广东共享经济发展调研报告

杨勇军　杨新荣　黎　超[*]

一　前言

为了解全国和广东省共享经济的发展现状，本课题组成员分工合作，短时间内从共享经济的内涵、我国和广东省共享经济发展现状、广东省共享经济存在的问题、广东省发展共享经济的对策等方面进行调研，发放问卷和进行专家访谈，尽快形成书面报告。

二　作为新经济模式的共享经济的内涵

共享经济最早由美国得克萨斯州立大学社会学教授马科斯·费尔逊（Marcus Felson）和伊利诺伊大学社会学教授琼·斯潘思（Joe L. Spaeth）于1978年发表的论文 Community Structure and Collaborative Consumption: A Routine Activity Approach 中提出。共享经济（Sharing Economy），也译为分

---

[*] 杨勇军，广东白云学院人力资源管理系主任。杨新荣，二级教授，硕士生导师，广东白云学院社会与公共管理学院院长，人力资源管理国家特色专业负责人，国家自科基金评审专家。从事人力资源管理和应用经济学研究，在《经济管理》《农业经济问题》等刊物发表专业论文80多篇，其中CSSCI论文30多篇，省市获奖成果13项，主持国家自科基金和省部级课题18项，主编教材5部，出版专著3部。黎超，广东白云学院社会与公共管理学院副院长。

享经济，被称为点对点经济（Peer to Peer Economy）、协作经济、协同消费，是一个建立在人与物质资料分享基础上的社会经济生态系统。其内涵是指财产的所有权与使用权分离——使用但不占有。一个人多余的房屋、车辆、图书、技能甚至时间等物品都可以和他人分享。通过分享使用权，一方以较为低廉的价格满足使用需求，另一方则获得额外的收入。2002 年，哈佛大学教授尤查·本科勒（Yochai Benkler）提出以顾客为基础的 Web2.0 新型知识生产方式，即"知识与信息大众化生产"（Peer Production）。随后他更指出，"共享商品"（Shareable Goods）与"共享行为"（Sharing Behaviors）的迅速发展，最终会形成一种崭新的经济生产模式。

三 共享经济的现状

（一）我国共享经济发展

近年，共享型经济理念以环保、高效等优点盛行于欧美，诞生了许多成功的创新公司。而在中国，近些年来，智能手机的普及，第三方支付的崛起以及成本的降低使得我国的共享经济能够在短时间内迅速发展壮大。典型企业包括滴滴出行、摩拜单车、ofo、小鸣单车、途家、小猪短租、蚂蚁短租等。

1. 在共享交通引领下共享领域不断拓展。共享交通为我国共享经济模式的先行企业，2010 年滴滴打车和快的打车先后成立，标志着我国共享经济正式出现，之后交通出行领域多家平台相继成立，但规模和知名度均不如以上两家企业，2014 年美国优步进入我国，交通出行领域由两强争霸变成三足鼎立，2015 年 2 月，滴滴和快的实现战略合并，至此这两家企业在我国交通出行领域的龙头地位已确立。其他领域的共享平台也在不断涌现，共享经济领域快速渗透至日常生产生活的各个方面，表 1 为我国各领域的主要共享平台。

表1　　　　　　　　　　我国共享领域及代表企业

交通出行	滴滴、易道、神州租车
P2P 网贷	陆金所、人人贷、红岭创投、宜信
网络众筹	点名时间、追梦网、大家投、众筹网
房屋住宿	蚂蚁短租、小猪短租、途家
交运物流	58 到家、e 快送、人人快递
知识技能	猪八戒网、知乎、名医主刀、豆瓣网
生产能力	沈阳机床厂 I5 智能平台、阿里巴巴淘工厂

2. 共享经济产业规模扩张迅猛。近几年，共享经济在我国发展迅猛，相关企业数量和规模都呈快速增长态势。《中国共享经济发展年度报告 2018》数据显示，2010 年，我国共享经济市场规模刚过千万元，共享经济企业数量也不超过 20 家，但到了 2017 年，我国共享经济市场交易额约为 49205 亿元，比上年增长 47.2%。我国参与共享经济活动的人数超过 6 亿人，比上年增加 1 亿人左右。我国共享经济的提供服务者人数约为 7000 万人，比上年增加 1000 万人；共享经济平台的就业人数约 716 万人，比上年增加 131 万人。截至 2017 年底，全球 224 家独角兽企业中有中国企业 60 家，其中具有典型共享经济属性的 31 家，占总数的 51.7%。未来 10 年我国共享经济领域有望出现 5—10 家巨无霸平台型企业。到 2020 年共享经济提供服务者人数有望超过 1 亿人，其中全职参与人员约 2000 万人。

3. 本土化创新后积极开拓国际市场。我国共享经济企业的发展初期多为模仿国外公司，发展过程中逐渐在模仿的基础上进行本土化创新，激烈的市场竞争进一步加快了创新速度，网络科技企业技术至上的特性加上我国的人口优势，加快了我国共享企业从模仿到创新再到引领全球的过程。

（二）广东省共享经济发展

广东省是中国经济改革的开路先锋，也是创新创业的引领者，既是工业大省，也是信息产业大省，"互联网+"应用程度较高。目前，广东采用共享经济模式的互联网企业正在兴起，如产品分享平台滴滴出行，空间分享平台小猪短租、Airbnb，知识技能分享平台知乎，劳务分享平台如河狸家、京东到家等。位于深圳南山区的滴滴出行，估值已经达到了150亿美元。广东特别是深圳，很有希望诞生大批共享经济巨型企业。

四 广东省共享经济的困境

当前，共享经济在全球尚处于起步阶段，相关法规制度仍不完善，2017年用户权益保护难题凸显，新业态发展与传统属地管理、城市管理及理论研究滞后。广东省发展共享经济的困难，也是全国甚至是全球发展共同存在的问题，主要有：

1. 监管体系缺位。由于共享经济属于新生事物，共享经济行为中存在大量的法律法规漏洞和模糊地带，存在潜在隐患。特别在共享经济发展初期，很多人看到商机都想从共享经济中分一杯羹，导致行业竞争失序、恶性竞争等情况，而相关监管部门由于无法可依，也不知如何执法，导致恶性竞争、行业失序愈演愈烈，例如共享单车，除了运营比较成功的摩拜外，目前全国大概有26个品牌的共享单车项目投入运营，例如共享单车都需要交纳99元左右的押金才能使用，那么这些押金如何管理、如何监管，如果出现某共享平台倒闭了，押金是否可以及时退还等问题均无法律法规进行保障，甚至出现通过共享经济大潮而非法集资的现象，造成了财产损失。

2. 共享经济组织与传统经济组织的不良乃至恶性竞争与行业冲突问题。共享经济的发展不可避免地引发了与传统产业的矛盾，如果处理不当容易影响社会稳定。例如，共享住宿项目与传统酒店的冲突，"网约车"与传统的出租车的冲突，共享单车与黑车司机的冲突，等等。2015年以来，我国多个地方发生群架和群体罢工事件，原因就是"网约车"进入这一行业以后，任何有车族利用这个平台都可以招揽出租生意，这势必影响出租车司机的收入。

3. 服务质量难以保障。一是共享经济的平台方以促成交易为主要目的，客观上容易忽视甚至刻意逃避责任。二是平台方准入门槛不高，约束不足，员工一般不具备相应运营许可或职业认证资格，平台方面很难确保安全保障义务，保障服务质量。

4. 共享经济对传统制造业升级推动不大。广东是制造大省，有门类齐全的制造体系，食品饮料、纺织服装、家用电器、电子信息及电气机械技术、产值国内领先，不过传统制造业如何融入共享经济，目前还没有找到头绪。未来共享经济融合发展趋势日益明显，分享的基因将越来越多地注入实体企业创立、用工、研发、设计、生产、销售、服务等各个环节。如何让制造业领域参与共享经济，推动"广东制造"向"广东智造"转型是每一个业内人士都需要思考的问题。

5. 缺乏可持续发展商业模式。当前除了共享单车投放过剩，"网约车"安全，司机劳务关系问题，网络短租平台面临的安全和监管问题外，滴滴和摩拜经营现状并不太令人满意，用户、投资者、政府等利益相关者多有抱怨。一是共享单车、共享雨伞、共享充电宝新创许多资产和实体设备，而不是利用原有闲置资源，背离了共享经济初衷，重资产模式带来资产泡沫风险。当前急需培养一批原创于广东的商业模式，把共享经济引入乡村振兴、现代农业、教育、医疗、养老领域，尤其是针对直接影响群众切身利益的问题，提出量身定做的商业方案。

五　广东省发展共享经济的对策

基于共享经济发展出现的问题和面临的挑战，为了保障广东省共享经济又好又快地发展，政府应加快制定相关法律法规、行业行规等，并从以下几个方面着重考虑：

1. 放管结合，持宽容包容态度对待创新。例如北京出台《查处非法客运若干规定》要求"网约车"司机和车辆具备双重运营资格，否则就属于违规，整治下合法车辆不到10%。一些地方先后叫停共享经济新业态,很多公众不清楚政策走向,持观望态度。建议政府表明态度,积极发展共享经济,鼓励更多企业、公众参与。管理方面要放管结合。放的方面:一是可以采用分级分类管理等方式,适度放宽交通出行、物流快递、金融服务等准入门槛。二是可以加快电子登记管理和电子营业执照应用,加快解决各省门槛标准不一、全国性平台企业疲于办理资质等问题。管的方面:一要转变监管理念,塑造互联网监管思维,发挥大众评价、企业治理、行业自律等多方作用,建立多方协同治理机制。二要创新发展方式,建立健全以信用为基础的事中事后监管体系,利用大数据技术等加强监督检查和违规处置,加大失信惩戒力度。

2. 加大共享经济监管的力度。比如以地方法规的形式,对共享经济涉及的企业和个人的资质进行审查、制定适用共享经济的法规条款,对共享经济中的交易行为进行规范,保护交易双方和政府的合法权益,相关规定应兼顾国际惯例和市场参与者的权益,为广东国际化发展保驾护航。

3. 构建健康良好的共享市场体系。比如采用社会购买服务、政府采购等方式引导企业实现积极的运营与规划,使其符合经济社会发展的需要;可采用约谈等较为温和的方式促使共享公司合法经营;可与企业合作建立适当的"专车"公司专项或综合准入与合规制度,同时积极推动成立行业协会制度建设,避免广州市政府调查 Uber、滴滴打车,采取暴力执法等激化各方矛盾的冲突再次出现,为共享经济的发展奠定和谐的社会基础。

4. 加强社会信用体系建设。共享经济的产生淡化了所有权观念,对社会信任程度的要求也相应提高。要真正实现正常有序发展的经济环境,可以通过建立专业的信用评价体系,跟踪用户对共享网站的点评及供需双方交易效果评价的数据,构建交易双方信用评级系统。由于国际市场较为复杂,广东应重视行业内部的自我检查和互相监督,同时监控共享网站平台上的交易与互动等,并依靠客户的反馈对恶意评价进行监控、删除或举报。

5. 推动"共享经济+乡村振兴"协同发展。近年来广东新农村建设取得了一些成绩，但粤东西北与珠三角相比发展不平衡，珠三角9市面积全省占比31%，总人口占比53%，2017年GDP占全省80%。共享经济与新经济的春风并没有吹到占全省面积三分之二的非珠三角地区，特别是非珠三角农村地区。通过引入公司专业设计运作和风险资本介入，把广东乡村闲置的民房、学校改造为民宿、文化中心、培训场所，在专业在线旅游平台推广和政府推动下，把广东省大中企业的户外拓展、团队建设活动，高校、科研机构，电影电视剧本、小说创作团队，企业的年终总结、期末研讨会议搬到乡村去，在大自然中寻找灵感，推动乡村与城市思想火花碰撞，促进乡村与城市协同发展，必将有力促进广东乡村振兴大战略落地。

（2017年7月）

推进"一带一路"建设亟须补齐物流产业短板

刘小军[*]

一 "一带一路"建设下我国跨境物流发展背景

(一)我国与沿线国家和地区的贸易发展现状

"一带一路"沿线国家总人口约44亿,约占全球的63%;经济总量约21万亿美元,约占全球的29%。截至目前,我国与"一带一路"沿线国家和地区的双边贸易总额在不断增长,表明了中国与"一带一路"沿线国家和地区的贸易关系越来越紧密。中国与越南、新加坡、泰国等新兴市场国家的增长率增速最快,而俄罗斯、法国、德国等与中国存在传统贸易往来的大国增速较慢甚至减少。

(二)"一带一路"建设下我国跨境贸易发展特点——跨境电商快速崛起

"一带一路"建设的实施让跨境电商的发展前景变得十分广阔,并且是"互联网+外贸"的具体体现。根据中国电子商务研究中心数据统计,

---

[*] 作者简介:刘小军,吉林大学珠海学院物流管理与工程系讲师。

2015年中国跨境电商交易规模 5.4 万亿元，同比增长 28.6%，占我国进出口贸易总额的 20.8%，并且占比逐年稳步增长。我国目前现有的跨境电商平台企业已经超过 5000 家，通过平台开展跨境电商交易的企业已经超过 20 万家。随着近几年我国跨境电商的飞速发展，我国的跨境物流也在不断发展并与之匹配，因为市场广阔、需求量大，所以近几年发展速度明显加快。

（三）跨境贸易有效的交通运输方式——海陆联运

"一带一路"建设，是中国在国际化进程加快的背景下提出的，要实现互联互通，必须有交通的支持。作为国际多式联运的主要形式，海陆联运具有价格低，运输方便、灵活、稳定等特点。而有效衔接"陆上丝绸之路"和"海上丝绸之路"的交通运输方式——海陆联运的建设与发展，就必将成为"一带一路"建设的重要一环。

二 "一带一路"建设下我国跨境物流遇到的困难

（一）物流费用高、通关效率低

跨境贸易涉及不同国家，交易流程及物流过程都比较复杂和烦琐。其中涉及的通关、报关、商检、结汇、退税等流程的运作周期长、手续复杂等问题给跨境物流带来了不便。尤其是报关和商检两个环节，其操作难度和风险更高，无形中增加了跨境物流的成本。另外，很多国家和地区之间由于存在着政策、文化、习惯等不同的影响因素，所以在通关、报关、商检、结汇、退税和交接等环节规范准则不一致，从而导致了跨境贸易和跨境物流活动难以快速完成。

（二）跨境逆向物流环节复杂

由于跨境物流运输线路长、涉及面广、环节多，往往会在某个节点出现货品质量受损或丢失、海关和商检风险、配送地址错误等一系列问题，都会导致跨境逆向物流的退换货问题发生。除此之外，在欧美等一些发达国家和地区存在着"无理由退货"的消费习惯和文化，使得退换货的现象更加普遍。由于跨境物流涉及的国内外物流环节众多，程序复杂，因此退货周期长，售后服务难以保障，在很大程度上会导致消费者失去购买或再次购买的兴趣。对于我国跨境电商行业和一般贸易来说，退换货跨境逆向物流难题无疑是一道阻碍发展的屏障。

(三) 跨境物流通道基础设施建设滞后

我国与"一带一路"沿线国家和地区物流通道建设方面存在诸多问题。比如，我国和中亚一些国家的铁路标准不统一，导致铁路运输运力明显不足；除了港口海运有效连接以及在铁路交通基础设施方面勉强实现基本连接之外，其他一些方面的基础设施连接情况比较差，甚至有的还没有开始起步，如在民航方面，我国具备与中亚相关国家通航条件的大型机场少，直航航线更少，直接影响着跨境物流的健康快速发展。

(四) 海陆联运衔接困难

目前国际联运体制不完善。铁路方面，《国际铁路货物联合运输协定》与《关于铁路货物运输的国际公约》各自使用一套体系，没有统一运单，致使中欧贸易货物运输衔接困难；公路方面，也存在公约差异的问题。此外，联运作业的地域广泛性致使参与者过多，从内陆的货代、船代、铁路运输部门到沿海的船公司、多式联运经营人和国际货运代理人，整个多式联运的环节繁多，缺乏统一的多式联运承运人，阻碍了多式联运的可持续发展，不利于成本降低和竞争力提高。多层级的联运人还加大了货物中转的成本，一定程度上削弱了我国进出口贸易的竞争优势。

(五) 海陆联运手续繁杂、收费繁多

在我国，海陆联运还没有完全规范化与法制化。出入境货物通关程序、税收征管、企业管理、货物验收等还存在很多制度上的缺陷。海陆联运手续繁杂、收费繁多现象普遍存在，极大地限制了货物的中转效率。此

外,国内部分管理部门还存在服务差、无法完全实现货物跟踪等问题。

三 "一带一路"建设下我国跨境物流发展建议

(一)重要港口节点向现代港口物流转型

目前,伴随现代港口物流的发展,人们已不再把港口单纯看作一个货物中转、搬运和运输的场所,而是在现代物流理念的指导下,整合社会中的物流资源,使港口成为集储存、流通加工、分拨配送为一体的枢纽设施,并能够提供公路、铁路、水路、航空一体化的运输服务。需要持续借鉴香港、新加坡、鹿特丹等港口的发展模式与经验。如对保税仓库和货物分拨中心进行储运和再加工,提高货物的附加值;在扩大物流中心规模的同时,着重提高专业化程度,除满足配送、仓储等基础服务外,增设入库管理、吊运物资、公证验货、管理部门现场办公等增值服务;将原本分散的码头运输、储存、装卸、搬运、包装等物流作业环节进行集中处理,转变为"一条龙"服务,充分发挥聚合资源的整体竞争优势。

(二)结合"一带一路"建设规划,综合运用多种运输方式

我国提出了"十一五铁路规划""十二五铁路规划"和"中长期铁路网"等一系列铁路发展规划,陆上丝绸之路的铁路建设和海上丝绸之路互为补充、互联互通,共同形成了连接亚太经济圈及欧洲经济圈的物流网络。以往传统的货物出口主要是通过海运,中西部地区的货物不得不先进行公路运输或者铁路运输,把货物运送到港口再进行转运,导致的结果就是延长了运输时间,增加了运输成本。在陆上丝绸之路沿线国家和地区铁路标准逐步统一的情况下,我国的中西部跨境贸易企业,可选择采用铁路运输或者海铁联运的方式把货物运送到亚洲和欧洲各国。

深化港航企业与铁路部门之间的合作,港口企业主动参与铁路集装箱场站建设,以资本为纽带,共同发展海铁联运枢纽。提高航运和铁路运输的无缝换装作业效率。发挥铁路联运和内河联运的巨大潜力,逐步完善多

通道、多选择方式的海陆联运网络。继续扩大新亚欧大陆桥覆盖范围。新亚欧大陆桥东起我国的连云港，途经陇海铁路、兰新铁路、北疆铁路，到达中亚、西亚直至欧洲。但目前，新亚欧大陆桥尚未完全覆盖我国沿海经济最为发达的长江三角洲地区和珠江三角洲地区。因此，新一轮的大陆桥支线建设势在必行。

（三）规范多式联运市场

面对分散无序的多式联运市场，我国需要进一步规范现有运输代理业。首先，船舶公司、铁路、公路、港口等相关部门共同协商，成立经济联合体多式联运经营人，借助各自优势，有效配置各方资源，形成规模效应，实现资源的高效运作。其次，作为联运的重要承接人与参与者，多式联运经营人的业务素质将直接影响联运工作的成败。因此，政府、教育机构、企业等各方主体都需要积极扶持和大力培养专业的多式联运经营人员，促进多式联运的健康发展。最后，还需要对目前的多式联运管理制度进行有效变革，完善综合交通管理体制，避免出现多部门管理，权责不清的情况，简化联运手续，真正做到各运输方式之间的无缝衔接。

（四）健全海陆联运法律法规

众所周知，多种运输工具之间的高效、无缝衔接是海陆联运的根本保障。这种有效衔接不单指硬件标准上的国际化，更体现在制度上的有效衔接和各部门的默契配合。随着"一带一路"建设的全面实施，法律法规是不可缺少的一部分。国家和各级地方政府也应在基础设施建设方面制定相关的鼓励措施，积极吸引民间资本注入，努力完善集装箱运输发展的相关政策，在办理业务的价格、征税比例、贸易补贴、信息发布和政策宣传等方面给予鼓励和扶持。只有法律制度完善起来，才能使海陆联运建设快速健康发展。

（五）改善通关环境，提高通关效率

为了缩短跨境物流在通关、商检、结汇、退税等环节所用的时间，加

快跨境物流发展步伐，响应"一带一路"倡议，我国海关总署应该尽可能利用多种途径，让"一带一路"沿线更多国家和地区的海关、有关国际组织在多种贸易领域进行积极沟通和探讨，开展海关监管互认、信息交换、经认证的经营者（Authorized Economic Operator，简称 AEO）互认、执法互助等合作。随着沿线国家和地区区域通关一体化格局的逐渐形成，其必将成为"一带一路"跨境物流发展的助推器。

（六）加快建设跨境电商物流海外仓库

我国政府、大型国有物流企业、跨境电商企业应该通力合作，在"一带一路"沿线国家和地区投资建设或者与当地相关企业合作设立跨境电商物流海外仓库。海外仓储的物流模式，无论是对于物流企业，还是对于跨境电商经营者和消费者都大有好处。在物流成本方面，货物批量运输能够产生规模效益，物流成本能够大幅度降低。同时，海外仓库能够解决本地的退换货问题，退换货品不需要经过二次清关、商检及跨境物流等环节，从而极大地降低物流成本。在物流效率方面，跨境批量运输使货物一次性清关、商检等，减少通关环节的复杂程序，货物的通关和运输效率也由此得到提高，再加上是在当地发货，能够快速对订单进行响应，配送时间也可大大缩短。因此，在"一带一路"建设下推动跨境电商物流发展，必须将海外仓库作为打造中国跨境电商物流形象和品牌的重大工程来建设。

（七）构建跨境物流信息平台

根据当前跨境物流存在的货物无法全程追踪、各方之间难以衔接的问题，迫切需要构建一个完善的物流信息平台。需要"一带一路"沿线国家和地区相关政府部门通力合作，利用大数据、"互联网＋"、物联网、智慧物流等先进技术，使跨境内外电子商务企业、物流企业、海关等各方之间相互协调，共建一个可以对货物进行全程追踪、全程监控和无缝对接的信息平台，实现货物即时准确定位，为消费者提供保障。当然，要真正把"一带一路"沿线国家和地区纳入跨境物流的大平台进行相关贸易活动，是非常困难的一件事，所以可对不同的国家或地区采取不同的策略。

在"一带一路"沿线国家和地区，我国与沿线各国或地区的合作重点是不同的。比如，同中亚国家进行能源、农业开发和深度加工合作等，同东盟国家进行跨区域产业链和供应链合作，同欧洲国家开展港口合作、共建物流节点等。根据不同国家或地区的合作重点，设计不同的跨境物流信息平台发展模式。在建立能源交易平台、农产品交易平台或其他一些大宗商品交易平台的同时，结合线上和线下平台，把跨境物流企业、相关海关等融合在不同的大电商平台当中，从而建立一些针对性强且有不同特点的跨境电商物流信息平台。最终，通过各方面通力合作，建立一个涵盖"一带一路"沿线大部分国家和地区的跨境物流信息大平台。

（2016年9月）

在莞香港人对地方政府公共服务满意度及社会融入度调查报告

赵书山[*]

引 言

改革开放40年，数以万计的香港人以各种形式前往内地经商，珠三角地区特殊的地理位置优势和语言交流的便利，更受香港人青睐，整个珠三角地区成了港商的主要聚集地，东莞更是港商乃至全香港人主要云集地之一。

香港与东莞有着特殊的社会学关系，两地历史同源，地缘相近，人文互通，两地经贸合作源远流长，关系密切。随着粤港澳经济社会一体化建设的不断提升，特别是粤港澳大湾区的建立，将会有越来越多的香港人不仅到珠三角地区经商，同时开始在这里购房居住和生活。

一个特殊的群体正在形成并发挥着群体作用，而任何特殊的群体又需要给以特殊的关注。居住在内地的香港人，特别是驻莞港人群体与东莞居民社区的融合度问题、对东莞市镇两级政府及公共服务认同感如何？是东莞未来实现粤港澳大湾区战略的一个不可忽视的问题，更是关切"一国

---

[*] 作者简介：赵书山，教授，东莞理工学院城市学院教务处处长，主要从事"一国两制"专题研究。

两制"重大国策战略贯彻落实的问题。

时值香港回归20周年及全国上下喜迎改革开放40周年之际,为全面贯彻"一国两制"方针,提升东莞大湾区城市群发展的融入度,我们以"在莞港人对地方政府及公共服务认同感"为调研专题,目的在于通过调查研究,对地方政府行政行为做出状态的认知分析,为政府的决策提供参考依据。

一 调查基本情况

(一)调研问卷发放与回收

2016年11月正式发放问卷,总共发放500份问卷。最终回收了440份问卷,回收率为88%。随后进行有效性筛选后,最终回收有效问卷达431份(回收率为86.2%)。

(二)数据分析使用的方法

本研究采用Likert的五点量表,衡量在莞港人对东莞当地政府和社会公共服务的认同感,问卷分析使用SPSS 20.0软件分析数据,调研分析主要分为三方面:一是从整体上了解在莞港人对当地政府及公共服务的认同感;二是从个人属性的不同(性别、年龄、在莞居住时间、在莞居住情况、职业背景)探究其对地方政府及公共服务的认同感的影响;三是从多选题的分析,了解在莞港人对当地政府和公共服务的看法和建议。

(三)受访者的基本情况

本次调研采取抽样的方式发放问卷,样本中的男女比例大致趋向一致,调查者中的在莞港人年龄主要集中在24岁以下(55.5%),其中32.5%的受访者获得学士学历。在职业背景中,21.3%的调查者是高级管理者,其中普通办公室职员也占了16.9%。数据也显示56.20%的调查者在莞居住的时间在5年以下(含5年),其中样本中在莞购买商品房居住的香港人或在莞租赁房屋居住的香港人,分别占46.9%和31.6%。

二　调查结果分析

（一）关于"对地方政府公共服务满意度"分析

从受访者的背景资料如性别、年龄、教育程度、在莞居住时间、在莞居住情况、职业背景等资料上探究其对当地政府提供公共服务满意度的影响，同时通过分析多选题（您认为当地政府在提供公共服务方面还需要做哪些改进？），深入了解具体公共服务的满意程度，从受访者整体状态看，满意度较高；特别是：（1）工商业主，（2）受教育程度高者，（3）居住时间较短；但是依然存在着：（1）居住时间长的受访者，（2）租房居住（包括居住公寓房）者，（3）61岁以上的受访者对公共服务满意度低的趋势；具体满意度低的公共服务事项，依次包括生活服务（48.26%）、社会安全（48.03%）、社区服务（45.01%）、医疗服务（37.82%）、社会参与（35.96%）、劳动力救助（33.41%）、相互沟通（29.70%）等。

同时，我们分别从性别角度、年龄角度、受教育程度、驻莞居住时间、在莞是否置业、是否具有法人资格角度进行满意度分析，发现"对地方政府公共服务满意度"的判断，首先在年龄层面存在较大差异，25—30岁的受访者表现出较高的满意度（86.25%），61岁以上的受访者满意度只有63.64%；受教育程度越高的受访者，满意度越高；居住时间越长满意度越低，特别是居住时间20年以上的受访者满意度低于居住1—5年的受访者2.5%；具有法人资格的在莞港人满意度高于职员（包括高级管理人员）的满意度。而在对"公共服务具体事项的满意度"判断中，满意度较高的事项是办事效率、权利保障和政策执行，满意度偏低的事项由低到高依次是相互沟通、劳动力救助、社会参与、医疗服务和社区服务。

（二）关于"对当地劳动力使用情况满意程度"分析

1. "当地劳动力素质满意程度"分析

在莞港人对当地劳动力素质的评价，调查结果显示，港人在东莞乃至珠三角经商期间，65.43%受访者认为当地劳动力比香港素质高，但33.41%受访者不认为当地劳动力素质比香港高。其中，我们从受访者的背景情况（如性别、年龄、教育程度、在莞居住时间、在莞居住情况、职业背景等，下同）探究对当地劳动力素质满意程度的影响。结果表明，对当地劳动力素质较高满意度依次是：（1）女性受访者，（2）51—60岁受访者，（3）受教育程度高者，（4）在莞居住11—20年者，（5）选择宾馆居住者，（6）高级管理人员；特别是具有法人资格的受访者，对"当地劳动力素质满意程度"认可程度最低。

2. "雇佣当地劳动力的自由程度"分析

调查结果显示，64.50%的受访者在东莞乃至珠三角经商期间，认为能够按照自己的意愿雇佣劳动力，不受当地政府部门的制约的受访者占很大比例，但认为雇佣当地劳动力缺乏自由的受访者比例也高达34.11%。

同时，进一步分析受访者的背景情况，探究对雇佣当地劳动力自由程度的影响。结果表明"雇佣当地劳动力的自由程度"由高到低依次为：（1）女性受访者，（2）25—30岁受访者，（3）拥有硕士学位受访者，（4）在莞居住一年以内者，（5）选择租赁房屋者，（6）具有法人资格者；但受访者中40%的中层管理者认为难以按照自己的意愿雇佣合适的劳动者。

（三）关于驻莞港人社会（社区）生活的融入度分析

1. 驻莞港人"接受当地习俗的程度"分析

港人对东莞习俗的接受程度的调查结果分别是：港人在东莞居住一段时间之后，表示能够接受当地习俗的人数占41.30%，比较接受的占44.32%，有14.38%受访者表示在莞生活后依然不太容易接受东莞的习俗。进一步从受访者的背景情况分析，结果表明，男性接受程度高于女性；24岁以下受访者更容易"接受当地习俗"；在莞居住11—20年者更能够较好"接受当地习俗"。

2. 驻莞港人"参与社区文化娱乐活动的程度"分析

调查结果表明，愿意积极参加当地文化娱乐活动的港人占35.27%，比较愿意的占47.80%，有16.94%的港人表示不太愿意（含不确定）参加当地文化娱乐活动。调查进一步从受访者的背景角度分析，愿意"参与社区文化娱乐活动的程度"由高到低依次是：（1）女性受访者，（2）51—60岁受访者，（3）拥有学士学位者，（4）在莞居住11—20年者，（5）有置业者，（6）具有法人资格者；但同时结果显示，在莞没有固定居住住房和普通职员"参与社区文化娱乐活动的程度"较低。

3. 在莞港人"参与社会公益活动的程度"分析

调查结果显示：27.38%的受访者表示经常参与社会公益活动；比较经常参与社会公益活动的受访者占46.64%，但不太经常参与当地社会公益活动的受访者也占24.82%，同时1.16%的人表示不确定是否愿意经常参与当地社会公益活动。

4. 在莞港人"参与社会公益活动的自愿程度"分析

调查分析表明：83.29%的在莞港人表示参与当地社会公益活动的状态是自愿和积极的，但也有17.74%的受访者表示不情愿参与当地的社会公益活动。其中，年龄在35—50岁、博士学历、男性受访者自愿程度偏低。

5. 在莞港人"在东莞长期居住意愿程度"分析

调查结果显示：38.98%的受访者表示愿意长期在东莞居住，具有较高的留莞意愿。49.42%的受访者表示比较愿意；有11.13%的受访者留莞意愿不高，不愿意长期在东莞居住。调查进一步从受访者的背景分析表明：愿意在莞长期居住愿望程度从高向低依次为：（1）男性受访者，（2）51—60岁受访者，（3）拥有学士学位者，（4）居住11—20年者，（5）有置业者；意愿程度最低的依次是居住在宾馆的在莞港人、60岁以上的受访者、博士学历的受访者、女性受访者。

三　对策建议

融入与认同就是指自我在情感上或者信念上与他人或者其他对象联结为一体的心理过程，是在人与人、群体与群体的交往中所发生的差异、特征及其归属感。这种"融入与认同"实质上是个体和群体的共同心理感受及社会行为的一种认识,应该说,社会融入和认同与构建社会身份紧密联系,要塑造个体或者群体特定的社会身份,依赖于社会融入度和认同感的提高。因此,对于在莞港人而言,如何使他们社会身份认定上从"香港公民"转变为"中国公民",从内心深处烙上"东莞市民"情感之印,以东莞主人的姿态,投身东莞经济社会建设之中,从政府角度思考,关键在于不断增强他们对东莞社会(社区)的融入度和提高认同感。结合本课题上述调查分析结果,课题组提出如下建议。

(一)完善政府公共服务平台,提升服务质量

在莞港人对东莞地方政府提供的公共服务的满意度差异较大,满意度最高的是政府层面提供的服务,如办事效率(67.75%)、权利保障(56.38%)和政策执行(53.36%)等,但是依然有上升的空间;满意度较低的属于基层社区的公共服务事项,如社区服务(45.01.%)、医疗服务(37.82%)和社会参与(35.96%)、劳动力救助(33.41%);满意度最低的是相互沟通(29.70%)。因此,必须进一步完善各级政府公共服务政策措施,不断提升服务质量,要加强政策宣传力度,完善沟通渠道,充分利用新媒体和网络宣传有关法规和政策;要进一步简化办事流程,减少办事环节和审批程序,不断提高办事效率;开展来莞港人居住社区的针对性服务事项的研究,要进一步加强基层社区公共服务,特别是对所居住社区的港人家属、子女和老人的基本服务和保障,让港人家属能够安心生活,子女和老人能够获得较高的社会关爱。

(二)实施解困送暖工程,创造合作共赢机制

在建设粤港澳大湾区的背景下,实现莞—港合作,创建合作共同体和合作共赢机制,充分发挥东莞在粤港澳大湾区发展的特殊作用,特别是在港商已成为东莞经济社会发展重要力量的大前提下,首先要重视对港商企业的政策关爱,增强港资企业的安全感。调查中发现,来莞经商的港人"安全问题"是一个最敏感的问题,特别60岁以上的港商,由于他们的

祖父辈大多在20世纪经历过内地战争、"革命"、动乱等特殊时期，加上后来彼此之间交流的不畅通，内心留下的阴影始终没有较好地化解，导致缺少安全感，因而他们始终抱着一种"候鸟"式旅居方式。因此，如在政策关爱方面进一步贯彻"一国两制方针""以公有制为主，多种所有制形式并存"基本国策和经济制度的法律地位和法律权威，增强港商的信心，使他们能够在内地的生活方式由"候鸟"式转变为长期"栖息"式。

要创造莞—港各种经济实体合作共赢机制。进一步优化外资投资政策，营造公平竞争的市场环境；同时，创造更加优惠的政策环境，如政策扶持、信用贷款、税率政策、用工政策等方面创造公平竞争的市场氛围；各级政府要十分关心港资企业的经营状态，主动为他们解决发展过程中的一些困难，增强了彼此之间的理解和信任，让旅居内地的港商能够充分享受到内地改革开放取得的成果，实现共享共赢。

（三）开展劳动综合素质再教育，完善用工政策

香港地区的经济发展，与国际接轨密切，故对劳动力的素质有着较高的要求。在莞港商以特有的香港模式运营企业，这无疑对东莞当地劳动力素质要求提出更大的挑战。同时东莞也是一个外来人口较多的城市，劳动力的组成部分包含全国各地，素质的参差不齐，对港商而言，存在着管理上的困难和挑战。为了吸引更多港商到东莞投资，作为东莞政府应该在继续加强本地劳动力素质培养和劳动技能提升的同时，注重劳动者综合素养的提升，如英语口语、粤语表达能力的提高等，特别是东莞本地各类职业学校、技工学校和职工培训学校要重视英语口语训练、粤语训练，使其作为重要的选修课程，以适应港资企业的用工需求。

同时，要进一步放宽劳动力市场的用工政策，给企业更加宽松的用工自由选择权和辞退权，满足包括港商在内的工商业主的用工意愿。

（四）广泛开展寻根问祖活动，强化同乡情谊

大多数的在莞港人的祖籍是来自中国内地，与当地的风俗习惯没有太多隔膜，能够较快融入当地的生活和接受当地的风俗习惯。在研究中大多

数在莞港人是发自内心、自愿参与当地的公益活动。故作为当地政府，如何维系这种同乡情谊成为工作的重点。现有香港居民中大约十分之一居民祖籍为东莞，他们的祖父辈大多是在20世纪40年代以后旅居香港。这种同乡之情，是与生俱来的，如何加强同乡之情成为我们思考的重点。特别是由于他们早期受到的家庭影响和熏陶，对东莞本地的风俗习惯并不陌生，稍加引导就较快融入当地的生活和接受当地的风俗习惯。因此。充分利用这一良好的社会资源，通过东莞本地社区文化娱乐活动的开展，使在莞港人能够更深入了解当地的风俗习惯，融入当地的生活。同时开展相关的志愿活动，也有助于在莞港人意识到自己的社会责任，把自己当成活动社区的一分子，为社区贡献自己的一份力量。

要充分挖掘在莞港人同乡会的积极功能（对此问题，我们将另外作为专题研究），发挥同乡会的引领作用，广泛开展与政府、社会组织的交流与沟通活动，增强彼此之间的友谊。

要把吸纳一些知名港商参与地方政协、社团活动制度化、常态化，邀请他们列席旁听重要的政策出台前召开的咨询座谈会、社区居民民主治理活动等。

充分发挥大专中院校共青团、学生会的桥梁作用，与香港各类学校对接，开展各类联谊活动，利用寒暑假的节假日，不间断地邀请香港青少年回到东莞来寻根问祖，以同根生的情感纽带实现彼此之间的接纳和认同。

（五）消除政策法规壁垒，实现国民平等待遇

正如习近平主席在"纪念香港回归祖国20周年大会暨香港特别行政区第五届政府就职典礼"上发表重要讲话中指出的，"一国两制"，"一国"是根，根深才能叶茂；"一国"是本，本固才能枝荣。因此，我们必须围绕"一国"开展政策法规研究，让香港公民深深地感受到中华人民共和国公民的待遇和荣耀。东莞作为改革开放的前沿阵地，由于与香港有着千丝万缕的关系，必须率先开展一系列政策研究，特别是要探索针对港人的公共服务事项研究，拓宽公共服务领域，如来莞港人的社会保障及养老金的缴纳与领取政策、来莞居住的香港老年人的社会服务基本养老保障

措施；要探讨港人子女在莞就读与内地义务教育政策对接的问题。近年来，深圳市公办学校已经出台政策，开放招生香港籍学生，放开"双非童"入学就读问题，政策推行后就受到极大的社会关注。目前在莞经商、来莞居住的香港居民呈上升趋势，妥善解决他们的子女入学问题，即将成为一个重要的社会问题，值得地方政府的高度关注。

（2017 年 12 月）

石湾镇街道创新社会管理的经验与启示

广东青年社会科学工作者协会[*]

为贯彻落实省委十届九次全会精神，更好推动全省各地创新社会管理，近日，广东青年社会科学工作者协会在比较分析的基础上，组织协会相关学科的青年社科工作者，深入佛山市禅城区石湾街道办事处实地调研，发现该镇创新社会管理思路清晰、措施得力、平台完善，取得了较显著的成效。调研组认为，随着城市化的加速推进和利益格局的不断调整，石湾镇街道面对转型期社会矛盾易发多发的问题日益凸显，基层社区结构和人口结构日趋复杂多变，尤其是"三旧改造"使社会管理的任务更加艰巨，在积极探索创新社会管理过程中基本形成了长效机制并逐步制度化，其做法对全省各个街道、乡镇创新社会管理、建设和谐社会具有借鉴意义，值得学习推广。

一 整合资源探索建立长效机制，实现社会稳定和谐

石湾镇街道在致力推进经济转型升级的同时，高度重视社会管理，围绕解决群众需求，整合各类资源，夯实基层基础，突出体制机制创新，努

---

[*] 执笔：郑红军、梁道刚、张建武、王雨磊、马建文、王巍、陈茂义。

力实现从"对社会管理控制"向"为社会和群众服务"的重大转变，在服务中实施管理，在管理中体现服务，是其创新社会管理的最大亮点。

1. 畅通群众诉求沟通渠道，实现"三旧"改造零上访。在"三旧"改造过程中，为更好、更全面收集群众的诉求，积极引导被拆迁居民推选出他们信任的、热心为群众办事的、能够反映他们诉求的居民业主代表与政府进行沟通协商，并由这些居民业主代表推选出首席代表，负责组织、联系与政府沟通的相关事务。在重点案件和重点人物的处理上，形成了常态化的领导干部"四访"（接访、约访、下访、寻访）制度，并在此基础上综合运用法律、政策、经济、行政等手段和教育、协商、调解、疏导、听证、救济等办法，综合施策，促使信访人心服、口服，息诉罢访。通过上述的沟通对话机制，很好地将政策宣传落实到群众中，化解了群众的疑虑，避免了许多矛盾。同时，也有力地推动了拆迁工作的顺利进展。

2. 整合部门资源，形成了"大调解"的工作体系。长期以来，为切实解决影响社会和谐稳定的源头性、根本性、基础性问题，石湾镇街道通过整合综治、信访、劳动、司法等多部门资源，形成了"一体化"运作的"大综治"格局，特别是成立综治信访维稳中心；35个村居相应成立了综治信访维稳工作站和调解委员会，部门企业也成立调委会，实现了街道村居互动、部门联动，综治、司法、信访、劳动等部门集中统一办公。通过构筑多层次的调解机制，逐步形成了"大调解"的工作体系。街道实行领导干部村居挂点制度，与下属单位签订信访目标责任书，形成层层抓落实的工作局面，力争"小事不出村居，大事不出镇街"。

3. 建立综合应急反应服务平台，形成了社会治安综合治理新模式。第一时间准确掌握突发事件及其进展，是领导进行科学决策、化危为安的重要前提。正是基于这一认识，石湾镇街道大力促进信息技术在社会管理领域的应用，整合全街治安资源，率先在全省建立包括综合应急服务指挥中心、设备间、值班室在内的镇街一级综合应急服务平台，通过网络将覆盖全街重点区域的7000多个摄像头有机地联合在一起，为公安、安监、环运城管、应急、维稳等相关部门综合接报、日常值守、联合处置等业务提供技术支持，通过显示系统、会议系统、图像接入系统满足应急服务、联合处置、应急指挥、会议培训的要求，实现本地和远程的灵活控制和智能化、一体化管理，使突发事件等第一时间得到及时的处理，形成了社会治安综合治理新模式。

4. 创新和完善人性化实有人口管理体系，实现辖区人口服务全覆盖。让辖区人口过上安定、祥和的幸福生活是衡量街道社会管理成效的根本标准，对特殊人群采取特殊措施是达到这一标准的关键。石湾镇街道进一步健全完善外来务工人员服务管理工作体系和政策制度体系，加强流动人口服务管理组织网络建设和综合服务管理工作队伍建设，探索"以证管人、以房管人、以业管人"的服务管理模式，将流动人员管理落脚点放到为综治服务上，以"创新管理机制、提升服务水平"为着眼点，构建动态管理服务新机制。突出加强对社会闲散人员的教育帮助，重点对辍学、无业、流浪乞讨、服刑在教人员未成年子女等青少年群体，开展排查摸底，构建青少年违法犯罪教育、预防和控制体系。摸清精神疾患人员、吸毒人员等重点人群，有针对性地落实教育管理措施，加强服务救助。构建和完善帮助弱势群体融入社会的机制制度，加强社会救济，解决实际困难，消除社会歧视。有效预防特殊人群违法犯罪和个人极端事件的发生。

二 搭建综合信息管理平台，实现社会管理和服务信息资源的共用共享

大力促进信息技术在公共服务、社会管理等领域的广泛应用，是石湾镇街道落实工作部署的又一特色和工作亮点，特别是将社会管理综合信息系统、便民服务系统、数字城管系统"合而为一"的举措，全面实现了社会管理和服务信息资源的共用共享。

1. 社会管理综合信息系统建设全面启动。围绕构建服务型政府，适应智慧城市建设的要求，石湾镇街道统筹并整合公安、计生、劳动保障、交通、文化、旅游等各部门信息资源，启动建设全面覆盖、动态跟踪、功能齐全的社会管理综合信息系统，构建起集多项功能于一体的工作平台，

努力实现互联互通、共建共享，为提升社会管理效能提供了强有力的科技支撑。

2. 以社区警务"e 超市"为代表的便民服务系统有效提升了警务效率。借助信息化、科技化手段，石湾镇街道在石头厦园新村开展社区警务"e 超市"（包括智能安全小区、社区警务"一点清"和"e 超市"自助服务终端）试点，在省内率先探索智能社区警务管理模式，小区全天候智能化安全监控，社区警务"一点清"实现可视化智能管理。利用 PGIS 系统实现互联互通，为开展防范、管理、打击、控制等工作提供更有力的基础地理信息支持，从而对社区"人、屋、车、场、网"实行立体化、可视化和可控化管理。同时，社区警务"e 超市"自助终端可让社区群众在家门口享受到出入境网上审批及进度查询、户政审批结果查询、交警综合业务办理、银行网上营业厅等多达 182 项的服务。大大增强了社区群众的安全感、幸福感，进一步提升了社会治安综合治理水平和警务效率。

3. 数字城管系统使城管的工作效率大大提高。石湾镇街道正在探索通过电脑、对讲机、电话等设备与区局数字化城管运转中心对接，同时把村、居民社区的摄像头进行有效对接，实现资源整合；利用区局（交通、环保）的信息平台，了解石湾以外全区、全市的相关公共信息。通过信息采集员对城市主干道、商业旺区、旅游景点等重点区域进行巡查，及时发现城市管理中出现的部件和事件问题，重点采集危害公共安全或重大安全隐患（火灾、地陷、井盖缺失、电线杆倒伏、管道气泄漏、油污洒漏等）、严重污染环境及影响市容卫生等问题，并利用"城管通"将其登记取证，同时上报监督中心；接受监督中心的调配，核查重大问题的处理情况，并将核实结果反馈给监督中心。随着数字城管系统建设的加速和功能的拓展，以及部门联动机制的建立，石湾正在构建网络互联、信息互通、资源共享的数字化城市管理网络系统平台，努力实现城市管理网格化、精细化、高效化管理，不断提高工作效率和水平。

三 夯实社会管理创新的基础，社区建设日见成效

"基础不牢，地动山摇"，目前，我省社区建设总体滞后于社会转型，大量社会矛盾纠结在基层，治安隐患滋生在基层，化解纠纷矛盾和消除安全隐患的重点也在基层。所以，大力加强基层社会管理能力建设就成为当务之急。

1. 树立品牌意识，打造"特色社区"。石湾镇街道在社区硬件设施不断完善的同时，建立健全社区服务保障机制，加快品牌社区建设。2010年，石湾镇共有18个社区获区级"六好"社区（自治好、管理好、服务好、治安好、环境好、风尚好），11个社区获省级"六好"社区称号。其中，惠景社区荣获全国先进文化社区称号；怡景、金澜、湖景、金子苑、榴苑、劳动、丽银7个社区被评为省级"六好"平安和谐社区。惠景社区被评为2010年全国妇女基层组织示范小区，怡景社区获得2010年省文明社区称号；玫瑰、和平、澜石、劳动、莲峰、榴苑、三友、忠信8个社区被评为禅城区"六好"平安和谐社区。

2. 坚持以人为本，构建"智慧型、服务型社区"。石湾镇街道围绕"民有所呼，我有所应"的工作目标，以"便民、利民、惠民"为服务宗旨，情系群众，真情服务，建立起"以点带面、中心辐射、两翼互补"格局的行政服务全覆盖网络，打造出"15分钟优质行政服务圈"。通过全面推进行政服务下村（居）工程，目前已形成了以街道行政服务中心为原点，以东西两翼的两个社区片区分中心为依托，打造出"1+2+12"（即1个街道中心，2个社区片区分中心，12个村中心）的"15分钟优质行政服务圈"，实现了社区行政服务的全覆盖和无差别化、均等化、人性化，让村民和社区群众足不出村（居）即可享受到高效透明，便捷热情的"一站式"优质行政服务。随着街道电子行政审批平台和电子视频监察平台的建成使用，群众也可以凭办事受理回执号码通过政府门户网站、社区触摸屏、手机短信和电信语音等多种途径查询办理进度，政府监管部

门也可通过平台全程监控办理进程。此外，街道还聘请了 34 位辖区群众作为机关效能监督员，对发现的问题督促相关部门整改，使街道行政服务的工作效率、服务水平和服务质量进一步提高。明年，石湾镇街道还将构建街道行政审批信息化网络数据服务平台，并与佛山市的"12345"市民信息平台、禅城区的"一按灵"综合服务平台、社区警务"e 超市"平台等进行衔接和共建，实现街道内各村、社区片区、社区之间各个行政服务网点的无差别、全覆盖式的"通联通办"服务。

3. 以文化为灵魂，建设"文化社区"。近年来，按照"近悦远来，幸福禅城"的总体要求，结合街道打造"千年陶都·幸福石湾"的中心工作，石湾坚持面向基层，服务群众，不断完善公共文化服务体系。通过加大公共文化设施的投入，已建成"10 分钟文化圈"站（点）146 个，文化活动中心 63 个，各类固定体育场所 248 个，"农家书屋"26 间，各村（居）综合文体活动室建设率达到 100%，实现了街道各村（居）公共基础设施全覆盖。先后建立起粤曲、龙舟武术、音乐舞蹈、棋类诗词、书画、陶艺为主题的六大文化基地，文化志愿者 400 多名，各村（居）有文体团队 122 支，每年组织各团队到村居巡回演出 20 多场、送电影 400 多场，观众达 8 万多人次。形成了特色鲜明的地方文化和健康向上的民风民俗，各村（居）群众文化建设百花齐放、精彩纷呈。

4. 依托社区资源，推广"智能社区"。以创新的生活理念，领先的物联网智能技术提升人居生活品质，是石湾推动智能社区建设的目标所在。作为该镇街智能社区的试点，金地九珑璧社区倡导未来生活从智慧人居开始，坚持"科学，让美好归于生活"的理念，成为全国首创物联网智慧社区、全国首个 3G 深度应用社区、全国首个联通 8M 极速宽带社区。该社区引进世界领先的物联网智能技术，实现从家庭无线宽带覆盖、家居安防、家庭娱乐、家庭信息，到小区智能化为一体的智能生活。居民只要使用 3G 手机，就能通过与无线网络连接的室内摄像头、防盗探测器、防火探测器等远程监控仪器对家里的实时情况进行监测，出现突发情况时，业主及物业管理中心均可及时知悉，及时响应，从而加强对家居安全的防护。通过社区 3G 视频通话，让业主在家里就可以与亲朋好友面对面畅聊。社区计划在不久的将来实现从日常订餐、送菜、物品代购到家电紧急维修、社区医疗等服务的覆盖。

石湾镇街道创新社会管理的经验，也给我们很好的启示：打造服务型党组织，全面改善政务环境是创新社会管理的政治保障；探索完善符合实际的体制机制，是创新社会管理的制度保障；促进信息技术的广泛应用，是创新社会管理的重要突破；加强社区建设，是创新社会管理的坚实基础。

（2011 年 8 月）

广东省本科学校结构、布局与区域经济社会发展的关系研究*

汤贞敏　孙丽昕　王志强**

本文通过文献研究、调查研究、比较研究、数理统计等方法，在全面把握广东省本科学校结构、布局总体情况的基础上，重点研究本科学校结构、布局与人口规模、经济规模、产业结构的相关性和适应性，提出广东省本科学校结构、布局调整优化的总体思路和主要策略。

一　广东省本科学校结构、布局与区域经济社会发展相关性研究①

（一）本科学校结构、布局与人口规模的相关性分析

通过对全省 2001—2013 年本科学校数、在校本科生数（指全日制普

---

* 本研究所指本科学校为独立设置的普通本科学校，不含独立学院和成人本科学校。本报告完成于 2015 年 5 月。

** 汤贞敏，广东省教育研究院院长、党委书记、研究员；孙丽昕，广东省教育研究院高等教育研究室副主任、副研究员；王志强，广东省教育研究院高等教育研究室助理研究员。

① 关于广东省本科学校结构、布局与区域经济社会发展相关性分析，本文如无特别说明，均运用 SPSS19.0 进行分析，并用本科学校数、在校本科生数指代本科学校结构、布局，用常住人口指代人口规模，用 GDP 指代经济规模。如无特别注明，本部分资料来源均为广东省各地级以上市 2001—2013 年统计年鉴、2013 年国民经济和社会发展统计公报，以及 2001—2014 年国家统计年鉴，同时缺少 2003 年广东省在校本科生和在校专科生数据。

通本科生数，下同）、常住人口及全国 2001—2013 年常住人口、本科学校数和 2005—2013 年在校本科生数等数据进行分析，发现：

1. 在全省层面，常住人口与在校本科生数、本科学校数二者具有显著的相关性，但同比全国常住人口与本科学校数的相关程度不如全国的高（见表 1）。

表 1　　全省常住人口与在校本科生数、本科学校数的相关性分析及与全国的比较

		在校本科生数（万人）		本科学校数（所）	
		广东	全国	广东	全国
常住人口（万人）	Pearson Correlation	.992**	.998**	.927**	.983**
	Sig.（2 - tailed）	.000	.000	.000	.000
	N	12	9	13	13

注：**. Correlation is significant at the 0.01 level (2 - tailed).

2. 在各区域及深圳市①层面，常住人口与在校本科生数的相关程度总体上高于常住人口与本科学校数的相关程度。常住人口与在校本科生数于珠三角及深圳市均具有相关性；粤东、西、北地区则存在个别相反现象。由于 2001—2013 年粤东、西、北地区本科学校数未发生变化②，深圳未发生明显变化③，故粤东、西、北地区常住人口与本科学校数无相关性，深圳则为不显著相关（见表 2）。

表 2　　各区域常住人口与在校本科生数、本科学校数的相关性分析

分区域	Spearman's rho 相关系数	
	常住人口与本科学校数	常住人口与在校本科生数
珠三角	0.981	1.0

---

① 鉴于深圳市是我国经济计划单列市和重要经济特区之一，本文特别将其在研究范围内单列。
② 分别为 2 所、4 所、2 所。
③ 2012 年由 1 所增加到 2 所。

续表

分区域	Spearman's rho 相关系数	
	常住人口与本科学校数	常住人口与在校本科生数
粤东	不能计算相关系数（学校数量为常数）	0.993
粤西	不能计算相关系数（学校数量为常数）	0.972
粤北	不能计算相关系数（学校数量为常数）	0.993
深圳市	0.627	1.0

（二）本科学校结构、布局与经济规模的相关性分析

通过对全省2001—2013年本科学校数、在校本科生数、GDP及全国2001—2013年本科学校数、GDP和2005—2013年全国在校本科生数等数据进行分析，发现：

1. 在全省层面，GDP与在校本科生数、本科学校数二者均具有很强的相关性，但同比全国2001—2013年GDP与本科学校数的相关程度低（见表3）。

表3　全省GDP与在校本科生数、本科学校数的相关性分析及与全国的比较

		在校本科生数（万人）		本科学校数（所）	
		广东	全国	广东	全国
GDP（亿元）	Pear on Correlatn	.992**	.998**	.927**	.983**
	Sig. (2 – tailed)	.000	.000	.000	.000
	N	12	9	13	13

注：**. Correlation is significant at the 0.01 level (2 – tailed).

2. 在各区域及深圳市层面，GDP与在校本科生数均具有相关性，但与本科学校数的相关性在区域间差异较大（见表4）。

此外，广东省本科学校占全省高等学校比例低于全国平均水平的

36.32%，尤其是"985工程""211工程"高校仅占本科学校的8.7%，低于全国平均水平（14.48%），这两方面与北京、上海、江苏等高等教育发达省（市）相比更是相去甚远，极大制约了高校在区域科技创新能力提升中的作用。

表4　各区域GDP与在校本科生数、本科学校数的相关性分析

分区域	Spearman's rho 相关系数	
	GDP与本科学校数	GDP与在校本科生数
珠三角	0.981	1.0
粤东	不能计算相关系数（学校数量为常数）	1.0
粤西	不能计算相关系数（学校数量为常数）	1.0
粤北	不能计算相关系数（学校数量为常数）	1.0
深圳市	0.627	1.0

（三）本科学校学科结构、布局与产业结构、布局的相关性分析

通过对全省2004—2013年三次产业从业人数比重与各学科专业在校本科生比重进行量化分析，对全省2001—2013年专科生、本科生、研究生数与三次产业生产总值进行相关性分析，发现：

1. 在全省层面，各层次学生与三次产业间均具有很强的相关性。其中，三次产业从业人数比重与各学科专业在校本科生比重密切相关。农学与第一产业从业结构密切相关，工学、理学、管理学、经济学与第二产业从业结构密切相关，文学、管理学、理学、经济学、工学与第三产业从业结构密切相关。

2. 在各区域及深圳市层面，各层次学生与三次产业间均存在很强的相关性，其中深圳市第一产业与学生层次各指标均为负相关（见表5）。

表 5　　各区域三次产业与学生层次各个指标间的相关性分析①

		专科生数	本科生数	研究生数
珠三角	第一产业	.8908	.9279	.9245
	第二产业	.9785	.9925	.9888
	第三产业	.9474	.9747	.9683
粤东	第一产业	.6447	.6675	.8225
	第二产业	.8247	.8484	.9481
	第三产业	.8231	.8488	.9500
粤西	第一产业	.8690	.9653	.9117
	第二产业	.8771	.9686	.9231
	第三产业	.8775	.9680	.9132
粤北	第一产业	.9057	.9472	——
	第二产业	.9700	.9656	——
	第三产业	.9300	.9612	——
深圳市	第一产业	-.9398	-.9386	-.8103
	第二产业	.9469	.9499	.9936
	第三产业	.9116	.9143	.9950

综上，学科专业与三次产业可以大致对应。为此，将农学对应第一产业、理学和工学对应第二产业、文学等其他学科专业对应第三产业，对2011—2013 年广东省在校本科生学科结构与三次产业从业人员结构进行对比分析，总体来看，本科人才培养结构与三次产业结构分布大致吻合（见表 6）。

表 6　　2011—2013 年三次产业从业人员和在校本科生对比

三次产业	从业人员情况			在校生数所属产业结构		
	2011	2012	2013	2011	2012	2013
第一产业	23.95	23.77	22.97	1.36	1.38	1.39
第二产业	42.39	42.07	41.90	33.94	34.07	33.98
第三产业	33.67	34.16	35.13	64.72	64.55	64.63

① 粤北无研究生培养单位，故只研究其在校专科生、本科生与三次产业之间的相关性。

(四) 小结

1. 广东省本科学校结构、布局与人口规模之间，在省域层面整体上表现出较强的相关性。

2. 广东省本科学校结构、布局与经济规模之间，在省域层面整体上表现出较强的相关性。

3. 广东省本科学校结构、布局与产业结构、布局之间的相关性各有差异。

二 广东省本科学校结构、布局与未来区域经济社会发展适应性研究

(一) 本科学校结构、布局与未来人口趋势的适应性分析

1. 从本科学校校均高等教育学龄人口数[①]看，未来广东本科学校仍有较大缺口，特别是粤东、西、北地区。

在全省层面，2015—2024 年本科学校校均高等教育学龄人口数[②]在 2.77 万—3.76 万人之间，低于 2014 年之前的水平，现有本科学校数量可以适应未来人口发展的趋势，但仍高于我国东、中、西部和东北地区（实际上这一状况在 2011 年已出现），且这种适应是建立在本科学校校均规模较大基础上的，不利于本科人才培养质量的提升。

在各区域及深圳市层面，除珠三角本科学校校均高等教育学龄人口数低于全省平均水平外，粤东、西、北地区和深圳市均高于全省平均水平。因此，在保持现有本科学校数量不变的情况下，广东省高等教育学龄人口的本科入学率将远远低于我国东、中、西部和东北地区。广东省本科学校

---

① 本科学校校均高等教育学龄人口数等于高等教育学龄人口数除以本科学校数，即每所本科学校对应高等教育学龄人口数越多，说明高等教育学龄人口本科入学率越低，反之越高。

② 本报告以 1993—2012 年广东省各地市小学招生数作为 2005—2024 年高等教育学龄人口的统计基数；同时本科学校，2005—2014 年以当年本科学校数计，2015—2024 年以 2014 年本科学校数计，依此对本科学校数量能否满足高等教育学龄人口本科教育需求进行趋势分析。

数量缺口仍然比较大，对粤东、西、北地区而言缺口更是巨大。

2. 从每万常住人口拥有在校本科生数看，广东省特别是深圳市本科学校数与未来人口发展具有较大不适应性。

在全省层面，2013年广东省每万常住人口拥有在校本科生89.21人，而北京为232.52人、天津为219.54人、上海为150.20人，山西、辽宁等10余省（市）也均在100人以上，都高于广东省。

在各区域及深圳市层面，2013年每万常住人口拥有在校本科生数珠三角最高，为94.03人，可勉强达到我国中等水平，但深圳仅为25.86人；粤东（11.80人）、西（54.34人）、北（23.46人）地区偏低，粤西略接近2013年新疆（66.84人）、西藏（68.55人）、青海（57.63人）的水平，粤北较低、粤东最低，表现出本科学校数严重不足。

（二）本科学校结构、布局与未来经济规模的适应性分析

1. 从本科学校校均GDP[①]看，本科学校数量明显不足，与未来经济规模不匹配。

在全省层面，本科学校校均GDP在2005—2013年一直保持增长态势，远高于我国东、中、西部及东北地区，分别是东、中、西部及东北地区的1.64—1.77倍、2.28—2.59倍、2.56—3.13倍、3.02—3.28倍。由此可见，广东本科学校数相对于经济规模发展而言一直处于偏少的状态，伴随着未来广东经济规模的良好发展势头，本科学校数量将表现出极大的不适应性。

在各区域及深圳市层面，2005—2013年本科学校校均GDP整体都呈增长态势，珠三角略高于全省总体水平，其中深圳是全省总体水平的4.54—7.90倍；粤东、西、北地区本科学校校均GDP水平都高于我国东、中、西部及东北地区和北京、上海、江苏、浙江等省（市）。这表明，广东省各区域及深圳市的本科学校数量相对于经济规模发展而言仍显不足。

---

① 本科学校校均GDP等于GDP除以本科学校数。

2. 从每亿元 GDP 负担在校本科生数看，在校本科生规模仍较低，与未来经济规模发展的不适应性将更加显著。

在全省层面，2005—2013 年，广东省每亿元 GDP 负担在校本科生数仅为 15.28—19.00 人，低于我国东、中、西部及东北地区，特别是与中、西部及东北地区差距仍然较大。可见，广东省在校本科生规模相对于经济规模发展而言仍然偏小，整体上尚未适应经济规模的发展。

在各区域及深圳市层面，2013 年每亿元 GDP 负担在校本科生数，只有粤西超过全省总体水平，但仍低于我国中、西部及东北地区；珠三角略低于全省总体水平，其中深圳市仅为 1.90 人；粤东、北地区都在 10 人以下，粤东地区还不到 5 人，与我国东、中、西部及东北地区差距较大。

（三）本科学校结构、布局与未来区域产业结构、水平的适应性分析

1. 从层次结构、布局看，广东省本科学校不能完全满足未来区域产业结构调整发展对本科以上人才的需求。本科学校不仅占全省高等学校比例低于全国，而且高水平大学占本科学校的比重也低于全国平均水平，导致广东省本科尤其是高层次人才培养规模偏小。例如，广东省本专科在校生比例远低于全国平均水平，2013 年为 55.5∶44.5，而全国为 60.6∶39.4。又如 2013—2014 学年在校研究生、本科生占普通高等教育在校生（指高等学校全日制学生，下同）比例，除粤西在校本科生占比高于全国平均水平外，广东省整体上及其各区域均低于全国平均水平，不但与当前广东省经济地位不相适应，更使得未来产业转型升级后继乏力。

2. 从类型结构、布局看，广东省本科学校对未来区域产业发展的适应性仍不够强。根据相关规划①，未来全省层面高校需要大力发展的学科门类是工学、理学、管理学、经济学和文学。珠三角未来几年最需扩大的学科门类为文学、管理学、理学、经济学、工学，对应的学校需求类型为

---

① 《珠江三角洲地区改革发展规划纲要（2008—2020 年）》《关于推进产业转移和劳动力转移的决定》《关于进一步促进粤东西北地区振兴发展的决定》《粤东地区经济社会发展规划纲要（2011—2015 年）》《粤西地区经济社会发展规划纲要（2011—2015 年）》《粤北地区经济社会发展规划纲要（2011—2015 年）》《广东海洋经济综合试验区发展规划》等。

理工院校和财经院校；粤东、西、北地区的学校需求类型则以应用技术类理工院校为主。然而，以 2013—2014 学年为例，全省本科学校共计开设 2370 个专业，从专业设置和在校本科生比重看，基本符合产业发展需求，但艺术学、法学和教育学的专业占比和在校生占比都过大（见图 1）。

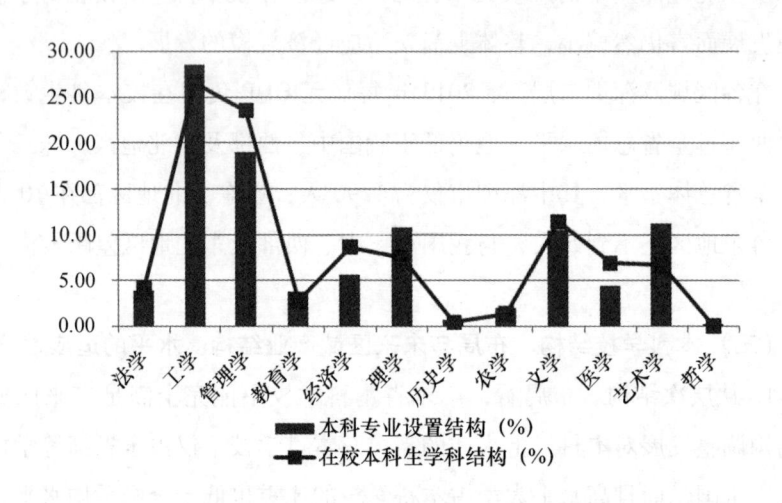

图 1　2013—2014 学年广东省本科专业设置与在校本科生学科结构

在区域层面，2013—2014 学年，珠三角本科专业设置，从产业发展角度看，存在艺术学和教育学培养规模过大的问题，其专业设置和在校生规模比例分别达到 10.82% 和 6.53%、3.06% 和 2.22%。粤东第二产业发展所需的工学、管理学、经济学专业设置比例过低，分别仅为 18.99%、11.39% 和 3.80%，与此相对应，其人才培养规模难以适应地区第二产业发展需求。粤西经济学培养规模过小，专业设置比例仅为 2.79%。粤北工学、经济学培养规模较小，专业设置比例分别为 23.08% 和 1.71%，师范类在校本科生规模比例高达 92.24%。

（四）小结

1. 人口是决定本科学校数量、在校本科生规模与布局的主要因素之一。

2. 各区域的本科学校和在校本科生规模都有进一步增长的空间。

3. 增加高水平研究型大学和应用型本科学校具有迫切性。

三 广东省本科学校结构、布局调整优化的对策建议

做好广东高等学校尤其是本科学校结构、布局调整优化相关工作，必须坚持统筹规划、合理设置、因地制宜、分类指导，政府主导、多元参与，多措并举、稳步推进等基本原则，着重调整优化本科学校区域布局、学科类型、专业结构，引导高等学校分类发展，不断提升高等教育发展水平。

（一）主要策略

1. 珠三角地区。第一，总体上应新增20所左右（不含深圳市）以理工类、财经类为主的本科学校，鼓励支持各地市按需、量力、多形式、多主体重组、新建或转设应用型本科学校。第二，鉴于区域内土地资源相对紧张，新建本科学校应主要定位于规模较小、富有特色、学科专业与区域主体产业群关联紧密的特色本科学校。第三，继续加大资源投入和政策支持力度，加快高水平大学建设。努力将中山大学建设成国内一流国际先进的高水平研究型综合性大学，将华南理工大学建设成国内一流世界知名的高水平研究型理工类大学，将暨南大学、华南师范大学、华南农业大学、南方医科大学、广州中医药大学、广东工业大学、广东海洋大学等建设成办学特色明显、具有全国影响力的研究型大学，将南方科技大学建设成国际化特色突出的研究型大学。推进广东药学院、广东技术师范学院、广东医学院等更名为大学的工作，充实高水平大学资源。第四，有条件的地市尤其是广州市要下定决心在土地资源、引入高水平创新团队和领军人才、财政资助等方面，积极推动和支持所辖区域内的省内知名本科学校与世界排前200名的高水平研究型大学、产业转型升级需要的高水平应用型大学合作举办独立设置的本科学校或二级学院。

2. 粤东、西、北地区。第一，粤东以汕头市为中心，以服务汕头、潮州、揭阳产业一体化发展为目标，重点新建包括广东以色列理工学院（汕头）、中德应用技术大学（揭阳）在内的 5 所左右中外合作理工类应用型本科学校，其学科专业设置以能源与动力工程、航海技术、海事管理等为主。第二，粤西以湛江市为中心，根据粤西城市群经济社会及产业发展实际需要，在适当新增应用型本科学校的同时，把工作着重点放在学科专业调整优化和扩大办学空间上。在积极巩固提升已有专业特色的基础上，着重发展与钢铁、石化、能源、海洋运输、海洋生物等产业相关的学科专业，可新建 1 所以上与这些学科专业密切相关的理工类应用型本科学校，加快扩大广东石油化工学院的办学空间，充分发挥广东海洋大学、广东医学院的作用，推动高校为将粤西打造成环北部湾科技创新区域中心做出应有贡献。第三，粤北以韶关市为中心，把握振兴粤北的重大机遇，着力培育若干所理工类和财经类本科学校，学科专业设置以冶金工程、材料成型、金属材料工程、机械制造、车辆工程等为主。

3. 深圳市。根据深圳市经济社会发展需要，在未来一个时期，新增 15 所左右的本科学校。第一，积极出台相关优惠政策和举措，推进北京大学深圳研究生院、清华大学深圳研究生院、哈尔滨工业大学深圳研究生院招收本科生并逐步扩大规模，争取将本科教育培育成熟后独立办学。同时，继续高起点办好南方科技大学，切实把深圳大学办成高水平大学。第二，积极引进国内高水平大学到深圳举办研究生院、分校（校区）或整体搬迁某个学科来举办特色学院，重点推进与深圳经济社会发展重要领域相关的小而精的特色学院建设。第三，剥离深圳职业技术学院与深圳大学合作的相关应用型本科教育资源，与市内各区相关产业紧密对接，形成若干所特色本科学院，组建深圳应用技术大学。第四，整合有关教育教学、土地、校舍资源，充实有关条件，创办应用技术型的深圳理工学院、深圳城市学院。第五，鼓励深圳华为、深圳中兴、腾讯等特大型企业集团兴办与产业发展需求密切相关的应用型本科学校或开放大学。第六，创新体制机制，创造引进世界高水平大学合作办学的良好条件，在加快香港中文大学（深圳）、深圳北理莫斯科大学建设步伐的同时，再引进 2—4 所国

（境）外知名大学来深圳合作办学。

（二）对教育部的政策性建议

1. 扩大省级政府教育统筹权。对诸如广东这样承担省级政府教育统筹综合改革试点任务且普通高校生均预算内教育事业费居于全国前列，但高等教育毛入学率、每百万人口拥有高校数、每亿元 GDP 对应高校数低于全国平均水平的省（区、市）在院校设置尤其是本科学校设置等方面给予倾斜性大力支持。

2. 加快修订《普通高等学校设置暂行条例》和《普通本科学校设置暂行规定》，分类设定本科学校设置标准，优化高校设置工作程序。应根据学校的不同类型、层次分别制定设置标准。同时，优化高校设置工作程序，对诸如广东省这样本科教育经济支撑条件强、需求大、时间紧的省份给予特别支持，原则上条件成熟的即可纳入设置工作日程。建立健全高等学校退出机制。

3. 尽快研究制定应用型本科学校相关政策。一要突破现有政策障碍，允许应用型本科学校有多种实现方式；二要充分考虑产教融合、校企合作、工学结合所包含的各种校内外条件，形成科学合理的指标体系，为加快建立现代职业教育体系和高等教育分类体系创造有利条件。

4. 切实支持社会力量、行业企业提升高等教育办学水平。积极推动财政、税务等部门切实贯彻落实民办教育促进法及其实施条例，充分调动社会力量以各种形式举办本科教育和将独立学院转设为独立建制的本科学校的积极性和主动性。

（2015 年 11 月）

关于广东"十三五"国企改革
着力点的建议报告

广东省综合改革发展研究院课题组[*]

党的十八届三中全会对全面深化改革做出了战略部署,对深化国有企业改革也提出了明确的指导意见,要求到2020年,在国有企业改革的重要领域和关键环节取得决定性成果。

广东是全国第一经济大省,拥有全国第三大国资体系,国企上市企业数量位居第二。"十三五"期间,广东应如何妥善处理政府与企业、市场的关系,深化国资国企改革,充分发挥国资国企在转变发展方式、促进经

---

[*] 课题顾问:易振球,广东省体改研究会名誉会长、原省体改委主任;黄挺,广东省体改研究会总顾问、中国体改研究会资深高级专家;陈鸿宇,广东省人民政府参事、省委党校原副校长、教授。主持人:周林生,广东省体制改革研究会会长、省综合改革发展研究院执行理事长;李胜兰,广东省体制改革研究会副会长、中山大学岭南学院副院长、教授。成员:徐印州,中国商业经济学会副会长、广东省综合改革发展研究院院长、教授;彭澎,广东省体制改革研究会会长、广东省综合改革发展研究院副院长、广州市社科院高级研究员;王健,广东省体制改革研究会副会长、广东恒建投资控股有限公司总经理;梁文才,广东省体制改革研究会副会长、省综合改革发展研究院理事长、高级经济师;余树华,广东省体制改革研究会副会长、省综合改革发展研究院副院长,华南理工大学未来与发展研究中心副主任、教授;杨平,广东省体制改革研究会副会长、省综合改革发展研究院副院长、广东省委党校教授;周凌霄,广州大学广州发展研究院副院长、副教授;陈其海,广东省综合改革发展研究院常务副秘书长、经济师;孔强,广东省体制改革研究会副秘书长、民生证券投资银行部副总经理、经济师;林梨奎,广东省综合改革发展研究院经改研究中心主任助理。学术秘书:齐暄,广东省综合改革发展研究院经改研究中心助理研究员。联系人:陈其海。

济转型升级中的作用,这是事关广东继续担当全国改革发展排头兵的重要课题。

一 广东当前国企改革存在的主要问题

"十二五"期间,广东省国有企业改革取得一些成绩,一是以有序有效为原则,启动了混合所有制改革;二是以转变职能为支撑,探索提高国资监管的科学性;三是以结构调整为重点,促进国有企业转型;四是以风险防范为保障,促进国有资产保值增值。但从深层次来看,仍存在许多问题和薄弱环节。

(一)资本结构失衡与资金分布不合理

由于金融证券市场发育滞缓,相关法规不完备,金融证券管理和营运手段比较落后,信贷资产质量不高等,导致很多国有企业其经营资金严重依赖银行贷款,融资成本高,且大部分资金被固定资产和长期投资占用,造成资产结构失衡和资金分布不合理。

(二)现代企业制度建设依然在低层次徘徊

由于改制不彻底,在改制后企业仍然难以真正建立有效制衡的法人治理结构。部分国企虽然按照公司法进行了改制,但未能按照现代企业制度的要求真正形成董事会、监事会和经营层的互相制衡及高效运行的公司治理结构。国企经营管理制度并不能适应市场经济要求,企业经营者的行政化管理色彩依然存在,未能实现企业经营权与所有权的分离,违背了企业建立现代企业制度的基本原则。一些企业内部市场化选人用人和激励约束机制尚未真正形成。

(三)国企混合所有制改革推进较慢

党的十八届三中全会将混合所有制提到了基本经济制度的高度。广东省政府发布了《关于进一步深化国有企业改革的意见》,提出广东国企混合所有制改革的目标是"到 2020 年，竞争性国有企业基本成为混合所有制企业，基础设施项目实现混合持股。其中，到 2017 年，混合所有制企业户数比重超过 70%，形成 30 家左右营业收入超千亿元或资产超千亿元、具有国际竞争力的国有控股混合所有制企业"。目前来看，广东国企混合所有制改革进展缓慢。

（四）国有经济布局分布过广、战线过长

国有资本分布过散、集中度过低，一般性竞争领域企业数量仍过多；国有资本领域过宽、战线过长，且过于集中在传统行业；布局结构调整的行政化色彩过浓，市场化动态调整机制尚未形成。尤其在解决我省国有资本分布过广的问题上，存在"两头热、中间冷"的现象，即"上头"的领导层有推动某些行业国有资本收缩退出的构想，"下头"的企业也有希望改革放开搞活的需求，但是中间的管理集团或资产经营公司则有自己的发展战略。而这些战略很大程度上受到狭隘的视角或局部利益的制约，往往导致企业改革方案止步于中间管理层。

（五）国资监管的针对性和有效性有待加强

经营性国有资产尚没有实现集中统一监管，还存在多头管理、职责不清的问题；各级国资监管机构仍存在管得过多过细问题，出资人监管定位不准、审批备案事项多等现象不同程度存在；监督机制尚不健全，国有资产流失、违纪违法问题在一些领域和企业还比较突出，有的甚至触目惊心。

二 "十三五"国企改革的着力点

（一）加大分类推进国企改革力度，构建公平竞争的市场规则

要以商业性和公益性的分类，来重新界定垄断性和竞争性国有企业。建议分类改革分两步实施：首先，按照市场的竞争性程度，分为垄断性国企和竞争性国企两大类；然后，按国有资本的战略定位和发展目标，将垄断性国企、竞争性国企分别再次分为商业类和公益类。广东国企与央企不同，基本上属于竞争性国企，工作重点是做好竞争性国企的商业类、公益类分类改革。

1. 细化分类改革顶层设计，明确国企分类监管清单

公益类国企，主要指向社会直接提供公共产品和公共服务的国企，如环保、环卫、职教、职介等，它们不以营利为目的，或有盈利目标但是在发展初期盈利能力很弱，但确属公众极需要的产品和服务。公益类国企要引导其规范开展混合所有制改革，通过财政补贴、购买服务、特许经营、委托代理等方式，鼓励非国有经济参与经营，同时要加强对价格水平、成本控制、服务质量、安全标准等方面的监管，使公益类国企提供"货真价实"的公共产品和生产生活基础性服务，更好地惠及民生。

商业类国企完全按照市场规则来运作，追求利润最大化，不承担公共服务职能。各级政府应该退出对这类企业的定向保护，让它们在市场上与民营企业、外资企业进行平等的、优胜劣汰的竞争。商业类国企的组织形式，不必要求国有独资或国资绝对控股，必须大力推进商业类国企的混合所有制改革，从根本上解决股权结构单一、公司治理内部人控制的问题。

建议尽快研制并实施广东省国有企业功能界定与分类改革指导意见，按照分类分层改革与监管的原则，对商业类（广东叫竞争性）和公益类（广东叫准公共性）两类国有企业，分别明确其功能定位、发展方向和重点，实施资金管理、资产评估、利润分配、业绩考核、薪酬管理等领域的分类监管，建立地方国有企业考核评价体系及收入分配机制、重大事项备案报告制度。

2. 引入非国有成分，改善公益类国企的资本结构

以公益类国企为主体，设立国资投资基金平台。公益类一级企业，应保持国资绝对控股或实际控股，确保国有资本的控制力和影响力。在此前提下，积极探索政府购买服务、约定回报，以及"项目+资源"、公私合营等模式，吸纳社会资本参与高速公路、铁路及城际轨道、地铁等公共项目建设和运营。对于公益类二级及以下层级企业，不设股权比例限制，以便根据实际情况引入所需资本，最大限度发挥各类资本的积极作用。鼓励

国有资本和非国有资本共同发起设立股权投资基金、产业投资基金，投资发展战略性新兴产业、支持高科技产业创新发展等。探索企业经营管理者、核心技术人员和业务骨干等出资参与企业改制的有效方式，支持员工持股，形成劳动者和资本所有者的利益关联体。

3. 深化两类国企改制，加快从一般竞争性领域退出

一方面，公益类国企要进一步剥离商业性成分。要逐步有序退出市场竞争体系日益成熟、国家战略重要性逐步下降的业务领域，逐步有序退出缺乏专业化竞争优势、与企业集团主业配套不紧密的商业性业务。另一方面，要继续大力和稳妥推进商业类国企的退出战略。各类创新型、科技型企业，鼓励管理层和骨干员工以现金、技术、期权期股等方式持股；非主业企业，除因集团战略发展确需保留或并入其他企业主业外，其余可结合实际逐步退出；不具备竞争优势和难以有效发挥国有资本作用的企业，或者已无实质经营内容、仅靠出租物业或经营物业管理业务维持的企业，通过产权转让、资产处置等多种方式，使国有资本逐步退出；常年亏损、扭亏无望以及休眠的僵尸企业，可通过股权转让、清算注销等方式，实现国有资本完全清退；要加快国有资产从酒店饭店、食品加工、百货公司、旅行社、商品房建设等一般竞争性行业退出，从而更好地发挥民营企业在地方经济建设中的主力军作用。

（二）深化国资监管体制改革，加快确立现代企业制度

1. 国资监管从管人管事管资产转到以管资本为主

第一，深刻理解国资监管的性质，明确国资监管的定位，理顺国资监管的目的和思路。首先明确把国资的社会属性即公益性放在第一位。其次国资监管的构架模式应该向扁平化方向改革。

第二，国资监管要尽快从管人管事管资产相结合转变到以管资本为主。一是在侧重点上，资本管理侧重资本运营，股权管理。二是在管理方式上，通过资产重组、买卖购并、债务重组、产权转让、参股控股等方法，使其配置不断优化，资本不断增值。三是在管理层级上，实现国资委对多层级企业中国有资本的监管。

第三，切实发挥政府审计对国有企业的监督职责，防止国资流失。政府审计可发挥基本层次的监测作用和衍生层次的预防作用、预警作用、纠偏作用以及修复作用。

2. 规范国企法人治理结构，提高国企治理能力和管理水平

从产权和战略两个视角来考虑治理和管控问题。一是按《公司法》《证券法》，把集团改造成某类功能性的管理中心（比如财务投资中心、战略管理中心、经营中心），或者改造集团公司的治理机制；二是集团完善对下属企业的管控，采取符合现代市场公司治理模式的分权制衡的管理控制模式，实施管理控制和内部控制。

3. 改革选人用人机制及分配制度，建立有竞争力的薪酬机制

第一，选人用人机制。构建政府、企业、人才中介机构、经营管理人才四者相对独立、定位明确、各负其责、各得其所的管理体制。政府应定位于人才管理政策、制度制定及环境的营造上。建立统一的经理人才市场，引入市场竞争机制选聘企业经营者。借助中介机构，保证企业经营者选聘效果。推进产权制度改革及分配制度改革，形成企业与经营者利益共同体。加强培育与规范，提升经营管理人才专业素质与职业道德。

第二，分配制度改革。国有企业是全民的财产，其红利应归全民所有，可用国企红利来充实社会保障金。我国的公共事业支出存在较大的资金缺口，可将分红投入如教育和医疗卫生等公共领域。

第三，薪酬制度改革。以市场为导向，实施国企薪酬分类管理。人员薪酬分类管理，建议可分成1—5类。1类：市场化管理模式。实施条件：国企高管由市场选聘机制产生；公司法人治理结构比较完善；竞争性企业；产权多元化企业或上市公司。此类管理模式政策思路：一是权力下放、政策放宽。企业拥有自主权，主要根据市场导向确定薪酬。二是改革调控机制、监管方式，把原来的审批或审核制改为备案制，保留监督检查。三是构建并规范微观分配机制。企业高管人员薪酬水平可以由企业根据市场因素和个人贡献等确定，不执行薪酬水平限高政策。5类：国家宏观调控为主、市场调节为辅管理模式。适用于高管由行政任命并且是垄

断、公益类、法人治理结构不完善的企业。此类模式企业不能自定高管薪酬。介于1类和5类之间的2类、3类、4类管理模式：实施企业高管人员薪酬分类管理需要完善相关配套改革措施。一是制定企业法人治理结构完善程度评价标准。二是对国有企业进行功能性分类。在量化打分评估的基础上，实施有差别的调控政策。三是制定国有企业高管人员市场化选聘的评估标准。

（三）发展混合所有制经济，继续深化国企产权改革

1. 进一步明确混合所有制改革的目标与定位

依照现代企业制度理念，混合所有制改革重在"合"，国有企业改革的主体应该是企业，是否"混得起""合得来"，企业最清楚，但实践中的国企混合所有制改革，主体却是政府，企业只是其"试验场"，做什么都要经过政府批准，这种"混改"路径选择需要重新思考。

2. 开放新领域，让民营资本参与更多"混改"，实现国民共进

建议开放更多新领域，让民营资本参与更多混合改制，改善国有企业拥有优质资源但资金不足的困扰，提高资源整合配置的效率，实现国民共进。

3. 彻底分离国企经营权和所有权，打开"混改"死穴

国资委是出资人，对国企所有权的产权管理是应该的，但应当仅限于出资额所持有的资本权力比例。如果对经营权仍不分离出来，相当于企业的一切权力仍归政府，这对国企以外的资本所有者不公平。国资委联合财政部共同出台的《企业国有资产交易监督管理办法》，把私企也纳入国资委的管理范围，认为国有控股的企业就将其纳入公有制，简单地将混合所有制企业归为公有制，这就触犯私有利益，把私企都吓跑了。我省深化国企"混改"，要彻底分离国企经营权和所有权。

4. 切实解决民资进入与退出国企"混改"的通道问题

目前，我省仍没明确民资进入与退出国企"混改"的具体政策指引，现实中，与进入相比，民营资本的退出更为困难，一旦参与了国企混合所有制改革，倘若想退出，面对可能的国有资产流失顾虑，往往会非常困

难。需引起省政府的足够重视，以提高民间资本参与混合所有制改革的积极性。

5. 推进混合所有制企业改革不设时间表，不搞运动式

国企混合所有制改革将区分为存量改造型模式和增量发展型模式，可采取公有资本绝对控股、公有资本相对控股和公有资本参股三种形式。推动混合所有制企业改革，坚持"循序渐进、公开规范、增量优先、市场运作、稳步发展"的原则，并对体制机制改革创新试点企业实行"一企一策"的工作指引。不再设定混合所有制改革的具体目标和时间表。少数承担政策性职能和特殊平台功能的直管企业保持国有独资，涉及民生保障等关键领域的重要企业保持国有资本绝对控股，完全竞争类企业国有股权比例可下降到50%以下。

6. 深化产权制度改革，管理层、技术人员持股与职工持股齐头并进

建议总结推广引入战略投资者、股权收购、增资扩股、股权置换、员工持股等混合所有制改革方式。对国家规定的转制科研院所与高新技术、科技服务型企业以及新业态、战略性新兴成长类企业等人力资本对企业核心竞争力具有重要影响的竞争性企业和上市公司，允许管理层和核心骨干持股比例提升至30%，并同步建立所持股份的流转和退出机制。

（四）促进国有企业转型升级，确保国资保值增值

1. 优化制度环境鼓励国资创新，以创新助推国企转型升级

一是建立以鼓励创新为导向的评价激励机制。在国企内部建立人才分类信息库，根据各种职位价值贡献及承担风险责任的大小，合理制定不同岗位的薪酬标准。改革国有技术产权管理方式，放宽或取消智力资本的入股比例限制。

二是优化国有企业负责人业绩考核机制。将自主创新绩效评价纳入国企负责人业绩考核机制中，如专利技术转化率、科技创新投入、科技成果产出能力等。完善国企负责人业绩考核方法，将年度考核和任期考核相结合，前者侧重考核企业盈利能力、债务风险，后者侧重考核企业发展战略

实施情况、中长期创新目标任务、资产质量和可持续发展能力。

三是强化国资委与财政、发改、经信等部门沟通机制。鼓励省属企业争取创业引导基金、改革与发展专项资金等，用以实现自主创新、转型升级和转变发展方式。加快建设企业技术研发中心、博士后工作站、企业研究院等科技创新平台，打造更多的科技创新重点项目，主动参与到"双创"和"互联网+"发展战略以及珠三角自主创新示范区的建设工作中去。

2. 优化资本布局调整产业结构，做优做强核心主业

坚持推进国有经济布局与结构的战略性调整，争取到 2018 年底，65% 以上的国有资本集中在基础性、公共性、平台性、资源性、引领性等关键领域和优势产业。鼓励全省各地市借鉴和推广深圳要求国资国企充分发挥好的"四个作用"，即在经济社会发展和保障民生中起主力军作用、在全国国资改革中起领头羊作用、在全国创新产业发展中起标杆示范作用、在国家"一带一路"走出去建设中起骨干作用。以此推动全省国有资本实现"三个集中"，即向保障城市运行和民生福利的国计民生等重要领域集中，向产业转型升级、有效提升城市影响力带动力的产业集中，向具有核心竞争力的优势企业特别是上市公司集中。

3. 创新国企投融资机制，提升资本运作能力及证券化率

一是积极发挥资本运营平台作用。鼓励国有资本运营公司吸引社会资本，合作设立产业投资基金，投资具有前瞻性、战略性、创新性的产业项目。

二是完善企业股权融资机制。鼓励国企引入外部投资者进行混合所有制改造，加大改制上市力度，积极推进条件成熟的企业整体上市。鼓励国企依托多层次资本市场，推动国有资产资本化、国有资本证券化，增强全省国有资本流动性，降低资产负债率。

三是完善考核激励。将资本运营工作纳入国资考核体系、建立奖励机制、提升相关领域专业运营人才的工作积极性，为国企保值增值提供有力的智力支撑。

(五) 加强和改进党对国有企业的领导,保证改革方向正确性

1. 国企党委加快实现四大转变

从抓企业全面领导权向主要抓好自身建设和发挥保障监督作用转变;从直接参加重大问题决策向支持法定机构依法行使职权转变;从直接决定企业管理者任免向支持法定机构依法行使用人权转变;从强调党委成员通过法定程序进入法人治理机构向加强党员董事、监事、经理的管理转变。

2. 充分发挥国有企业党组织政治核心作用

明确党组织在公司法人治理结构中的法定地位,在深化国有企业改革中,坚持"四个同步":党的建设同步谋划、党组织负责人同步配备、党的工作机构同步设置、党的工作同步开展。实行党组织领导班子成员和董事会、监事会、经理层成员双向进入、交叉任职。董事长、总经理原则上分设,党组织书记、董事长一般由一人担任。

3. 国有企业党组织要切实承担好、落实好从严管党治党责任

一是建立健全党建工作责任制。党组织书记切实做到"一岗双责",既要抓好分工的业务工作,更要抓好党建工作。国有企业党组织书记同时担任企业其他主要领导职务的,要配置1名专职党组织副书记,协助好抓企业党建工作。

二是坚持每年省属企业党组织书记抓基层党建工作述职评议考核,指导各省属企业开展二级企业党组织书记述职评议考核,不断强化企业党组织书记的"主业"意识。

三是实施"书记项目",建立和完善省属国有企业书记项目库,坚持问题导向,带动各级企业党组织书记及班子成员抓点带面,提升省属国有企业党建工作水平。

四是创新国有企业基层党建工作,加强基层党组织和党员队伍建设。

五是根据不同类型混合所有制企业特点,科学确定混合所有制企业党组织的设置方式、职责定位和党员教育管理模式。

六是落实国有企业反腐倡廉"两个责任",开展省属企业纪检体制改革试点,实行企业纪委书记单独考核制度。

七是充分发挥工会、共青团等群团组织的作用。严格落实厂务公开制度，组织开展"青年文明号""展翅计划""圆梦计划"等活动，促进各省属企业共青团工作有序开展。

八是强化党组织在企业领导人员选拔任用、培养教育、管理监督中的责任。党组织要支持董事会依法选择经营管理者，支持经营管理者依法行使用人权，为防止和整治选人用人中的不正之风发挥主力作用。

（2016年8月）

新常态下广东民营企业发展深度调研报告

广东省综合发展改革研究院课题组[*]

一 民营企业是我省新常态下经济发展的重要支柱

(一)民营企业生存能力稳步提升

2015年我省民营企业生存能力稳步提升。超过65%的企业产值较2014年实现增长,其中增长幅度达到两位数的企业数量占受访企业总数的38.6%;接近70%的企业销售额较2014年实现增长,其中增长幅度达到两位数的企业数量占38.2%。

---

[*] 顾问:黄挺,中国经济体制改革研究会高级专家、广东省体制改革研究会总顾问。总监制:周林生,广东省体制改革研究会会长、省综合改革发展研究院执行理事长、暨南大学MPA硕导、研究员。主持人:徐印州,国务院津贴专家、广东省综合改革发展研究院院长、教授,国务院商务部国内贸易专家、中国商业经济学会副会长、广东财经大学原副校长。成员:田秋生,省政府参事、省政协委员、华南理工大学经济与贸易学院副院长、教授;李胜兰,中山大学岭南学院副院长、教授,广东省体改研究会副会长、广东经济学会副会长;邹新月,广东财经大学金融学院院长、教授;龚联华,广东省发改委广东省宏观经济信息中心副主任、高级经济师;苏维勇,广东省体改研究会常务副秘书长兼办公室主任、会计师;陈其海,广东省综合改革发展研究院常务副秘书长、高级策划师、经济师;陶锋,广东省综合改革发展研究院经济发展研究中心副主任,暨南大学产业经济研究院副教授;林梨奎,广东省综合改革发展研究院经济发展研究中心主任助理、助理研究员。联系人:苏维勇。

2015年，广东民营经济完成增加值38846.24亿元，增长8.4%，增速比上年同期提高0.1个百分点，占全省地区生产总值的53.4%，占比比上年同期提高0.1个百分点。

（二）民营企业盈利能力持续增长

2015年我省民营企业盈利能力持续增长。超过65%的企业净利润额较2014年实现增长，其中增长幅度达到两位数的企业数量占受访企业总数的46.7%；超过80%的企业预期未来5年净利润额将实现增长，其中预期增长幅度达到两位数的企业数量占55.6%。

2015年，广东民营企业税收收入1576.32亿元，增长15.9%，增速同比提高4.2个百分点。

（三）民营企业转型发展意愿强烈

2015年，我省民营企业进一步扩大规模意愿强烈。超过85%的企业投资规模较2014年实现增长，其中增长幅度达到两位数的企业数量占受访企业总数的54.4%。

2015年，我省民间固定资产投资完成18052.95亿元，同比增长19.9%，比全省固定资产投资高4.1个百分点，占全省投资的比重为60.1%，占比同比提高0.9个百分点。调研结果与统计数据基本相符。

但是，仅有24.5%的企业出口总额增长幅度达到两位数。广东民营出口动力明显减弱，2014年广东出口企业遭遇技术性贸易壁垒直接损失额约237.30亿美元，占全国的31.4%。

二　民营企业在转型升级中的偏好

大多数民营企业具有转型发展的强烈愿望，但在转型的过程中突出地显示出一些具有共性的偏好。

(一) 希望降低企业交易成本

大部分民营企业进入转型发展的阵痛期。有75.6%的受访企业表示在维持正常经营上存在困难。2015年民营规模以上工业企业主营业务成本增长7.4%，比全省高5.9个百分点。

受访企业认为，造成企业经营困难的首要原因排序依次是人力成本高（33.8%）、税负成本高（24.7%）、需求市场萎缩（19.5%）、融资成本高（18.2%）。降低包括交易成本、各种税费、融资成本、社会保障成本等制度性交易成本，也是供给侧改革的核心。

当前环境法规的强化实施提高了企业的生产和经营成本，有48.8%的民营企业明确表示业务发展受到环保成本的影响。

实际上我省各级政府行政干预管制环境较为宽松，政府部门服务企业理念比较强，仅有40.3%的民营企业表示业务发展受到政府干预管制的影响。

(二) 希望降低转型的选择风险

面对转型压力，受访企业更偏好于降低转型的选择风险，许多企业明确表示更倾向于在现有条件下提升自身创新能力的保守策略，同时希望政府能帮助规避风险。

企业所选择的实现转型升级重要突破口依次为加大研发投入提升企业技术创新、模式创新能力（59.3%），通过进入资本市场等途径提升融资能力（22.2%），加强柔性化生产、个性化营销（9.9%），举债扩大再生产提升市场价格话语权（3.7%）。加大研发投入提升企业技术创新、模式创新能力是民营企业转型升级的首选路径。2015年，民营高技术制造业、先进制造业完成固定资产投资760.75亿元和2280.75亿元，同比分别增长53.5%和36.3%，增速高于全省同行业17.7个和10.9个百分点，占全省同行业比重为55.6%和58.5%，占比同比提高6.4个和4.7个百分点。

(三) 对传统产业和既有模式的路径依赖

受访企业所选择的实现转型升级意向性方向依次为向原有行业产业链高附加值环节转移（45.6%）、实现原有行业产业链前后一体化运营（22.8%）、扩大投资面实现主营业务多元化、综合化（21.5%），向战略性新兴产业转移的意向较低（6.3%）。

三 "新常态"下民营企业面临的难题

(一) 同质化竞争与产业转移的压力

传统产业的同质化竞争严重，比如潮州的陶瓷、虎门的服装等行业就聚集了大量同质化竞争的企业，很多民营企业因此失去核心竞争力。

我省民营经济发展大多是以传统制造行业为基础、加工贸易为特色，形成高投入、高消耗、高污染、低附加值的工业发展模式。在这一经济模式下，劳动密集型产业转移对当地民营企业的打击颇大，51.2%的受访企业明确表示受到劳动密集型产业转移的冲击。传统产业淘汰转移了，新的产业没有及时培育起来，容易出现产业空心化现象。

(二) 国际市场低迷的严峻形势

企业所面临国际因素的影响程度排序依次为国际同类市场竞争（53.7%）、人民币汇率变动（53.1%）、劳动密集型产业转移（51.2%）、国外资本逃离国内市场（32.5%）。53.7%的受访企业业务发展受到国际同类市场竞争的冲击。不过，其中，仅有12.2%的企业表示冲击很大，可见我省民营企业仍具有一定的抗冲击能力，仅有32.5%企业认为企业业务发展受到国外资本抽逃冲击。

(三) 融资环境尚未显著改善

受到融资贵、融资难、欠账追讨难等因素影响，大部分民营企业都存在资金周转困难的问题。

有 55.0% 的民营企业明确表示业务发展受到当前融资环境的影响。占 72.8% 的民营企业表示在资金周转上存在困难。2015 年民营规模以上工业企业应收账款增长 16.4%，比全省高 8.7 个百分点。

受访企业认为，造成企业资金周转困难的首要原因排序依次是：可选的融资渠道不多（36.2%）、应收账款拖欠现象严重（31.9%）、融资成本过高（24.6%），以及其他原因（7.2%）。无论企业处于哪个时期或发展阶段，资金困难都是企业发展的最大难题。调研结果显示，39.5% 的受访企业表示发展资金匮乏是企业实现自身转型升级过程中所面临的最大困难。

（四）转型升级的瓶颈难以突破

民营企业转型升级的愿望强烈，但是大部分企业仍然找不到路径和模式，缺乏创新的实力，经营困难。受访企业所面临发展瓶颈的影响程度排序依次为发展资金匮乏（39.5%）、技能型产业人才紧缺（25.9%）、研发能力不足（22.2%）、周边缺乏必要的上下游产业配套（8.6%）。25.9% 的受访企业表示技能型产业人才紧缺是企业实现自身转型升级过程中所面临的瓶颈。

民营企业自主创新能力不足，是由于核心竞争力的缺乏。主要表现为产业低端化，2015 年广东民营先进制造业、高技术制造业增加值占民营产业增加值的比重分别为 15.5% 和 9.1%，比先进制造业、高技术制造业占省 GDP 的比重分别低 4.7 个和 2.1 个百分点。22.2% 的受访企业表示研发能力不足是企业实现自身转型升级过程中所面临的瓶颈。

（五）民间投资选择受到限制

76.5% 的民营企业表示在投资选择上存在困难。由于投资选择受到较多限制，不仅挫伤了民间投资的意愿和积极性，更造成民间资金的沉淀，不利于缓解融资难困境。

受访企业认为，造成企业资金投资选择困难的首要原因排序依次是：可选的项目投资回收期过长（56.5%）、没有具有足够公信力的项目推荐平台（20.3%）、企业自身缺乏寻找和判断优质项目的能力（13.0%）、某些行业投资存在行政性垄断门槛（8.7%）。一些市场领域对民营开放的制度障碍未彻底消除，即使在已开放领域，非制度障碍仍难杜绝。

（六）民营企业开拓市场能力不足

90.0%的民营企业表示在市场开拓上存在困难。受访企业认为，造成企业市场开拓困难的首要原因排序依次是：企业自身缺乏新市场开发能力和人才（31.5%）、新市场进入门槛高（31.5%）、企业营销手段过于单一（16.4%）、没有足够公信力的推介平台（12.3%）。

（七）科技研发创新能力不足

当前民营企业在实际开展科技创新活动过程中，仍然面临着受到研发资金、人才、发明专利等方面的限制。调研结果显示，90.2%的民营企业表示在技术创新上存在困难。

按照受访企业对实现技术创新关键突破点的理解，其排序依次是：政府提供更多资金支持和优惠政策倾斜（41.0%）、企业加大研发投入（34.6%）、政府出台更有针对性的人才引进和培育政策（20.5%）、提升科研机构的基础研究水平（2.6%）。

（八）商业模式创新条件受限

90.1%的民营企业表示在商业模式创新上存在困难。这一现象，与企业的人力资源不足和人力资源水平不高有极大的关联。

按照受访企业对实现商业模式创新关键突破点的理解，其排序依次是：通过资源整合提升企业主管业务的多元化（47.9%）、实现基于客户的个性化营销模式创新（27.4%）、依托互联网及云计算等新技术实现激进创新（16.4%）、进入新的产业领域（8.2%）。

四 民营企业对政府在"十三五"期间的政策诉求

(一) 民营企业在充分发挥市场决定性作用方面的政策诉求

据调研结果显示,消除差别待遇是民营企业最突出的政策诉求。受访企业在充分发挥市场决定性作用方面的政策诉求依次是:消除对民营企业的差别待遇(30.7%)、推进市场监管体系和社会信用体系建设(29.3%)、完善保护民营企业产权规章制度(26.7%)、建立重大项目面向民间投资招标长效机制(12.0%)。

(二) 民营企业对政府扶持政策的需求

调研结果显示,在受访企业中,希望得到政府扶持的愿望相当迫切。受访企业对政府扶持政策的需求依次是:财政资金上的扶持(46.8%)、鼓励金融机构信贷资金向民营中小企业倾斜(21.5%)、搭建更多有足够公信力的企业业务推介平台(16.5%)、人才招聘上提供支持(12.7%)。

目前,各类扶持政策真正落地依然有难度。如扶持政策宣传不到位,在调研过程中仍有企业表示对政策不熟悉、不了解。如创业投资企业享受税收抵免优惠,政策规定"创业投资企业享受70%应纳税所得额税收抵免政策",但享受本项政策必须同时符合投资企业、高新技术企业、中小企业条件,自证及申办手续烦琐,难以获得税收优惠。又如企业招聘大学生享受社保补贴,但据统计,2015年1—6月,全省仅向1043名高校毕业生发放社会保险补贴。

(三) 民营企业在改善营商环境方面的政策诉求

调研结果显示,民营企业普遍希望继续改善营商环境。受访企业在改善营商环境方面的政策诉求依次是:建立公平正义法治环境(35.9%)、创新政府管理服务方式(26.9%)、推进对外贸易和投资便利化工作

(16.7%)、继续推进"三打两建"工作（10.3%）、创新社会治理模式（10.3%）。

（四）民营企业在加强企业产权保护方面的政策诉求

调研结果显示，民营企业希望得到更实在的产权保护。受访企业在加强企业产权保护方面的政策诉求依次是：保障民营企业主合法私有财产能得到保护（48.6%）、鼓励民营企业建立和完善科学的法人治理结构（21.6%）、进一步清理各类产权充分流动的体制和政策障碍（20.3%）、建立规范的区域性股权交易市场（9.5%）。

调研发现，当民营企业的合法财产受到侵害时，往往得不到法律有效的保障，甚至不时发生政府部门侵犯民营企业合法财产事件。2015年底省工商联关于民营企业的调研结果也显示，分别有39.8%、38.3%、44.0%、21.0%的受访企业认为急需在反不正当竞争、反垄断行为、规范执法行为、知识产权保护方面加强立法工作，14.4%、13.6%、16.7%的企业分别认为执法不公、行政不作为乱作为、执法不规范简单粗暴，有26.0%、29.3%的企业分别表示办案效率低结案时间长、诉讼成本过高。

五　促进我省民营经济大发展的政策建议

（一）让民营企业得到"营改增"政策的实惠

1. 完善增值税抵扣链条。
2. 设立"营改增"咨询服务专窗，优化纳税服务水平。
3. 加强"营改增"业务培训。

（二）落实支持民营企业技术创新的相关政策

1. 实现财政扶持资金使用的市场化运作。
2. 支持民营中小微企业加快技术改造。
3. 创新运用股权投资和风险投资。

（三）健全面向民营中小微企业的投资项目服务体系

1. 完善民营企业项目投资推介平台。
2. "互联网+"完善投资项目纵横联动协同监管机制。
3. 搭建市场化公共服务平台。

（四）创新金融服务满足民营企业融资需求

1. 引导银行业金融制定"因企而异"的信贷投放措施。
2. 创新发展动产抵（质）押贷款业务。
3. 完善民营企业担保融资体系。
4. 引导民营企业利用自贸区政策进行跨境人民币贷款。

（五）支持民营企业加入"一带一路"积极"走出去"

1. 完善民营企业境内政策支撑体系和境外服务体系。
2. 鼓励企业对外投资。
3. 充分发挥工商联、行业协会作用。

（六）鼓励民间资本通过多种方式投入实体经济

1. 拓宽企业投资渠道。
2. 发展创新友好型区域金融体系。
3. 支持民间资本发展新型金融机构。

（七）消除民营企业对参与国企混合所有制改革的顾虑

1. 扩大让利于民间资本的力度。
2. 建立现代企业管理制度。
3. 建立健全民营资本退出机制。

（八）完善民营企业产权保护工作

1. 加大民营企业家合法私有财产保护力度。

2. 完善民营企业产权流动体系。

3. 严厉打击知识产权违法犯罪及侵权行为。

（九）切实帮助民营企业引进和培养人才

1. 健全提高民营企业人力资源素质的服务体系。

2. 建设民营企业人才培养平台。

3. 帮助民营企业改善人力资源环境。

（十）引导民营企业顺利实现"二代传承"

1. 正确认识民营企业实现"二代传承"的意义。民营企业"二代传承"既是家事，也是国事。

2. 重视对"创二代"的教育培养。

3. 培养职业经理人队伍。具体包括：第一，企业要建立完善的职业经理人选拔机制。第二，企业要完善职业经理人激励机制。第三，建立职业经理人约束机制。

（2016 年 8 月）

"政经分离"：南海推进农村体制综合改革的情况与经验

广东省体制改革研究会课题组[*]

  2011年，长期担任全国农村改革"先行军"的佛山市南海区，开始探索农村体制由政经混合型向突出核心、政经分离型转变。各项农村体制综合改革积极稳妥地推进，农村经济社会发展充满活力。但由于农村遗留历史问题较多、利益诉求群体维权欲望增强、新旧体制转化、农村改革阻力较大等因素影响，改革依然面临着许多的困难和挑战。因此，对南海区"政经分离"改革成功经验和存在问题进行深入研究分析，不仅对广东省及沿海发达地区有重要的借鉴、示范作用，对于全国坚定不移推进农村体制综合改革，着力化解农村不稳定因素，构建富裕幸福农村也具有重要的启示意义。

---

[*] 主持人：黄挺，中国体改研究会副会长、省体改研究会会长、省综合改革发展研究院理事长；周林生，省体改研究会副会长兼秘书长、省综合改革发展研究院执行理事长。成员：庞康养，省体改研究会顾问，原广东省人大农委会主任委员；谢晓云，中共佛山市南海区委员会副秘书长；余树华，省体改研究会副会长、省综合改革发展研究院副院长；彭澎，省体改研究会副会长、省综合改革发展研究院副院长、广州市社科院高级研究员；万忠，广东省农业科学院情报研究所副所长、研究员；苏维勇，省体改研究会副秘书长；林蒂华，省体改研究会副秘书长；方伟，广东省农业科学院情报研究所助理研究员；喻锋，华南理工大学公共管理学院讲师。联系人：苏维勇，广东省体制改革研究会副秘书长。学术秘书：孙静，广东省体制改革研究会会长秘书。

一 农村基层组织实施"政经分离"综合改革的必要性

2011年1月，南海区委出台《关于深化农村体制综合改革的若干意见》，明确如何开展村（居）集体经济组织选举；2011年4月，区委出台《关于做好2011年村（居）集体经济组织选举工作的意见》，指导村（居）集体经济组织选举工作。根据文件精神，南海各个镇街基本形成"政经分离"基本框架。

（一）"政经分离"是农村城镇化发展进程的客观需要

当前广东农村大量集体资产掌握在村、组两级集体手上，所有权与管理权、交易权没有分离，在此基础上形成的乡村工业形态，已经难以适应产业升级转型、环境保护、城市土地规划的发展大方向等问题。以"政经分离"工作为核心的农村体制综合改革是解决农村城镇化进程中出现的各种矛盾的根本办法。"政经分离"顺应了广东农村城镇化发展的趋势，给广东农村综合体制改革带来了新思路、新做法和新动力。

（二）"政经分离"是农村基层社会发展阶段的必然选择

"政经分离"的实质是农村基层社区管理和集体资产管理的专业化分离。随着农村社区整个经济实力的提升，人们对社区服务和民主要求也越来越高，以行政机构管理经济组织，或者由经济组织兼任社区服务功能，都难以满足人们日益提升的经济和社会需求。南海区的"政经分离"政策，为提升社区集体经济组织发展和村民民主自治提供了一套可以借鉴的操作模式。

（三）"政经分离"是城市民主政治覆盖农村的迫切要求

随着"村改居"的实施，简单的农村社区逐渐被城市社区所替代，城市社区不是一个封闭的社区，原有成员和新加入的外来人口都同等地拥有政治民主的权利。集体经济组织的资产是原有封闭社区内成员共有的资产,在新的城市开放社区下若仍与政治权力不分,必然影响其社区的民主化进程,也会影响原有居民的资产权利,激化新社区成员与原有成员的矛盾,引发社会动荡。因此,"政经分离"是形势所迫,也是大势所趋。

(四)"政经分离"是推进基层民主进程的重要载体

深化珠三角地区农村基层组织综合改革,要加快党组织、自治组织与集体经济组织的分工,探索对集体经济的有效监管和村居自治为主的社会建设。而实施"政经分离"可以很好地解决当前经济绑架社区管理的问题,有效防止由于社区集体经济经营不善,带来的将经济矛盾转换为社区管理矛盾的风险。

(五)"政经分离"是有效巩固改革成果的重要基础

南海1987年就成为国务院批准的农村改革试验区,经过20多年的发展,南海农村经济社会取得骄人的进步和发展。但现行制度是农村党支部、村委会、经联社政经不分,体制混淆,政经体制无法适应现代管理要求。不改革就不能巩固改革成果。唯有按照"城乡统筹、集约发展、政经分离、强化服务"的总体要求,展开新一轮农村综合改革,才能破解农村基层矛盾,实现广大群众共享改革成果、加快推进城市化进程和确保农村社会的长治久安,同时,也是巩固改革成果的重要基础。

二 南海区"政经分离"综合改革的基本思路及实施情况

(一)"政经分离"基本思路框架

南海农村改革"政经分离"的核心思想,是指保障基层党组织的核心地位,厘清基层职能、强化管理服务,明晰集体经济组织、基层党组织和自治组织"三驾马车"的基本关系。在其制度设计中,配套了农村集体资产交易平台和财务监管平台,在将集体经济组织从自治组织中剥离出来的同时，强化农村集体"三资"（资源、资产、资金）处理的公开性和透明性，让农村财务"干净"，"村官"清白。"政经分离"后，各机构分工明确，各司其职，并形成公众广泛参与、共同享受成果的农村基层组织管理格局（见图1）。

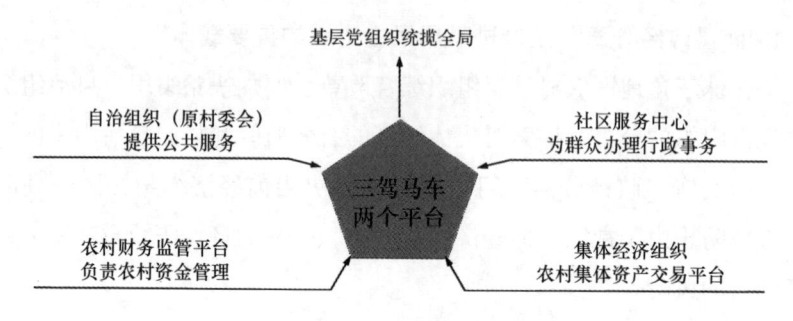

图1 南海农村基层组织管理格局

基层党组织："政经分离"后各个行政村设立基层党支部，作为农村基层的政治堡垒，负责农村基层党务工作和政治监督工作。

自治组织（原村委会）："政经分离"后各个行政村结合"村改居"工作设立居民委员会（将原来村委会改为居委会），作为社区自治性行政组织，负责提供村务管理和公共服务，各个行政村设立"社区服务中心"，作为社区内公共管理事务办理的实体。

集体经济组织："政经分离"后经济联合社作为原村集体经济实体，强化其经济实体功能，各个村保持原有经济联合社的原有经营，在管理上与社区基层党支部、社区居委会职能分离。由镇一级设立"集体资产交易平台"和"农村集体资产财务监控平台"，对经联社的资产和日常经营活动进行监控。

（二）"政经分离"总体实施情况

南海区自2011年3月丹灶镇开始试点，5月全面铺开村（居）集体经济组织单独选举工作，现已基本完成集体经济组织选举工作，"政经分离"成效初显。截至2011年12月，南海全区223个经联社、1839个经济社中，已有215个经联社和1819个经济社完成了选举，分别占总数的96.41%和98.91%。在已完成选举的经联社中，支委交叉任职经联社人数为228人，其中副书记任社长人数为65人，支委任社长人数为101人。

全区村（居）民委员会与经联社全部实现"政经分离"，丹灶镇经济社与村民小组实现"政经分离"，九江、狮山等镇（街道）部分经济社与村民小组实现政经分离，罗村等镇（街道）实施经济社选举、淡化村民小组，桂城、大沥等镇（街道）已选举经济社，以经济社暂代村民小组职能。

三 南海区"政经分离"综合改革的主要做法与经验

南海区按照"城乡统筹、集约发展、政经分离、强化服务"的总体要求，在党组织建设、农民居住、社会保障、城市化的市政管理等领域采取一系列改革措施，形成城乡统筹发展的新格局。最终达到三个"有利于"，即有利于群众共享改革成果、有利于推进城市化进程、有利于确保农村社会的长治久安。其间形成了不少好的做法和经验：

（一）重构系统："村改居"拉开"政经分离"改革序幕

按《南海区推进村改居实施工作方案》设计，2011年初，涉及123个村的南海区"村改居"，揭开了南海农村综合改革的序幕，这被称为南海农村改革的"二次革命"。作为"村改居"后"政经分离"的首个试点，4月15日，南海丹灶镇石联社区顺利完成经济联合社换届选举，采取"直选+间选"的方式：在经济社一级，由18周岁以上股东成员代表直接选举经济社社委；而在经联社一级，则由各经济社选出的经联社代表及"两委"成员代表，选出经联社社长、社委。目前，全区已有118个村完成"村改居"，村民表决赞成率达到87.85%，涉及村民47万人。

此前农村的经济社社长、村民小组组长、村支部书记由同一人担任是常态。"政经分离"后，村委会或居委会与经联社分离，社区居委会成员及社区党总支书记不再兼任经济联合社社长，村居党总支书记与村居委会干部不再直接掌管"钱袋子"，村居委会只负责农村公共服务和社会管理。经联社则作为市场主体对包括土地在内的村集体资产进行经营，其管理层将由股东代表选举产生。今后，社区党组织负责对社区自治组织和经济组织的人选推荐、绩效考评、联席会议、召集主持、财务审批、集体资产监管等重大事项；社区居委会则专注于自治等事务；集体经济组织负责资产经营管理、理顺分配关系，并提供社区公共服务的经费供给；社会组织和群团组织则通过专业化、人性化的服务，为社会管理提供有效补充，最终形成公众广泛参与、共同享受改革成果的格局。

（二）固本强基：农村基层党建稳固党组织的核心作用

南海农村党员占全区党员人数的70%。南海区针对这一特点，村改居后，全面推进社区党支部升格为社区党总支部。经济组织和条件成熟的居民小组，加快建立党支部，把党的神经末梢延伸至最基层。全面理顺了社区各种组织关系，进一步强化了党组织在社区各种组织中的监督作用和政治核心地位。

在具体实施过程中，南海区通过建立党组织、自治组织与集体经济组织联席会议制度，创新了民主决策平台，完善了社区党总支部领导下的村（居）民主生活会、述职述廉、民主评议等制度。通过在村集体经济组织、村民小组和辖区内企业中分别设立党支部，党组织领导核心作用得到稳固，党的凝聚力进一步增强。通过创新农村基层党组织设置，进一步提升了村（居）党组织统揽全局、服务社群的政治监督和核心作用。

（三）政社归位：回归村居自治功能完善社区服务

随着"政经分离"的逐步深入，基层自治组织也摆脱了以往"重经济、轻管理"的弊病，回到社会管理和居民服务的本位上来。南海"政经分离"明确了村（居）党总支书记、村（居）民委员会领导成员不能与集体经济组织成员交叉任职，这样就明确了村（居）民自治组织的功能和服务方向，就是向村（社区）提供公共服务。同时，完善了社区

"两委"（党支部委员和居委干部）班子联席会议、民主生活会、述职述廉、民主评议等制度。结合"村改居"理顺了村（社区）各种组织关系。

南海区在农村基层"政经分离"之后，面向居民的政府公共服务的主要载体是社区，南海在各个社区都设立了服务中心作为政府服务在基层的延伸系统，从而实现服务中心职能与政府相关部门的对接连通。通过"政经分离"，理顺自治组织和经济组织的职能分工后，财政对于社区自治的支持力度将更大。

（四）平台建设：创新资产运作监管促集体经济发展

南海区在全省率先建立了农村集体资产管理交易中心，研发并推行农村集体资产管理网络交易系统，建立了农村集体资产管理和交易两个网络平台，制定了整套网络交易制度和操作规程，开创了集体资产"智慧"管理和"阳光"交易。初步形成了集体资产管理交易的现代机制，构筑了资产管理交易防腐屏障，实现了农村集体资产的效益最大化，促进了集体经济发展，增加了农民收入。

"政经分离"之后，集体资产交易平台这种公开透明的竞标方式，更成为经济组织实现集体资产保值增值的重要利器。统计显示，截至2012年3月5日，南海区进入农村集体资产管理交易中心成交的集体资产有9568宗，成交总标的金额达31.9亿元，成交价格比底价高出28%。2011年南海区集体经济组织股东人均分红为3106元，比前年增长11.01%。

南海区选取试点，整合资源，着手开发软件，搭建"出纳驻村、会计驻镇、集中会计核算、财政资金专户管理"为模式的农村财务监管平台。将农村集体资产、资金、合同、债权、债务、会计账、出纳账以及集体各项收支全部纳入农村财务监管平台进行动态、全过程监管，全区初步实现利用现代信息化手段把农村集体资产管理交易整个链条整合在网络平台上对交易过程进行直接监督，充分体现了资产管理和交易的前瞻性和科学性。

（五）资源整合：多元化投入探索社区治理新模式

"政经分离"过程中，南海区以加大财政投入、制度投入和人员投入为抓手，积极探索社区治理新模式，在提高社区管理效率的基础上，有效地做到了让利于民。一是加大财政投入。区财政在原来基础上，每年新增投入近1亿元，对改居后的社区居委会给予办公经费和人员工资补贴。二是多管齐下稳定社区人才队伍。在对社区两委成员，区财政在给予工资补贴的基础上，重点物色选拔全日制本科毕业生到社区任职，确保每个社区有1名至2名大学生后备干部。并选任社区内有一定影响力的驻社区单位党组织负责同志，以"兼职委员"身份进入社区党组织领导班子，参与社区党组织召集的社区重大问题的研究、讨论和决策。三是合理调整村（居）社区规模设置。全区现有村（居）279个，数量较多，占全市的村（居）总量的一半。且部分村（居）规模较小，如户籍人口在2000人以下的村（居）有49个。

四 南海区"政经分离"综合改革面临的困难和挑战

南海村级组织推行"政经分离"综合改革取得了显著进展，同时也面临着许多新问题，这些问题的存在给正在推进的农村体制综合改革造成了一定困难和挑战。

（一）基层党组织的监督作用核心地位保障问题

部分党组织干部担心党政和经济分离后，普通百姓关心的是经济的发展；党支部干预经济的权力完全释放后，一定程度上造成群众对党的权威性认识的降低。

（二）社区内（村内）各方经济利益协调问题

南海区村居集体资产规模很大，有部分村集体资产超过10个亿。一直以来，村党支部、村委会和经联社一起管理这些资产，虽然村务管理和经联社经营不能完全分离，但各方的经济利益在这个形态下达到了均衡。现在将经联社独立经营，相当一部分村干部十分担心如何保证自身及村组织的经济利益。

（三）改革过程存在权力协调和制衡问题

要加强农村基层组织建设、推动基层自治和加快推进城镇化进程，必须加强党组织建设。通过制度或机制规范社区党支部、村（居）委和经联社这"三驾马车"之间的权限关系，既确保党组织的基层监督作用和政治堡垒地位，又有效释放三大组织的活力，是"政经分离"改革的关键。但自治组织与经济组织的权责缺乏有力的法律保障和机制保障，一些村居陷入"三驾马车"不能形成合力的局面。

（四）指导思想和具体操作办法不完全衔接问题

从政策制定来看，南海区对"政经分离"的指导思想相当清晰，也明确了相对统一的操作办法。但因为涉及的村太多，在操作上对部分政策又存在不同的理解，所以部分地方出现偏差，"政经分离"只是村党支部、村委会和经济联社的分离，而村小组长还是可以兼任经济社社长，从而没有达到"政经分离"的效果要求。

五 进一步推进"政经分离"综合改革的意见与建议

（一）理论先行，加强"政经分离"理论指导与政策研究

要充分利用城乡统筹办和各镇街的资源及调研、法制、统计、科技、审计等专业线的配套专业知识，组成由多个专业部门构成的、相对固定的联合调研组，运用跨学科研究、个案研究、比较研究、定量分析、统计分析等研究方式方法，为"政经分离"的综合改革提供专业性的、可操作性的理论政策研究，为下一阶段农村体制综合改革的深化提供理论指导。

(二)舆论助推,扩大"政经分离"综合改革对外宣传力度

积极扩大对"政经分离"改革的舆论宣传,争取上级政府的关注和肯定,将有助于突破各种体制因素对深化"政经分离"改革的制约。要加强与区外有影响力的专家、学者、媒体、机构的交流合作,运用各种现代信息技术和各种渠道、影响力,加强正面宣传,为改革营造良好的舆论氛围,让南海经验得到更大范围的认同。

(三)机制保障,积极调整三大组织权限与协作关系

强化制度保障,规范基层党组织、自治组织、集体经济组织的权限与协作关系。要加强与上级法制部门的沟通,明晰和完善相关法律法规,或强化区下发的各项农村综合改革配套文件的权威。

(四)平台支持,提升村居民集体经济管理效率

继续简化集体资产交易平台和集体经济财务监管平台的流程设置和操作,加强村(居)民集体经济运作的监督,让经济组织在阳光下运作。

一要完善农村集体资产管理交易平台建设。按照"分级管理、村民参与、全程监督"的原则,进一步完善集体资产台账,规范交易规则和流程,继续推进集体资产管理、交易、监督"三统一",把农村集体资产管理交易平台真正建成增加集体收入、落实基层民主、预防腐败的"智慧农管"。

二要积极稳妥推进农村财务监管平台建设。搭建"出纳驻村、会计驻镇、集中会计核算、财政资金专户管理"为模式的农村财务监管平台,促进农村集体"三资"监管效率和水平明显提升。

(五)创新驱动,加快构建城乡社区融合发展新局面

以"政经分离"为突破口,积极创新社区管理方式,推动社会建设回归到以村居自治为主体、社会组织为补充的道路上来,加快形成城乡社区融合发展的新局面。

一是进一步合理调整村（居）社区规模设置。按照城乡统筹发展、空间布局合理、人口规模适度、资源配置有效的要求，积极稳妥推进村（居）社区的资源整合，构建社区管理服务大格局。二是按照"资源整合、重心下移"的改革原则，做实做强社区服务中心，完善社区公益性服务设施，让城市公共服务逐步向农村延伸，逐步实现农村社区化改革。三是依托"南海一点通"，进一步整合资源，构建城乡社区综合管理和服务平台，充分发挥电子政务的作用，建设智慧社区。四是重点扶持发展非营利性社会服务机构，扩大规模，完善功能，使之成为政府购买服务的有效载体。五是加快推进政府购买服务。制定相关规定措施，不断扩大政府向社会组织购买服务的范围，提高社会公共服务质量和水平。六是积极推进社区理事会建设。推进社区事务共建共享，提升和优化基层自治组织自治水平。

（2012 年 4 月）

加快广州（琶洲）互联网创新集聚区建设

李志坚　江丽鑫　李小磊[*]

一　琶洲发展互联网经济具有战略意义

互联网经济是信息网络化时代产生的一种崭新的经济现象，是未来经济发展的制高点，具有战略性、系统性、开放性、动态性、创新性与共享性。新常态下，互联网已经成为经济发展的新引擎、改善民生的新抓手、信息传播的新渠道、民众生活的新方式、观察时代的新窗口，成为这个时代最大的变数和机遇。加快培育互联网经济，建设适合互联网创新发展的城市产业氛围与创新环境，是广州面向未来的重大战略选择。

推动互联网经济高端功能在琶洲集聚发展具有必然性。互联网经济为各行各业提供了更加宽广、便捷的发展空间，具有摆脱传统产业或一般要素地理空间限制的效果。集群化更是互联网创新集聚区的关键特征。互联网经济高端功能比以往任何时候，都更依托于互联网平台与企业、更依托于产业生态与产业集群、更依托于区域创新体系、更依托于城市的"创新、创造、创意、创业"型人才与包容文化。集群创新驱动战略实施，

---

[*] 作者简介：李志坚，广东亚太创新经济研究院理事长、研究员；江丽鑫，广东亚太创新经济研究院高新产业所所长；李小磊，广东亚太创新经济研究院研究员。

需要多主体间的相互协作与支持，体现为以企业为核心、以人才为依托、以文化为支持的特征。琶洲互联网创新集聚区的建设实践也是互联网经济、新型城市化、区域创新体系建设相互交融促进的新探索。

琶洲立足广州，面向产业、面向网络、面向世界，有条件、有能力、有基础建设互联网经济的集聚基地。这一信心，来自腾讯微信业务、唯品会、环球市场等广州本土互联网企业的产业影响力，来自广州"千年商都"的对外开放交流积累，来自琶洲高品质互联网社区的规划建设。推进广州琶洲成为互联网创新集聚区，不仅有助于广州互联网产业发展，有助于辐射扩散互联网经济，更有助于促进"中国制造"的品质提升与国际化。琶洲互联网创新集聚区具有广阔的发展空间。

琶洲互联网创新集聚区建设，得到各级政府及有关部门的大力支持，得到了业界的普遍认同。琶洲互联网创新集聚区紧邻广交会展馆，与珠江新城、金融城隔江相望，总占地面积37万平方米（约占琶洲岛面积的1/28，大约相当于半个花城广场大小），规划总建筑面积320万平方米，约50个地块，细分为示范区、配套区、拓展区三个区域。截至2015年底，已落户的12家互联网龙头企业均集聚在示范区。2015下半年，琶洲互联网创新集聚区建设取得了实质性进展，2015年末共分四批出让了18宗地块，总出让用地面积12.26万平方米，分别被腾讯、阿里、复星、国美、小米、YY、唯品会、环球市场、康美药业、粤科金融、粤传媒、科大讯飞12家企业拍得，预计总投资达470亿元。12家摘牌企业已经在琶洲设立20家地区总部或职能型的项目公司。

调研中我们也发现：广州在互联网创新投入和产学研合作方面有待增强，互联网协同创新合作体系正在初步形成但合力仍显薄弱，创新体系应随着集聚区建设进行深度整合与优化。新一代互联网基础设施与互联网经济配套环境建设正在起步，商务便利性还有提升空间，营商效率在软环境方面的提升空间巨大。同时广州琶洲地区的商务、工作成本较高，亟须调控，避免对未来竞争力造成冲击。这些在未来集聚区的建设中应予以充分重视，特别需要解决集聚区规划建设协调问题、创新人才引进与平台建设问题、政策环境优化与服务能力建设问题。

二 从战略高度加快琶洲集聚区建设

从琶洲集聚区建设与发展的蓝图中我们可以深刻思考"互联网+"战略对产业升级、城市转型、区域合作、文化传承等方面的深刻影响。琶洲在探索"互联网+"经济社会发展新形态方面具有广阔发展空间，必将全面提升广州的创新力、生产力、竞争力及软实力。琶洲集聚区建设，有助于促进虚拟经济与实体经济的融合创新，有助于促进创新要素与城市资源的开放共享，有助于促进科技创新与商业变革的引领跨越，有助于促进网络生态与集群体系的互联互通，有助于促进中国品牌与全球市场的互利共赢。

广州（琶洲）互联网创新集聚区建设应以国家"互联网+"及创新创业战略为指导，主动适应经济发展新常态，引领互联网产业技术快速变革的产业转型升级趋势，以广州及珠三角地区千年商贸及开放文化积淀为依托，以琶洲为承接互联网创新功能的栖息载体，以创新生态系统理论为支持，依托腾讯、阿里巴巴、唯品会、环球市场等互联网标杆企业及产业生态网络与区域创新体系，采取"量身定做、需求拉动、生态培育、颠覆创新"的建设原则，辐射带动互联网总部功能、互联网创新创业孵化功能、互联网品牌O2O运营功能、互联网国际化平台功能等互联网产业功能集聚，创设与孵化微信O2O公众服务大平台、唯品会互联网品牌时尚中心、阿里巴巴及环球市场"一带一路"国际化营运中心等若干重大互联网战略平台，衍生互联网科技企业孵化器生态体系、互联网娱乐文化生态体系、互联网大健康全产业链等新兴互联网产业生态体系，引导集聚互联网及相关产业领域的研发、金融、营销、运营、时尚、品牌等高端要素，支持国内外电子商务与移动互联网总部企业全球化运作、产业技术生态体系培育与世界级品牌文化建设，推动琶洲成为国家"一带一路"互联网产业战略高地、亚太地区电子商务总部示范基地、以创新辐射与创业孵化为使命的华南互联网创新母体、引领现代互联网生活方式的高品质创新创业区与居住生活区。

从开发时序来看，要求我们循序渐进，稳扎稳打，逐步推进互联网创新集聚区的示范区、配套区和扩展区建设。

近期（2015—2017）：在前三年，解决琶洲互联网创新集聚区入驻企业的商业楼宇建设、地下工程、交通配套和周边商务酒店、娱乐休闲等基础设施的规划、建设、完工和落户问题，确保企业开始正常运作。

中期（2018—2020）：中间三年，依托入驻企业拓展上下游产业链，做大做强实业基础，充分利用"互联网+"辐射优势，促进互联网与实体行业的深度融合，助推广州和广东经济发展。

远期（2021—2025）：后五年，推动互联网创新集聚区的核心圈和功能圈建设，巩固琶洲互联网创新集聚区的领先优势，发挥琶洲互联网创新集聚区的辐射功能，完善琶洲互联网创新集聚区的创新模式，形成琶洲互联网创新集聚区的创新业态，最终实现四大战略定位。

图1 广州（琶洲）互联网创新集聚区的四大战略定位

广州（琶洲）互联网创新集聚区将实现四大定位，主动适应经济发展新常态，顺应网络时代发展新趋势，利用互联网技术和资源促进经济转型升级和社会事业发展，促进广州从"千年商都"向"现代商都"转型。具体工作建议如下：

一是建立互联网创新集聚区工作统筹机制。成立由市委书记或市长等主要领导任组长的琶洲互联网创新集聚区工作协调与服务小组，设立专门的办公室,由市政府副秘书长担任办公室主任,整合发改、工信、商务、招商、规划、国土、科技、教育等相关部门力量,统筹市、区两级和各部门资源和力量,研究和协调琶洲互联网产业培育与功能实现的重大事项。以互联网创新示范区为努力目标,争取广州(琶洲)互联网创新集聚区能够得到广东省及国家支持,探索新常态下我国如何在全球范围内占领互联网高地、促进经济社会转型升级的发展道路。建立琶洲互联网创新集聚区高水平互联网科技创新智库与企业智库。全面增强琶洲在互联网科技领域的影响,通过举办"琶洲互联网科技论坛"、出版琶洲互联网创新杂志、运作琶洲互联网时尚媒体等形式推动琶洲在互联网产业领域获得更大的影响力与话语权。

二是系统制定集聚区规划建设的各项资金支持与鼓励政策。充分利用好现有的科技、金融、贷款贴息等相关专项资金,支持国家和省级互联网科技金融工作试点,会同发展改革委、经济和信息化、财政、工商、税务、人行、银监、证监、保监以及知识产权等部门,充分发挥各自优势,加快形成具有广东特色的互联网科技金融融合发展模式。积极引导社会资本设立互联网科技孵化基金,建设综合性大型互联网科技孵化器、时尚品牌中心、互联网国际化电子商务平台等。鼓励采取参股、设立专项资金和科技计划项目支持等方式,引导标杆企业、高等院校、科研院所等主体以及社会资本等积极参与琶洲互联网创新体系建设。市各职能部门协商制定出台《支持琶洲互联网创新集聚区发展的若干政策》,以及《琶洲互联网创新集聚区产业发展与创新奖励办法》,激励为琶洲互联网创新集聚区建设发展做出突出贡献的企业、部门和个人。

三是尽快完善琶洲互联网创新集聚区的各项配套功能。及时协调好国土、规划和住建等政府部门,尽快开展广州(琶洲)互联网创新集聚区的"规划设计条件对接会",争取在2016年协调和落实广州(琶洲)互联网创新集聚区建设的水电、道路、交通基础设施及地下工程建设问题,加快推进广州(琶洲)互联网创新集聚区的建筑工程进度。解决高层次人才的落户、购房、子女就业、配偶安置等问题,营造吸引互联网高层次人才与年轻人才的政策环境。加快建立互联网创新的"一站式"市政服务平台，为从事互联网创新的公司、企业和个人提供细致、及时和高效的"一站式服务"。建设琶洲互联网高地，琶洲所在任意地区具有便捷、低成本、高速无线互联接入功能，在电子商务、电子政务、电子社区等方面率先试点示范，在城市规划建设与互联网应用相结合方面力争领先全国取得突破。

四是培育崇尚自由、创新、高效、分享、开放的互联网文化。建设琶洲互联网创新文化高地，增强琶洲的互联网文化影响力、辐射力与创造力。开展琶洲互联网文化形象设计与宣传方案编制工作，发展互联网产品、文化旅游、互联网节事活动、互联网主题展览产业，推动互联网娱乐产业、智能家电、快时尚品牌等互联网特色文化产业的集聚发展，支持发展集演艺、休闲、旅游、餐饮、购物等于一体的基于互联网消费与行为模式的综合娱乐设施，研究开发互联网节庆文化与文化品牌，建立基于O2O模式的时尚消费品牌培育、展示、消费与服务基地。致力于国际互联网文化与21世纪海上丝绸之路文化交流，依托广交会开展国际化互联网商贸文化建设，推动基于互联网的思想文化交流、科技文化传播、物质文化交换、饮食文化体验、语言文化扩展等文化建设工作，为未来琶洲成为互联网条件下的东西方文明交流与创造的国际化文化中心积极创造条件。

（2016年4月）

改革开放30年十大"广州经验"

王利文　魏伟新[*]

广州在改革开放30年中,敢为人先,勇于开拓创新,善于"拿来"吸收,创造了很多经验,我们在诸多经验中,总结出十大"广州经验"。

一 "不换脑筋就换人",不断解放思想更新观念,与时俱进,是广州科学发展、改革开放成就卓著的动力源泉

思想是行动的先导。十一届三中全会后,广州市委市政府结合广州的特点和优势,在全市开展第一轮思想大解放,广州人率先苏醒,迅速与"左"的、传统禁锢的观念割裂,树立了与市场经济相适应的新思维、崭新观念引领时尚。思想大解放带来广州经济快速增长,地位提升,声名鹊起。1992年春,邓小平南下广东视察,发表了著名的南方谈话。市委市政府认真贯彻落实谈话精神,在全市开展了解放思想的大讨论,掀起了改革开放以来第二次思想大解放的浪潮。在省委十届会议上,省委书记汪洋历数了广东改革开放以来解放思想的重要性,提出以新一轮思想大解放推

---

[*] 作者简介:王利文,广东经济学会副会长、研究员;魏伟新,广州市社科联《城市观察》总编辑。

动新一轮大发展。市委市政府认真学习、贯彻省委会议精神，提出"四破四立"的解放思想新要求。

30年来，广州改革开放先走一步成功的动力、活力之源就是解放思想、更新观念。解放思想、更新观念是改革开放的催化剂，是继续发展的加油站，是新一轮发展的助推器，广州取得的辉煌成就无一不是解放思想、更新观念的结果。

二 "杀出一条血路"，选准流通和价格作为城市改革的突破口，是广州超越发展、市场繁荣的重要前提

广州是全国物价改革、搞活流通最早的大城市。改革开放前，广州市长期实行农副产品统（派）购包销体制。广州认识到，必须实行"价格闯关"！必须敞开城门！接着重拳出击、好戏连连：1979年全部放开塘鱼价格，拉开了广东物价改革的序幕，使中国进入了由计划经济向市场经济过渡的历史新阶段；1981年取消肉鸡和鲜蛋的派购任务，放开价格；1983年取消了水果的派购任务；1984年全面改革蔬菜产销体制，采取"三放"政策——放上市任务、放流通渠道、放购销价格；1985年在全国率先放开了猪肉、水产品等8种主要副食品和缝纫机、自行车等商品的价格；1988年调整并放开了粮油价格。广州市主要农副产品价格改革均创全国先河，这一系列大胆的改革实践成效巨大，令全国瞩目。来穗参观人潮络绎不绝。"特殊政策、灵活措施、先走一步。"犹如赋予了广州一把启动改革开放的尚方宝剑，宝剑划破了乌蒙蒙的天际，拉开了流通体制改革开放的序幕；宝剑打开了生死之门，也开辟了一条充满生机活力和崭新前景的新道路。

近年来，商贸业面临更多的机遇与挑战，竞争更趋激烈。市里对商贸工作又展开了新一轮的改革，突出发展连锁经营、中高级批发市场、现代购物中心、特色商业街、物流业和会展业6种现代流通方式，从而使广州商贸流通业改革取得了新的突破。汽车及配件、钢材、塑料原料、水产

品、皮具、鞋材、家具、服装、美容美妆、音像、蔬果、酒类等专业市场经营规模在全国名列前茅，初步形成了影响全国的"广州价格"。

三 "无农不稳，农村稳则城市稳"，悉心解决"三农"问题，是广州平稳发展、农村稳定的有力步骤

1979 年开始，郊区区委在全省率先拨乱反正，大力推行家庭联产承包责任制，促进了农村社会生产力的迅速发展。市里及时总结了郊区的经济管理制度的改革经验，在全市农村广泛推广，与此同时开放农贸市场，放开农副产品价格，扶持农村发展乡镇企业等，农村经济得到了迅猛的发展。20 世纪 80 年代中期，市里及时发现并高度评价江高农民的首创精神，大力推广"龙头+农户"专业合作经营"江高"模式，后来发展成为农业产业化"广州模式"并在全国范围推广。1987 年，广州以天河区沙河镇为试点，在全国率先试行农村合作经济股份制。接着，白云、海珠、黄埔等区也先后推广了股份制改革，获得了明显的效益。

四 "无工不富，二产弱则三产也弱"，明确工业化在广州中心城市发展的基础地位，是广州错位发展，生产力、经济实力、国际竞争力不断提升的牢固基石

在广州改革开放的发展进程中，就广州工业的定位问题上，也曾不止一次出现过不同思想的碰撞。90 年代中后期，广州市总体思路明确了"一个基地（工业基地）"在中心城市经济基础地位的突出作用，强调工业化是广州经济发展的引擎和支撑力量。决意走"错位发展"之路，悉心营造汽车、电子产品、石油化工制造三大支柱产业，调整轿车工业的发展战略，迈开战略重组的步伐，造就了广汽集团首个产值超千亿元（2007 年实现产值 1028 亿元）的工业企业集团，在广州开发区、花都、

南沙、增城先后形成了相当规模的汽车生产园区，2007年全市汽车产能达到100万台，生产汽车78.82万台，汽车零配件生产厂家已逾200家，跃升为全国第二大汽车产业基地。除了建设汽车工业外，还以石化、精细化工、机械设备制造、钢铁、造船、电子信息、医药等产业基地作为经济工作的主要着力点，加速发展重化工业和装备工业，集中力量推进一批产业关联度大、产品链条长、带动能力强的骨干项目。近年来积极培育现代物流与营销服务、金融服务、研发技术服务、人力资源开发服务、软件与信息服务、中介服务等的发展，重点发展商贸、物流、金融、会展等有比较优势的生产性服务业，加速广州工业化的持续发展。

五 "排污不排外"，办好各种开发区（园），重点实施外向型发展战略，是广州率先发展、先走一步的显著先导

改革开放30年，广州人"摸着石头过河"，敢为人先，开创了许多全国先河：率先在全国开办"三资"企业；率先通过合资合作的方式兴建白天鹅宾馆、中国大酒店和花园酒店三家五星级酒店；制定了全国最早的开发区条例——《广州经济技术开发区条例》……广州开发区采取"五通一平"等"硬件环境"与"政策与服务到位"等"软件环境"同步配套策略，提出"以新兴产业、前沿技术为骨干，多层次的技术同时引进，产品以出口外向型为方向"，坚持"不同技术层次项目的引进"，把技术引进的可能性与现实性有机结合，引起了国内其他城市和开发区的重视和借鉴。参照香港的经济管理制度，实施"政府管理和企业管理分工策略"，颇具开明眼光和改革气魄。

广州市注重在各行各业树立起"大外经贸"的思想，充分发挥各主管部门的积极性，大力争取财、税、银等全社会相关部门的支持与配合，使外经贸能够支持稳定发展。改革开放之初充分利用外资，修建了一批涉外宾馆，各种生活服务设施也得以迅速改善，较好地改造了投资硬环境。20世纪80年代中创办的广州外商投资管理服务中心，形成了"外经一条

街",实行对外商投资"一条龙"服务的经验已在全国推广。

六 "路通财通",改革拓宽投融资体制,优先发展城市基础建设,是广州全面发展、百业兴旺的关键一招

30年来,广州大力改革拓宽投融资体制,优先发展城市基础建设:发挥地方行政主导作用的同时不断完善市场机制。首先提出"政府退出市场","政府只当裁判员,不当运动员",强调"领导就是服务",开启了更深层次的改革。简政放权,扩大引进外资项目的批准权,利用外资,从国外贷款进行基建投资;按"谁投资,谁收益;你发财,我发展"的原则积极利用外资发展城市建设。充分发挥毗邻港澳的优势,积极引入境外资金发展城市建设;按"自愿,直接受益,合理负担"的原则积极向社会筹集建设资金。

广州积极改革城市土地管理制度、城市建筑报建管理制度,建立城市市政公用基础设施有偿使用制度,1981年在全国首先实行了按固定资产投资总额的5%收取市政建设费;率先实行"以水养水"和"以交通养交通"政策;对公用事业的亏损实施补贴政策;合理调整公用事业价格。由于改革了投资体制,调动了各方积极性。2007年全社会固定资产投资达1863.34亿元,比1978年增长25565.8%。短短30年,基础设施建设可谓脱胎换骨。

七 "始终坚持市场取向",全方位培育市场主体,重视发展民营经济的同时重视国有企业改革,是广州快速发展、充满活力的不二秘籍

广州始终坚持"市场取向",塑造和培育好市场主体,在发展民营经济方面一马当先,在国有企业改革方面独树一帜。民营经济是我国改革开

放发展社会主义市场经济的一大亮点,也是广州改革开放的一大亮点。30年来,广州民营经济经历了从小到大、从"补充""生力军",到某些领域的"主力军",在城市经济中,与国有经济、外资经济形成三足鼎立的局面。个体户和私营企业就业人数近几年平均增长幅度快于全国增幅有两位数的百分点,民营经济吸纳了大量国有企业改革的下岗工人及待业青年,为稳定大局、建设和谐社会做出了贡献。

国有经济与民营经济是城市国民经济两大组成部分,两者不可偏废。与一些城市完全放弃国有企业的发展截然不同,广州始终没有放弃国有企业的改革和发展,利用"有形之手",完成对国有资产的再配置,引导国有资产向支柱产业和高新技术产业集结,改变广州工业散、小、乱的局面。选取对全市工业发展有影响的大型企业、重点企业和难点企业入手,通过强有力的手段,短时间内调整国有经济布局,使国有企业实现扭亏目标、国有经济走向复苏;从难点入手帮助困难企业在发展中脱困。为国有企业改革创造良好的外部环境,包括政策环境和资金投入。积极推进技术进步,推动国有经济有效增长,初步建立起适应市场经济发展要求的技术进步机制,加大对国有企业技改投资的力度,重点发展支柱企业和高新技术产业,推进产业结构升级转型,采取有效措施,吸纳、稳定科技人才。

八 "同步推进",教育、科技、人才同步改革开放,是广州持续发展、不断壮大的战略选择

广州改革开放 30 年,围绕经济建设中心任务,推进教育、科技、人才的改革开放,科教兴市,人才强市,创造了广州经济持续、协调、高速发展的"广州奇迹"。

广州市确定把"科教兴市"作为经济社会发展的重大决策来抓。1983 年创建了广州大学,2000 年广州大学与广州师范学院、华南建设学院(西院)、广州师范专科学校等高校合并组建成综合性大学。2003 年,在番禺区兴建占地面积 43.3 平方公里的广州大学城,创造多项世界第一,

被誉为"广州奇迹"。至 2007 年底，全市 12 个区（县级市）全部创建成教育强区（县级市）。2008 年，被省授予"教育强市"称号。

广州充分认识到科学技术的重要性，从 1986 年起推进科研单位与企业组成各种形式的科研生产联合体，加快了科技与企业的结合。1987 年，颁布了科学技术发展战略纲要，之后又制定了《科技兴市规划》，1987 年被划为全国五个科技体制改革试点城市，1992 年作为科技经济体制综合配套改革试点城市。1998 年出台了依靠科技进步推动产业结构优化升级的决定，这些政策措施对推动科技体制改革，发挥科学技术是第一生产力的作用产生深远的影响。近年来，按照"自主创新、重点跨越、支撑发展、引领未来"的方针，紧紧抓住自主创新这个关键，加快建设创新型城市步伐。

30 年来，历届市委市政府十分重视人才建设。改革开放初期，就破格提拔了一批"四化"干部充实到市部、委、办中去。1984 年在全国开启公开招聘局级、处级领导干部的先河。1990 年以来按照"放高、控低、盘存、引智"的工作思路，先后出台了一系列政策措施，多形式、多渠道引进国内外高层次人才。成立了国家级的人才市场——南方人才市场，建成了人才资源配置和人事服务的市场体系。"九五"末期，市委提出"人才不设防"的战略，显示了广州对人才的渴求和广纳天下英才的气度，拉开了影响全国的人才争夺战的序幕。近年来，连续成功举办六届中国留学人员科技交流会。目前广州市共有留学人员创业园区 10 个，在穗创办企业近 500 家，迈进人才资源配置国际化阶段。

九 "不改革就没出路"，政治体制、社会体制改革与经济体制改革相协调，是广州协调发展、统筹推进的成功之道

改革开放 30 年，广州的经济体制改革先走一步，政治体制改革和社会体制改革也是先走一步。广州政治体制改革切入点是民主政治建设。十一届三中全会后，市委提倡解放思想，打破禁锢，把社会主义民主政治不

断推向前进。1984年《南风窗》杂志在市委大院成立；同年开始"假如我是广州市长"的活动；1986年开通"市长专线电话"，《广州日报》设"给市长打电话"专栏；采取新闻发布会、现场办公、公开办事制度、与市民民主对话、重大问题与市民直接对话以及各种咨询活动等形式，不断提高政府工作开放度和透明度，推动决策民主化科学化，着力保障人民的知情权、表达权和监督权。1985年，做出关于"三不决策"（不经调查研究不决策、不经专家论证不决策、没有两个以上方案不决策）的决定，凸显市领导民主决策、科学决策之决心。1988年成为全国政治体制改革试点城市，专门成立了"政治体制改革办公室"，积极稳妥地进行政治体制改革的探索。注重拓宽创新民意调研的渠道，1988年半官半民的民意调研机构——"广州社情民意研究中心"正式挂牌成立。

1980年起对劳动就业体制进行改革，实行了"公开招聘、相互选择"的招工制度。1983年在全市范围内全面试行劳动合同制。社会保险体系建设始终走在全国前列，社会保险的社会化管理体制逐步建立和完善，一个适应社会主义市场经济的社会保险体系基本形成。

20世纪80年代中期以来对城市管理体制进行多方面的改革创新，初步建立起"两级政府、三级管理、四级网络"的城市管理新体制。

十 "两手都要硬"，精神文明建设与经济建设齐头并进，是广州社会发展、文明进步的重要保障

改革开放之初，广州在思想道德建设方面，对干部和群众进行坚持"四项基本原则"的教育，加强爱国、理想、道德、纪律、法制教育，广泛开展"五讲四美"活动以及建设文明村、文明街、文明单位、文明家庭活动。思想建设工作在求实、求活、求新上下功夫，思想教育寓于改革开放的实践和多种形式的文化娱乐活动之中。对外文化交流日益增多，开始从封闭型走向开放型。文化事业由政府独家办转向"社会办"，使文化设施建设有很大发展，文化落后的状况得到很大的改观，并逐步实现现

代化。

  1998年7月，时任省委书记李长春提出广州的城市建设要与精神文明建设相协调，要实现"一年一小变，三年一中变，到2010年一大变"的目标。之后广州市开始了大规模的城市市容市貌整治。经过"三年一中变"，"青山、碧水、蓝天、绿地、花城"的城市景观形象和山水生态城市的功能日益显现。近几年广州荣获"中国人居环境奖""国家环境保护模范城市""国家卫生城市""国家园林城市""国家森林城市"等称号。

（2009年6月）

全球区块链技术在支付结算领域发展对中国的启示[*]

中国人民银行湛江市中心支行
支付结算科课题组[**]

近年来区块链技术高速发展,深入研究其在金融行业的应用具有重大意义。国外多家金融机构对该技术在金融行业的发展特别是支付结算领域做出了积极的探索,如 R3 区块链联盟、VISA、澳新银行、纳斯达克证券交易所等。本文在介绍认识区块链技术的基础之上,对近两年来全球各大金融机构利用区块链技术在支付结算领域系统开发的情况做出了简要的介绍和技术特点的分析。

一 引言

区块链(Block chain)技术也称为分布式总账技术(DLT),是比特币等虚拟货币的底层技术。尽管中国人民银行早在 2013 年就联合工信部、证监会、银监会、保监会印发了《中国人民银行 工业和信息化部 中国银行业监督管理委员会 中国证券监督管理委员会 中国保险监督管理

---

[*] 本文仅代表作者个人观点,不代表作者所在单位意见。
[**] 课题组组长:曾方然;课题组成员:陈龙鹏,全丽颖,张鹏飞。

委员会关于防范比特币风险的通知》（银发〔2013〕289 号），明确表明了比特币等虚拟货币在我国境内不具备合法的货币性质，不是我国的法定货币，但是区块链技术作为其底层技术仍然具有非常广泛的应用空间。

2017 年 5 月，中国人民银行成立金融科技（Fintech）委员会，目的是加强金融科技的研究发展和政策引导，同时强化监管科技在金融领域的开展。区块链作为金融科技的一部分，是人民银行发展技术金融创新的重要手段。因此借鉴国外重大技术的发展，了解其监管手段对我国发展推广区块链技术有相当重要的作用。

二 区块链技术简介

（一）区块链技术的含义

"区块链"，是指一种由参与者共同维护特定数据库的技术方案，其没有统一的中心化的储存介质，每段特定时间内参与者交互数据通过特定密码算法记录在一个数据块（Block），并产生与下个区块关联的链接（Chain），区块分布存储，通过链接关联与验证。每个区块都由两个部分组成，分别是头部和主体，主体记录了该区块全部的交易数据，而头部所记录的则是区块间产生链接的相关参数。

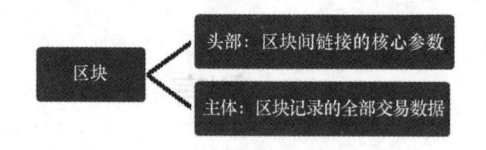

区块 — 头部：区块间链接的核心参数
　　　　主体：区块记录的全部交易数据

图 1　区块的组成部分

区块头部主要记录以下的核心参数：

1. 前一个区块的哈希值（HASH）：该哈希值的作用是将本数据块与前一个数据块建立对应关系，形成数据块之间的链接。

2. Merkle 根：该值由区块主体中所有交易的哈希值再逐级两两哈希计算出来，主要用于验证一笔交易是否存在于该区块中。

3. 本数据块的时间戳：用以记录该区块产生的时间。

4. 比特数：此区块要计算的目标值，是要计算的随机数正确与否的判断标准。

5. 随机数（Nonce）：能使本区块满足比特数的某一随机数。

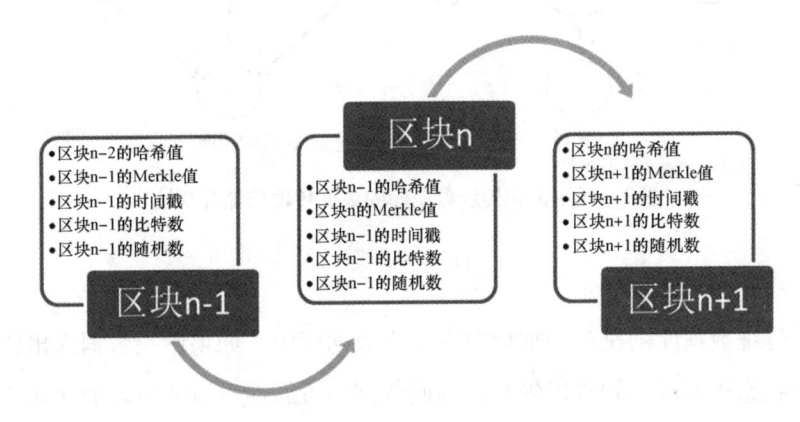

图 2　区块链头部结构及要素构成

（二）区块链与传统数据库的差异

1. 存储更全面

传统的数据库所谓的中心化数据指的是用户之间的交易数据都需要经过中央数据库进行处理，交易结束以后数据储存在中央数据库。而区块链则不需要一个特定的中央数据库，数据通过网络中的全部节点实现分布式储存。

例如图 3 的数据交换网络，假设用户 1 需要与用户 2 进行一笔交易。如果他们采用传统数据库的系统进行交易，那么交易过程是用户 1 向中央数据库发出一个收款指令，用户 2 向中央数据库发出一个付款指令，然后中央数据库对两个指令进行撮合完成交易，最后交易数据储存在中央数据库。如果双方采用区块链技术进行交易，那么交易发生时用户 1 直接向用户 2 发出收款指令，用户 2 直接向用户 1 发出付款指令，然后交易直接完成，交易数据将记录在当时的区块中然后同步到全网所有的节点。

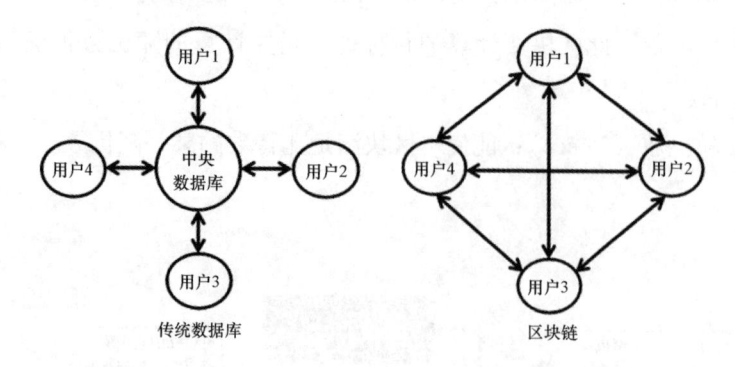

图3　区块链和传统数据库的数据传输与储存对比

2. 可靠性更强

传统数据库的全部数据储存在中央数据库中，如果中央数据库出错或者遭到恶意篡改，则难以恢复，因此数据的可靠性难以认可。而区块链系统中，数据是分布式储存而且环环相扣，所有的数据都要通过网络内全部节点的验证，所以数据几乎没有被恶意篡改的可能性。

3. 时效性更高

首先，传统数据库系统要求中央数据库必须保证时刻正常运作才能保证系统运营。其次，中央数据库的服务器必须保证足够的运算能力来实现交易的匹配。最后，对于跨机构、跨境间的交易涉及多个中央数据库的，结算时间往往需要几个工作日。而区块链技术的运用将使得交易系统仅仅涉及交易双方，大幅度提升了结算效率，减少结算时间。

（三）智能合约

智能合约是区块链的一项重要的功能，是一段交易双方认可的可按照交易细则直接对数字资产进行控制的电脑程序。其有两个方面的作用：

1. 降低信用风险。交易在发生时直接形成智能合约，合约内容细则由区块链系统直接甄别交易标的，在条件触发时直接进行交易。这样有效地防止了交易对手违约而造成损失，同时也可以降低交易前对交易对手进行信用评定的成本。

2. 提高监管效率。智能合约的不可违反性可以应用于金融监管。监管机构可以将监管条例细则写入每笔交易产生的智能合约中，这样交易发起时则系统自动比对交易细则，违反监管条例的交易将即时停止。如此，监管机构则可以避免在杂乱无章的数据中逐笔检查交易的合规性。

三 全球区块链技术在支付结算领域的探索

（一）成立全球性银行业区块链联盟

R3 区块链联盟创立于 2015 年 9 月，是目前涉及金融机构数量最多、规模最大的全球性区块链技术联盟组织。联盟发起人 R3 CEV 公司希望通过联合研发的方式制定出区块链技术在全球银行业应用的行业标准及用例，为会员银行提供区块链技术的渠道以及设计区块链产品。该组织成立之初就吸引了中国以外全球多家金融机构加入，随后中国平安保险集团以中国第一个会员机构的身份加入该联盟，截至 2016 年 5 月，该联盟吸纳了全球总计 46 家大型金融机构。招商银行、中国外汇交易中心、民生银行三家国内金融机构也加入其中。

R3 CEV 公司在得到联盟成员融资的情况下联合 5 家技术提供商（Ethereum、Chain、Eris Industries、IBM、Intel）研究不同区块链技术路线在金融服务方面的应用。目前，R3 CEV 公司利用以上的 5 种区块链技术在支付结算、证券交易、债券发行、回购等金融服务功能上开展了测试。

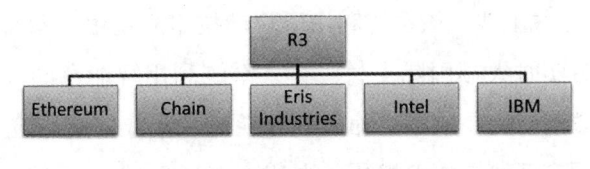

图 4 R3 公司 5 大技术提供商

以联盟形式来进行技术研究与应用，初步探索建立联盟内部银行的"联盟链"，既能利用区块链技术解决银行间结算清算系统的效率提升，又能防范"公有链"形式下过度开放造成的系统风险。

"Corda"是 R3 CEV 公司在 2016 年 4 月成功发布的第一个应用。该分布式总账应用所使用的技术与比特币的区块链技术相比较，存在着以下差异：

1. 联盟中的银行会员对去中心化的信息拥有许可决定权。
2. 交易记录需要通过认证才可以传播和保存。
3. 为监管机构特别开设"监管观察员节点"。

表 1   Corda 与比特币技术对比

	比特币技术	Corda
去中心化信息	无须许可	需要通过会员决定许可
交易记录	完全保存	经过认证后保存
监管节点	无	有

Croda 与比特币区块链技术的差异说明 R3 联盟对于区块链技术的开发运用秉持着"发展先进技术与防范过度开放两者并重"的核心理念。

（二）支付结算系统应用探索

1. 2016 年 10 月 25 日 VISA 公司宣布将联合区块链技术公司 BTL 开发一套全新的交易系统，称为"Visa B2B Connect 系统"，按照原定计划该系统于 2017 年底上线。该系统利用区块链技术实现银行参与方代表企业客户进行接近实时大额国际支付，交易系统利用智能合同来简化交易流程，可以有效削减交易成本、缩短结算耗时、降低信用风险。VISA 希望通过智能合同和区块链技术相结合的 Visa B2B Connect 系统，可以提供快速、合规和低成本的同业支付和结算服务。

该系统具有以下特点：

（1）采用智能合同。在交易过程中，可以自动按流程中所需要遵守

```
┌─────────────────┬─────────────────┐
│   采用智能合同   │   支付方式公开   │
├─────────Visa B2B Connect─────────┤
│   交易信息安全   │   参与者需认证   │
└─────────────────┴─────────────────┘
```

图 5　Visa B2B Connect 系统特点

的法规及合约进行交易。

（2）支付方式公开。银行可以接近实时获得通知和支付的最终结果。

（3）交易信息安全。交易信息经过签名及加密链接的处理，可以确保系统内的交易记录不可变更。

（4）参与者需认证。需要利用该系统进行支付结算的全部机构均需要获得 VISA 的运营许可，因此交易双方的身份都能确定。

同时 VISA 邀请少数欧洲的银行加入该项计划，参与者可以通过这一系统网络进行银行同业间多币种的资金划转。

2. 环球同业银行金融电讯协会（SWIFT）在 2017 年 1 月 12 日宣布启动一项称为"PoC"的概念验证，探索是否可以利用区块链的技术实现跨境支付的实时对账。全球支付创新（gpi）项目是 SWIFT 希望全面提高跨境支付标准的一个重大项目，其中区块链技术实时对账验证则是该项目中一项重要工作。同年 5 月 23 日，SWIFT 宣布中国有 13 家主要商业银行加入该项目。

该项目的开发过程中，SWIFT 主要利用 Fabric v1 超级账本技术，并结合 SWIFT 原报文系统的传统优势，确保交易双方账户及交易信息的保密性，仅账户代理银行及账户所有人能够进行查询。PoC 应用将在封闭用户组环境中使用私人区块链，并采用特定用户资料及强有力的数据控制，从而严格管控用户权限和数据访问。

3. 富国银行（Commonwealth Bank）、澳新银行（ANZ）和西太平洋银行（Westpac）在 2015 年 9 月宣布联合瑞波实验室（Ripple Labs）开发利用区块链技术的支付结算系统。瑞波与比特币的差异在于交易介质与用户的匿名性要求。

首先,瑞波允许使用任何法定货币进行交易。这对于许多不承认虚拟货币的银行和汇款机构来说具有重大的吸引力。

其次,瑞波的解决方案可以识别每笔交易的发起人,这满足了银行机构对于区块链技术中的匿名性所造成的洗钱风险的防范。

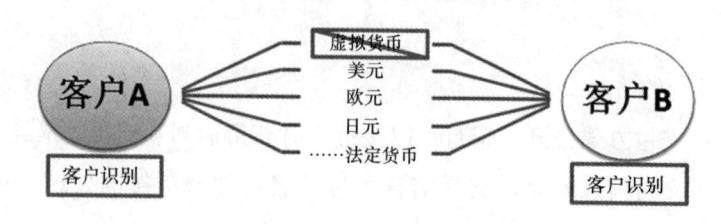

图6 Ripple系统与比特币机制的差异

该项技术应用主要解决目前银行间跨境支付结算过程中时间长、成本高的问题。Ripple系统如果成功推出使用,将可能实现跨境交易当日结算。

(三) 证券交易结算应用探索

澳大利亚证券交易所(ASX)为了提升目前运营中的交易所结算电子登记系统(CHESS)的效率,与美国公司Digital Asset合作开发以区块链为技术核心的全新交易系统。运用区块链技术进行新系统研发的目的是改善原有系统的功能,希望新系统能记录真实的交易历史、客户数据、身份注册的记录等,以减少运营流程中的腐败和欺诈。新系统有别于公共的DLT解决方案。按照交易所的搭建思路,在系统投入市场使用时需要获得监管机构的相关许可,系统参与人需要接受其监管。所有的参与人需要通过监管机构的许可来进行交易和数据的验证。

新系统虽然采取分布式的数据储存形式,但是在设计过程中对数据保密性做出了特殊设计。个人的合约信息数据是单向加密的,即数据通过加密后由全部参与者共享,但是数据仅能用作同步验证和复制,无法通过解密读取。

四 对我国支付结算领域区块链技术发展的启示

（一）建立银行业区块链发展联盟

虽然我国目前也成立了三个区块链联盟，分别是中国分布式总账基础协议联盟、中国区块链研究联盟和金融联盟，但是主要参与者是新兴金融和支付企业，没有大型国有银行的参与，未能形成规模效应。共享化、大众化的区块链技术在金融行业的应用发展需要金融机构的普遍参与。全球性的R3区块链联盟的建立和近期的发展预示着在银行业的支付结算领域区块链技术可以采用"联盟链"的方式进行深入研究。比特币式的区块链技术过于开放，银行业在引入新技术的同时也需要做好严格的风险防范措施。"联盟链"式的区块链技术的用户是联盟内部银行会员，对于系统内部的信息储存、验证可以由会员大会决定，可以有效避免全面开放造成的监管难问题。

除了避免过度开放之外，联盟式发展区块链技术还可以形成集团优势。新兴技术的发展需要大量的投资，如果采取各自为政的发展模式，难以在短时间内有所成效。联盟内部进行项目投融资能保证项目研发的及时性和持续性。所以采用"联盟链"的方式开始试验新技术的使用是最好的方法。

（二）监管机构保留入驻系统的许可权力

从国外区块链发展案例来看，新研发系统有必要保留以下功能：监管机构拥有入驻系统的许可权力；设立系统监管节点，监管机构通过监管节点可对系统内运作进行监管。例如R3联盟开发的系统以及富国银行、澳新银行和西太平洋银行开发的瑞波实验室瑞波系统要求识别用户真实身份，都是为了实现监管需求。有力的金融监管对于我国处于金融市场初步建设阶段具有重大作用。我国银行业发展的底线是不触发金融市场系统性风险，这就要求我国对于金融行业应用新兴技术发展的同时监管力度不能放松。而对于区块链要求开放、共享的特点，必须存在监管的节点，保留监管机构的许可权力。

（三）数据共享机制下要保证信息的保密性

Visa B2B Connect 的设计中要求交易经过签名和加密链接；澳大利亚证券交易所开发的交易系统要求数据加密，私人合约信息单向读取的要求都是做好数据的保密。区块链技术应用必须保证信息的保密性。虽然区块链技术的核心是通过共享机制来实现全部参与者的数据同步，但是在应用与支付结算领域时必须做好交易数据及个人金融数据的保密。个人金融数据及信息的安全也是银行业乃至金融业发展的重要议题。在开发利用区块链技术的同时，要做好共享性与保密性的平衡。

（四）加大智能合同的应用

智能合同是区块链技术发展中的重要一环，其应用使区块链用户发起的交易可以自动按照交易过程中所需要遵守的法规及合约进行交易。Visa B2B Connect 将这一技术引入区块链支付结算应用中。这一个重要的技术环节对于区块链技术在跨境、跨机构的支付结算领域的应用中具有两个方面的重大意义。首先，在跨境、跨机构支付结算时，智能合同可以自动识别交易路径中所需要遵循的法律法规，根据法律要求完成该笔交易，可以有效降低交易间的合规风险；其次，智能合同中保留了交易双方的交易合约，在触发条件时自动根据合约进行交割，有效防范交易对手的信用风险。

（2018 年 3 月）

天河区推进学前教育供给侧改革试点研究报告

——以珠江新城区域为例

曾东标　王建辉　关瑞珊[*]

本研究报告通过对天河区学前教育的发展状况进行全面分析，聚焦珠江新城区域学前教育发展存在的问题，在分析问题成因的基础上，借鉴北京、香港和新加坡等城市推动学前教育发展的相关做法，提出了以珠江新城作为供给侧改革试点，创新发展优质微小型幼儿园，构筑公益普惠的学前教育服务体系，以满足"二孩"政策下大幅增长的适龄儿童入园需求，实现"幼有所育"目标的改革建议。

本研究报告已被天河区教育局采用，并以此为基础制定出台了《天河区微小型幼儿园开办工作指引》（穗天教函〔2018〕54号），率先在全市试点微小型幼儿园，调动社会力量参与办园的积极性，缓解学前教育资源不足现状，实现学前教育多元化发展。此举引起了强烈的社会反响，《广东调研》和《广州调研》分别刊登了研究报告，新华网、金羊网、网易新闻、新浪新闻、搜狐新闻、羊城晚报等多家知名媒体进行了广泛报道。

---

* 作者简介：曾东标，广州市天河区教育局局长；王建辉，广州市天河区教育局副局长、高级教师；关瑞珊，广州市天河区学前教育指导中心主任、幼儿园高级教师。

一 天河区学前教育资源基本供求状况

（一）天河区学前教育发展概况

截至 2016 年 12 月，天河区有证园共计 189 所，其中公办 56 所，民办 133 所。据统计，在现有幼儿园中，各类等级幼儿园（省级、市级、区级）约占 33.9%，共计 64 所（见图 1）。

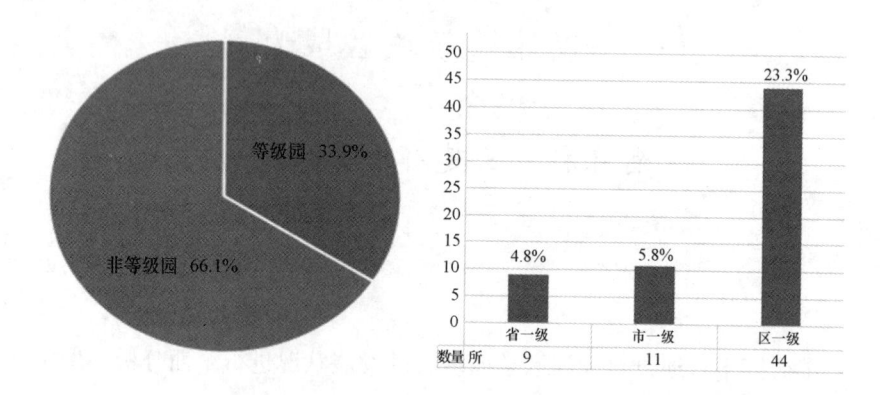

图 1 天河区等级园与非等级园情况统计

另外，天河区还存在部分无证园。无证园主要包括两种类型：一是区教育部门已掌握相关信息的无证园（含临时学前儿童看护点）；二是"回避型"托幼机构，即仅在工商部门注册而未纳入教育部门监管视野，具有隐蔽性"办园行为"的商业性教育机构。经调查，"回避型"托幼机构多为利用工商营业执照超范围经营，其数量和规模难以确切统计。

（二）珠江新城区域学前教育发展情况调研分析

1. 珠江新城区域学前教育发展简况

目前，珠江新城区域的学前教育机构主要包括有证园和"回避型"托幼机构两种类型。截至 2016 年 5 月，以珠江新城区域为核心的高端商务区内的有证园共计10所（猎德街7所，冼村街3所），含市一级幼儿园1所和区一级幼儿园3所，幼儿园学位总量为2300个左右。另外还存在部分"回避型"托幼机构。

2. 珠江新城区域学前教育发展中存在的主要问题

当前，珠江新城区域学前教育资源供求矛盾非常突出，具体问题如下：

（1）幼儿园学位供给不充足

珠江新城区域现有78个小区，但仅有10所有证园。近年来，学位供给总量严重不足，难以满足社会基本需求。

表1　珠江新城区域配套园数与居住人数比例统计

街道名称	居住户数	配套园数量	园数与居住人数比	是否合格
冼村街	25843	5	1∶16539.5	否
猎德街	15667	6	1∶8355.7	否

表2　各街道实有园数与居住人数比例统计①

街道名称	居住户数	实有园数量	园数与居住人数比	是否合格
冼村街	25843	3	1∶27565.9	否
猎德街	15667	6	1∶8355.7	否

根据表1和表2可知，在整体供给层面，珠江新城区域亟须大幅增加学前学位。现从实际园数与居住人数比来推断，若要达到1∶4500的要求②，至少需增设30所幼儿园（班数6个，班额30人），相应则需增加学位5400个左右。

（2）有证园布局不合理

珠江新城区域现有幼儿园布局极不均衡，在区域分布上，猎德大桥以

---

① 猎德街实有7所幼儿园，其中1所待开办。
② 《广东省加强住宅小区配套幼儿园建设和管理工作的指导意见》（粤教基〔2015〕21号）。

东有 5 所幼儿园，猎德大桥以西至广州大道，现仅有 1 所幼儿园。

（3）现有资源无法满足群众多元化需求

由于珠江新城区域的区域特性，这里会聚着大批高端商务人士，这一群体对优质学前教育资源的需求更为强烈，已有学位供给与民众期许存在偏差，难以达到民众心理期望。据调查，仅有 17.7% 民众对学前教育机构质量的满意度较高（见图 2）。

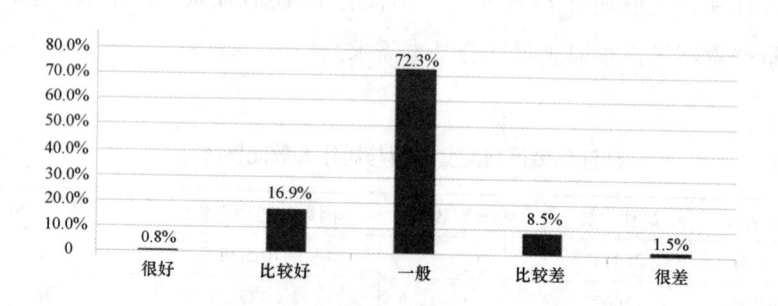

图 2　珠江新城区域学前教育机构保教质量群众满意度

3. 珠江新城区域学前教育资源供给不足之原因分析

导致珠江新城区域学前教育资源供求关系紧张的原因，主要有三个方面：

（1）前期规划不足

珠江新城最初主要从商业角度进行规划设计，旨在打造金融商务区，并未考虑提供教育等配套服务设施的问题。后因增加商住小区，致使居民对学前教育产生了刚性需求。现从配套园规划设计的角度看，珠江新城区域缺园情况如表 3 所示：

表 3　　　　　　　　珠江新城区域缺园情况

街道名称	无配套园小区数量（个）	缺园小区估测人数	缺园数量（所）
冼村街	44	72713.6	16
猎德街	23	32758.4	7

（2）居民期望较高

珠江新城区域内居民和外来商务人士收入较高、消费能力较强，对优质多样化学前教育资源的需求日益旺盛。在有学前教育需求的群体中，约41.8%的人可以接受3000元/月以上的幼儿园收费标准。其中，接受价格在5000元/月及以上的比例约为11.4%。但是，区域内现有正规学前教育资源却难以有效达到人们的期望标准。此外，由于现有正规幼儿园大多无法提供国际化的优质学前教育资源，以致出现了一些由外籍人士举办的"回避型"托幼机构。

（3）准入标准限制性强

根据现行幼儿园设置标准，在珠江新城区域举办正规幼儿园存在很大困难。2013年发布的《广州市教育局关于进一步规范学前教育管理工作的通知》指出，新建的幼儿园必须达到规范化办园标准。按照上述系列规定，在珠江新城区域新建符合要求的规范化幼儿园非常困难。

（三）天河区学前教育学位供求分析

随着社会经济的快速发展，全区的人口将以年均21.96‰的增长率不断增加。适龄儿童入园需求将保持年均7.4%的趋势增长。目前我区在园幼儿44346人，预测至2022年我区学龄前儿童将达61776人，若参照《广东省教育厅关于规范化城市幼儿园的办园标准》进行预测，全区所需新增幼儿园97所，如表4所示：

表4　　2022年天河区需规范化幼儿园数量预测

标准	预测条件（学龄儿童总数：61776人）	需增园数
最小标准	办园规模：6个班，平均班额30人	97所

整体而言，在天河区学位整体供给不足的情况下，天河高端商务区的形势更加严峻，且在天河高端商务区也难以找到增设幼儿园的合理空间。因此，要改善天河区学前教育发展现状，解决日益凸显的供求矛盾，一方面要考虑总量上的供需均衡和合理布局，另一方面也要考虑如何实现有效

供给,即通过供给侧改革扩大学前教育资源以满足民众刚性和多样化需求。

二 北京、香港和新加坡推动学前教育改革的启示

经研究分析,北京、香港和新加坡三地发展学前教育的相关做法对于推动天河区学前教育创新发展,具有三点启发:

一是灵活控制规模与师资,分类发展托幼机构。北京在正规幼儿园(所)之外,另引入了小规模幼儿园,招收幼儿40—100名,教职工与幼儿比例为1∶5.5—1∶6。香港的学前教育机构(幼儿中心、幼稚园、幼稚园暨幼儿中心)对办园规模限制较少,甚至一所幼儿园只招收8名幼儿。同时,根据不同的机构类型和不同的服务时间,将教职工与幼儿比例控制在1∶8—1∶15。新加坡的学前教育机构(幼儿园、托儿所)一般招收30—60名幼儿,公立幼儿园最多不超过100名幼儿,教职工与幼儿比通常为1∶5—1∶12。

二是参照建筑物物理属性,合理确定消防要求。北京根据建筑物耐火等级将其选址限制在楼宇三层及以下,同时要求设置不少于2个独立的安全出口。香港主要根据不同建筑物(如综合性建筑物、多层住用建筑物、纯商业建筑物、单梯建筑物等)的物理属性,在参照《提供火警逃生途径守则》一般标准的基础上,明确规定了相应的消防要求。新加坡根据不同建筑物的物理属性及周边环境来分别审核批准。通常在任何(包括附属建筑、土地等在内的)房屋或其他建筑物,以及商用房屋建筑及附属场地等场所,均可举办托幼机构。但选址必须符合城市建设局规定的报批要求,必须具备足够的室内活动区域及相应的设施设备,并必须设置充足的消防设施设备。

三是全面强化监管力度,引领学前教育健康发展。北京的小规模幼儿园由其所在地的区县教委和公安等部门合力监管,并严格落实年检制度。香港根据学前教育机构类型确定监管部门,在常规行政监管外,香港还推

行自我评核及教育局质素评核，不断提升学前教育质量。新加坡沿袭英国幼教体系，政府对学前教育的发展采用"鼓励、扶持、监管"机制，鼓励民间自行发展学前教育；并通过利用市场力量推动优质学前教育机构进行连锁经营，不断加大优质学前教育资源供给。同时，各类学前教育机构也非常注重利用家长、教育主管部门和其他社会人员或机构的力量，不断挖掘自身发展潜力，有效满足社会多元化需求。

三 适当调整场地和消防要求，扩大学前教育学位供给

《国务院关于当前发展学前教育的若干意见》明确指出，发展学前教育"必须坚持因地制宜，从实际出发，为幼儿和家长提供方便就近、灵活多样、多种层次的学前教育服务"；"各地根据国家基本标准和社会对幼儿保教的不同需求，制定各种类型幼儿园的办园标准，实行分类管理、分类指导"。为向幼儿和家长提供方便就近、灵活多样、多种层次的学前教育服务，建议参照北京、香港和新加坡等城市的一些做法，在珠江新城区域开展"学前教育供给侧改革"试点工作，重点发展微小型幼儿园。

（一）基本设想

结合调研分析，提出如下基本设想：

1. 办园规模。严格限制招生数量，将办园规模控制在 5 个班及以下，班额不超过 30 人，招收幼儿总数在 30—150 名。若参照此标准进行初步预测，有部分无证园可转为有证园。

2. 场地与消防。幼儿园必须设置在安全区域，不应设在地下、半地下建筑物内。幼儿园场所设置应灵活地参照建筑物的物理属性、使用性质及用途等，综合确定拟建园舍场地的消防要求。建筑物耐火等级为一级、二级的，应设置在首层或二、三层；建筑物耐火等级为三级的，应设置在首层或二层；建筑物耐火等级为四级的，应设置在首层；均宜设置独立的安全出口，其安全出口的数量不应少于 2 个，疏散通道耐火等级不应低于

二级。在综合考虑园舍建筑物理环境和条件的基础上,由举办者参照《建设工程消防管理规定》申请消防许可。在户外活动场地方面,可借鉴新加坡和香港的做法,根据实际情况酌情处理,适当降低要求和标准;若缺乏室外活动场地,则必须相应地提高室内活动场地建设要求和标准。

3. 师资配置。重点强化师资配置,将教职工与幼儿比例控制在 1∶5—1∶6。每所微小型幼儿园需要由 1—2 名具备资质的园长管理;若聘请外教,则需其在广东省外专局备案;每班至少配备 1 名本科或以上学历教师。

4. 联合审批。在微小型幼儿园准入方面,实行以区教育部门为核心,卫计、公安消防、食药、国土规划和所属街道等部门共同参与的联合审批制度。

(二) 创新发展

依据微小型幼儿园准入标准,充分利用区内外教育资源,积极推动微小型幼儿园优质化、多元化和特色化建设与发展,具体包括:

1. 甄选举办主体。强化疏堵力度,大力整顿"回避型"托幼机构和临时学前儿童看护点等非正规学前教育机构,引导其发展为微小型幼儿园。

2. 丰富帮扶举措。创新微小型幼儿园教育成本分担机制,采取政府购买教育服务、减免部分行政事业费、奖励优质办学、设立专项资助基金等多种措施,吸引社会力量参与举办微小型幼儿园。

(三) 常态监管

为稳步推进微小型幼儿园的建设与发展,有效加大学前学位供给,则必须在监管层面下足功夫。具体而言:

1. 实现常态监管。制定微小型幼儿园教育质量标准,构筑监测评估体系,定期开展专项督导。

2. 推进联动监管。注重挖掘商务区管委会、街道办、居委会和社区服务中心等方面的潜力,增强多主体动态监管力度。

3. 强化制度建设。建立"学前教育联席会议制度",不定期研究解决微小型幼儿园发展中出现的热点和难点问题。实行微小型幼儿园信息公开发布制度,定期向社会公布相关信息。

综上所述,通过创新发展微小型幼儿园和引入境内外优质资源等多种途径推进学前教育供给侧改革,必将在一定程度上缓解目前珠江新城区域学前教育资源供求严重失衡的局面,从而为进一步满足社会不断增长的多元化学前教育需求奠定基础。

(2017年10月)